KB091858

百濟史記의 비밀과 유적

百濟史記의 비밀과 유적

초판 1쇄 인쇄 2018년 06월 04일
초판 1쇄 발행 2018년 06월 11일
지은이 이강우

펴낸이 김양수
편집·디자인 맑은샘
교정교열 박순옥

펴낸곳 도서출판 맑은샘
출판등록 제2012-000035
주소 경기도 고양시 일산서구 중앙로 1456(주엽동) 서현프라자 604호
전화 031) 906-5006
팩스 031) 906-5079
홈페이지 www.booksam.kr
블로그 http://blog.naver.com/okbook1234
카카오플러스친구 http://pf.kakao.com/_xoxkxlxjC
이메일 okbook1234@naver.com

ISBN 979-11-5778-288-8 (03910)

百濟史記의
비밀과 유적

이강우 지음

목차

2부 백강과 주류성을 찾아서

홍주내포의 산과 들, 시내에는

충청남도의 고대유적(古代遺蹟)을 찾아가면서

인류 文明의 발달은 河川과 木草地가 어우러진 들판이 있게 마련이고 또 하나의 세력 즉 결집체가 일어나는 것이니 그 종족과 집단특성에는 독특한 언어와 문자 생활방식과 함께 종족 간의 大·小間~移動과 定着과정 세월의 흐름에 따라서 더불어 형성되는 호족국가의 생성이다.

주거지의 조건은 생활양식(먹을거리)과 평상시와 구분되는 전쟁 등 위급상황 시 다른 지역으로의 대피로나 산골짜기 은신처가 있으면 뿌리내리기 좋은 지역이라 하겠다.

本考의 내용을 구분하기는 1부에서는 백제초기 비류와 온조의 초기정착지를 찾아보고 2부로 들어가면 백제 말기 역사서의 쟁점 부분으로서 1~2부 함께 탐구분석 하였는바 홍주~내포(洪州~內浦)의 산과 들판 그 河川이 주요 관련지이다.

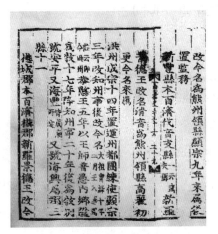

고려사 홍주사본

홍주가 문헌상에 처음 기록되기는 고려 태조 10년(丁亥年 927)에 王建이 운주에 들어가 城主 긍준(兢俊)을 패퇴시켰다는 기록이 있으니 세종실록지리지에도 고려사를 인용하면서 소상히 적혀 있다.

홍주목(洪州牧) : 사(使)1인, 판관(判官) 1인.

백제(百濟) 때의 칭호(稱號)는 알 수 없다. 김씨[金富軾]의 지지(地志)에도 실리지 아니했고, 오직 《고려태조실록(高麗太祖實錄)》 10년(丁亥年/927) 3월에 왕이 운주(運州)에 들어갔다고 하였다. 주(註)에 이르기를, "지금의 홍주(洪州)이다."고 하였다.

성종(成宗) 乙未/996년)에 운주도단련사(運州都團練使)를 두었

고, 현종(顯宗/壬子)에 단련사를 폐하고 지운주사(知運州事)로 고
쳤다가, 뒤에 홍주로 고쳤다.

공민왕 7년 정유(丁酉)에 목(牧)으로 승격하였다가, 무신(戊申)
에 지홍주사로 강등하고, 신해(辛亥)에 다시 목(牧)으로 하였다.

본조에서도 그대로 따랐다. 중략

사방 경계는 동쪽으로 대흥(大興)에 이르기 17리, 서쪽으로 결
성(結城)에 이르기 6리, 남쪽으로 청양(靑陽)에 이르기 34리, 북쪽
으로 덕산(德山)에 이르기 14리이다. 호수가 1천 3백79호요, 인구
가 6천31명이다. 군정은 시위군이 57명이요, 진군(鎭軍)이 1백78
명이요, 선군이 4백 명이다.

토성(土姓)이 5이니, 이(李)·홍(洪)·한(韓)·송(宋)·백(白)이요,
별호(別號)는 안평(安平), 또는 해풍(海豐)이다. 중략

홍주를 '안평'이라고도 하였으며 해풍이라고 하였다.

읍 석성(邑石城)의 둘레는 5백33보 23척이며, 안에 샘이 하나
있는데, 겨울이나 여름에도 마르지 아니한다. 월산석성(月山石城)
이 州의 서쪽 3리에 있는데, 둘레 7백 75보이며 지세가 험하고 안
에 샘이 하나 있는데 가물면 마른다. 중략

그렇다면 고려 초기부터 나타나는 홍주의 치소는 어디인가?

거리의 표기와 관련해서 현대에 이르러 십 리를 대략 4km로 거리를 나타내는 것으로서 古代에서는 이것보다 조금 더 길게 셈하여 표기하였다

치소 터를 찾기에는 현장을 좀 더 살펴보고 고찰해야겠으나 역산(逆算)해보면 백월산 동쪽 3리에 홍주치소가 있었다는 기록이니 현재의 洪州城이 관련지인지 추측하여보지만, 고대부터 洪州의 치소가 있던 곳은 지금의 洪城邑이다.

朝鮮 초 진관체제하에서 거진(巨鎭)으로 목사가 홍주진관(洪州鎭官)의 첨절제사를 겸하여 서천부터 평택까지의 19개의 진을 관할하였다.(洪州鎭官:서천, 비인, 보령, 남포, 결성, 덕산, 홍산, 청양, 대흥, 예산, 해미, 태안, 서산, 당진, 온양, 신창, 평택을 말함)

위에 나타난 진관은 대개 차령산맥의 서쪽에 근거하고 있으며 古代 그러니까 백제시대에는 오서산(烏棲山)을 정점으로 하면 남북서동 지역과 가야산의 서, 북, 영인산의 북, 동쪽을 말함이다. 그러면서 瑞山은 바다가 접한 관계로 별도의 縣을 두고 있었음이 나타나고 있다.

내포의 지경은 금북정맥 서쪽의 여러 고을로서 세종실록에는 內浦等處十餘라는 기록이 나타나 있는바 내포는 십여 개의 고을

이라는 표기이다. 조선왕조실록에는 內浦를 광역지명으로 하여 ○
○縣 등 지방관리의 표나 상소가 표기되어서 계속 나타나 있는바

成宗 19년 1월 5일

충청도 관찰사 김여석(金礪石)이 바닷조개[海蛤] 百개를 바쳤는
데 그 이름은 강요주(江瑤柱)인데, 비인(庇仁)·내포(內浦) 등지에
서 생산된다.

날씨가 추울 때에 해구(海口)의 조수(潮水) 머리에 물이 줄어들
고 진흙이 드러난 곳에 나는데, 혹시 나기도 하고 안 나기도 하며,
그 맛은 보통 조개(蛤)와 같지 아니하다.

正祖 19년 1월 7일(庚寅)

호서위유사 홍대협이 서계(書啓)를 올려 연풍현감(延豊縣監) 김
홍도(金弘道)와 신창현감(新昌縣監) 권상희(權尙熺) 모두에게 다
스리지 못한 죄를 차등 있게 매기라고 청하고, 또 별단(別單)을 올
리기를, 아산(牙山)에서 조운선(漕運船)을 새로 만들거나 개조할
때 안면(安眠)의 송목(松木)을 정수(定數) 외로 마구 벌채하여 운
반해와 내다 팔고 있으니 이 폐단을 지금부터 법을 엄하게 하여
단단히 금하도록 하여야 하겠사옵니다.

이는 곧 牙山 신창~선장에 조운선(漕運船)을 제작하는 조선소

가 있었다고 가늠케 하는 기록이다.

조선 후기 실학자 李重煥(1690~1752)이 지은 擇里志에서 내포를 거명하였는바 지리적으로 교통이 한양과 가깝고 물산이 넉넉하여 살기 좋은 곳이다. 하였는데 특이한 지명이 하나 나타난다.

가야산 동쪽은 홍주(洪州) 덕산(德山)인데 둘 다 유궁진(由宮津)의 서쪽에 있어 포구 동쪽인 예산(禮山) 신창(新昌)과 더불어 뱃길로 한양과 통하며 매우 빠르다.

여러 호사가들 또한 농경 주거지로서 내포를 거들었다. 아기자기한 구릉지 높지 않은 산록에 인격과 심성이 바르고 곧아 충절의 고장이라 하였다. 금북정맥서측에 해당하는 곳이다. 하여서 곳곳을 찾아내 보기는 내포에는 무한천과 삽교천이 아산만에 이르는데 한반도에서는 유일하게 남에서 북으로 흐르는 특이한 하천계곡이 있는데 오서산 790.7m의 산록의 형세와 무관하지 않다.

오서산 원경

三國史記 권32 잡지1 祭祀에 이르길

"天子는 天地와 천하의 명산대천을 제사하되 제후는 사직과 자기영지내(自己領地內)에 있는 명산대천만을 제사(祭祀)한다."

이어서 三山五岳 이하 명산대천을 나누어 대, 중, 소사로 중사오악과 그 외 結己의 烏西岳이라 기록되어 있어 오서산 또한 명산대천의 하나였음을 밝히고 있어 고대에도 매우 중요한 지역이었음을 알 수 있다.

마애삼존불

삽교천과(揷橋川)과 가야산(加耶山)

삽교천은 오서산(790.7m) 북쪽 기슭 원류와 용봉산(381m), 가야산(677.6m) 동쪽의 지천이 덕산, 고덕 들판, 金馬川을 이루는데 통칭 揷橋川이라 한다. 근접한 합덕평야, 우강평야를 적시고 북으로 흐르는데 先史時代 住居 취락유적지 선장에서 無限川과 합쳐진다.

부장리 고분군

가야산에 접한 지역에는 다양한 문화유적이 나타나는데 국보 84호 마애삼존불은 백제불교 유입지의 하나로 내포를 거명하는데 무리가 없고 2004년 瑞山市 음암면 부장리에서는 아파트를 신축하려던 중 지표조사가 있었는데 6월부터 11월까지 충남역사문화원에서 수차 탐사 발굴하였는바 백제기 3~4세기경으로 여겨지는 주거지와 석축 널무덤 등 분묘 군이 발견되어 무수한 유물이 출토되었다.

각종 토기와 금동관모와 금동신발이 주목이 되고 그중에서도 손잡이가 길게 달린 무쇠 3족 솥이 출토되어 중요한 유적지가 발견되었음을 알 수 있다.

이곳에 특수한 신분의 지배세력이 거주하였다고 보는 것이고. 국보49호 수덕사대웅전은 高麗 충렬왕 34년(1308) 건립으로 고건축물의 수려함을 보여주고 있으니 서산&덕산 도립공원의 빼어난 경관은 이를 증명하고 있다.

무한천(無限川)

문헌상 무한천의 기록은 다음과 같다.

東國輿地勝覽 卷19 洪州牧條)에

麗陽川 在麗陽縣南 源出烏棲山 入新昌縣井浦渡 이하

上揭書 禮山縣條)에

無限川 在無限山西 卽洪州麗陽川下流 每夏水漲. 이하

上揭書 卷20 大興縣條)에

京結川 在縣東北六里 卽奈川下流 無限川

무한천의 아침

위에서 나타난바 상류의 명칭은 오서산 원출 여양현(麗陽縣) 남쪽을 여양천이라고 하였고 대흥현 지대에서 경결천(京結川), 나천(奈川)이라 하였다.(신양천 합류지역). 나천 하류 예산현 에서야 무한천이라 하였으니 무한성산의 지명과 관련이 있다 모든 실개천은 원류와 함께 북편으로 흐른다.

근대에서는 위 河川을 통칭 무한천이라 한다.

무한천은 청양화성 백월산과 보령 청양홍성의 경계점에 있는 오서산 동남 자락을 시작으로 북으로 흐르니 百濟유적지 장곡의 山城群과 任存城을 지나면서 곡창지대가 형성되었으니 내포 문화의 젖줄이고 혈류인 셈이다.

관계지명으로는 화성·비봉·장곡·광시를 끼고서 대흥의 예당호에 고여서 양적 존재감을 표시하고 예산의 무한산성(無限山城)을 스치고 지나는데 삽교호를 거쳐서 西海로 흐르고 흘러 자취와 흔적을 大海로 키우는바 內浦의 서들 평야를 이루는 河川이다.

이렇듯이 인위적인 시설물이 있어 물이 고여 있기도 하지만 물은 생명이고 중요한 자원으로서 사람이 하천을 관리하는 것 같지만 자연 생태계는 물론이며 인간은 하천 변에 경작지를 개척하면서 생활하였고 농작물의 생산과 연결되니 물길의 중요성은 설명으로 할 수 없다.

농경지의 해갈은 강수량에 따라서 하천의 범람이 있으니 제방설치 물막이, 물길에 이어서 물꼬의 쟁탈이 이어지니 평야 지대는 경작지와 식량의 연결이니 물과 식량을 지키기 위해서 전쟁도 일어나니 벌판의 지배자가 흥기하게 마련이고 그 지역의 豪族이 등장하고 도읍이 생성되고 부족 국가가 있었다는 얘기가 된다.

지형이 특이하고 고시대의 유적과 인문유산이 숨어있으므로 무한천과 삽교천에 접한 산록의 湖西 홍주내포 이야기는 삼국시대 백제초기와 더불어서 백제패망 후 3年여 간 부흥전쟁 당시 百濟 32代 풍왕(豊王)의 궁성지가 홍성군 장곡에 있었다는 것을 찾아가는데 본고의 초점(焦點)이 맞추어져 있다.

선장 포구

韓半島의 고대정착민들은 중원대륙에서 남하하여 주로 강줄기 하천의 언덕 또는 바닷가에 주거한 것으로 발견된 유적으로 나타나고 있다.

신석기 철기시대를 지나면서 三韓 등 高句麗, 百濟, 新羅 역사서가 전해지고 있는바 이 글의 제1부에서는 삼국시대 百濟 초기 부분으로서 서기 前 18年에 十濟國이 생성되던 과정의 기사는 하루 이틀간의 시간으로 설명할 수 없음이다.

백제의 초기생성과정을 집중 살펴보겠지만, 그 단문의 여러 사건과 인물들의 기록들은 짜임과 매듭이 기이하여 기술하기 또한 난해하다.

한서문헌 백제에 보면

수서(隋書)卷81-列傳第46 -百濟-

百濟之先, 出自高麗國 중략

백제의 선조는 고려국에서 나왔다. 중략

東明之後 有仇台者, 篤於仁信,

始立其國于 帶方故地.

동명의 후손 중에 구태가 있는데, 인자하고 믿음이 있었다.

처음 나라를 대방의 옛 땅에 세웠다.

〈漢〉遼東太守公孫度以女妻之, 漸以昌盛 爲東夷强國.

初以百家濟海 國號百濟

한의 요동태수 공손도가 딸을 주어 아내로 삼게 하였으며, 나라가 점점 번창하여 동이(東夷)중에서도 강국이 되었다.

처음 백가의 집이 바다를 건너왔다고 해서 나라 이름을 백제라 불렀다.

歷十餘代 代臣中國, 前史載之詳矣. 하략

十여 대 동안 대대로 중국의 신하 노릇을 하였는데 앞의 역사책
에 소상히 기록되어 있다. 하략

앞의 역사책에 소상히 기록 되었다면 晉과 남북조(280~589)를
말함이나 이때의 기록을 접하지는 못하였다.

위에 기사는 後漢代와 以前의 조선 관련 기록을 옮겨놓으면서
백제초기를 간략하게 전하고 있는 것으로서 단순설화이거나 근거
가 취약한 기록을 미화하였다고 볼 수 없음이다.

백제국은 부여(扶餘)의 별종으로 일찍이 마한(馬韓)의 옛 땅에
있었으니. 경사(長安)의 동쪽 육천이백 리에 있으며 큰 바다의 북
쪽이요 작은 바다의 남쪽에 자리하고 있다.

동북쪽으로 신라에 이르고 서쪽으로 바다를 건너 월주(越州)
에 이르며 남쪽으로 바다를 건너 왜국(倭國)으로 이르고 북으로
바다를 건너 고려(高句麗)에 이른다. 중략(舊唐書卷199上-列傳第
149上-百濟國 중 일부 인용)

마한의 옛 땅은 지금의 한강 부근 경기도에서 충남, 전북 일대를
말함인데 시대와 지역을 나누어 정확히 구분하기는 생략한다.

고구려하고 백제는 해상으로 왕래하였다는 기록이니 북쪽의 그
땅이 어디인가 알만한데 고조선의 땅이라는 근거이고 현재 중국

에서는 동북공정이라는 미명으로 고구려의 영역 및 유적을 왜곡하기에 열성을 내고 있는 그 현장이다.

학술은 국력과도 무관하지 않지만, 나라의 역사를 소홀히 하는 현세대의 의식이 혼란스러울 뿐이기도 하지만 국내 국학연구회의 과제이나 미미한 실적이다. 이어서

其王所居有 東西兩城.

그들의 왕이 거처하는 곳은 동쪽과 서쪽 두 개의 성이 있다.

백제에 성채가 두 곳뿐이었을까? 위에 기사는 백제 초기를 전하는 데 중요한 기록으로서 초기를 말하는 것이니 이는 온조의 십제(十濟)와 비류의 미추홀(弥鄒忽)이 상당기간 성채를 이룬 소국이 있었음을 짐작게 하는 기사이다.

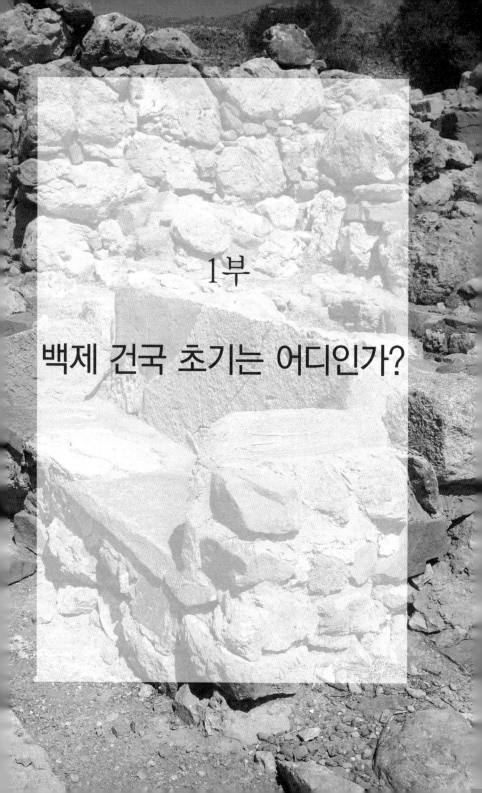

1부

백제 건국 초기는 어디인가?

1장, 백제시조와 처음 도읍지

1) 始祖 비류(중국 고대사 인용)

너무 난해하고 어려웠을까 아니면 그냥 그럭저럭 꿰맞추었는지 그렇게 되어 三國史記 편찬자는 후세에 있을지도 모르는 역해의 혼란을 간과하지 못하였다고 살펴볼 수 있다. 그냥 그렇게 대충 정리를 하면 끝이 될 줄 알았겠으나. 관련 지명이 바뀌고 사라지고 하였지만, 現世에 言文으로 번역하고 해독할 것을 어떻게 알았을까?

한국인 언어(言語)의 특이함과 오묘함 때문이다. 이는 곳 다시 말해서 언어와 문자의 향기이니 조선인의 얼과 혼이 담긴 한글창제를 말함이다. 그러하니 이제부터 비류 백제기가 나타나는 기록과 유적을 찾아보기로 하자.

始祖 비류 본문
三國史記 수서(隋書) AD 581~618년대 열전백제기
一云始祖 沸流王. 其父優台 北扶餘解夫婁庶孫 母召西奴卒本人 延陁勃之女

如歸于優台. 生子二人 長曰沸流 次曰溫祚 優台死 寡居于卒本

後朱蒙不容於扶餘

以前漢建昭二年春二月 南奔至卒本 立都號高句麗 娶召西奴爲妃

其於開基創業 頗有內助 故朱蒙寵接之特厚 侍沸流等如己子

及朱蒙在扶餘所生 禮氏子孺留來 立之爲太子 以至嗣位焉

於是 沸流謂弟溫祚曰 始大王避扶餘之難 逃歸至此

我母氏傾家財 助成邦業 其勸勞多矣 及大王厭世 國家屬於孺留

吾等徒在此 鬱鬱如疣贅 不如奉母氏南遊卜地 別立國都

遂與弟率黨類 渡浿帶二水 至彌鄒忽居之.

北史及隋書皆云

東明之後有仇台 篤於仁信 初立國于帶方故地

漢遼東太守 公孫度以女妻之 遂爲東夷强國 未知孰是」

一云 始祖 沸流王

이르기를 시조(始祖)는 비류왕(沸流王)이다. 그의 아버지 우태(優台)는 북부여 해부루의 서손이고 어머니는 소서노(召西奴)이니 졸본인(卒本人) 연타발(延陀勃)의 딸이었다.

如歸于優台. 처음에 우태에게 시집가서 아들 둘을 낳았는데 장자는 비류(沸流)요, 차자는 온조(溫祚)이다. 우태가 죽자 졸본에서 과부로 살았다.

그 후 주몽이 부여에서 용납되지 못하므로 전한건소 2년(註 BC 37)에 남으로 달아나 졸본에 이르러 도읍을 세우고 나라를 고구려라 하였으며 소서노를 妃로 삼았는데 건국을 세움으로 자못 내조가 있었기 때문에 주몽의 총애와 대접이 특히 후하였고 비류 등을 자기 아들과 같이 대하였다.

그런데 주몽이 동부여에 있을 때에 얻었던 전처(예씨夫人)와 그의 소생이던 유류(孺留)가 오자 태자로 세우고 왕위를 계승하게 하였다.

이에 비류는 온조에게 말하기를 "처음에 대왕이 부여에서 난리를 피해 왔을 때에 우리 어머니가 傾家財助成(경가재조성)가재를 내어 그 방업(邦業)을 도왔으나 대왕이 세상을 싫어하여 나라를 유류에게 맡겼으니 우리가 이곳에서 허송세월하는 것보다 어머니를 모시고 南遊卜地(남유복지)하여 새 나라를 세우는 것만 같지 못한 것이 아닌가?" 하고 설득하였다.

비류는 아우와 일단의 무리를 이끌고 패수와 대수(渡浿帶二水)를 건너서 미추홀(彌鄒忽)에 정착하였다.

金富軾 선생은 백제사기에 시조비류(沸流)설화를 옮겨놓으면서 또한 北史를 첨하기를

北史及隋書皆云

중국의 북사(北史)와 수서(隋書)에 모두 이르기를

東明之後有仇台 篤於仁信 初立國于帶方故地

東明(주몽)의 후손으로 구태(仇台)가 있는데 인신이 돈독(敦篤)하였으며. 대방고지(帶方故地)에서 초립국(初立國)하였고

漢遼東太守 公孫度 以女妻之 遂爲東夷强國「未知孰是」

漢의 요동(遼東)태수 공손도의 딸을 妻로 삼기도 하였는데 드디어 동이강국(東夷强國)이 되었다.

未知孰是(미지숙시) 어느 것이 옳은지 알 수 없다. 이다

어느 것이 옳은지 알 수 없다는 金富軾의 설명 또한 기이하고 난해하지만, 구태가 온조(溫祖)라고 판단하여 百濟의 시조로 편찬하였다.

北史에 나오는 관련 부분을 살펴보자.

東明之后有仇臺 篤于仁信 始立國于 帶方古地

漢遼東太守 公孫度以女妻之 遂爲東夷强國

初以百家濟 國號百濟이다.

北史에는 東明之后有仇臺이고

隋書에는 東明之後有仇台이다.

이어서 北史에는 初以百家濟 國號百濟

처음에 백가가 건너왔으므로 국호를 백제라고 하였다고 되어 있으나 金富軾은 위에 표시한 원문(原文)을 은폐하면서 미지숙시(未知孰是) 어느 것이 옳은지 알 수 없다고 하였다.

수서(隋書) 관련 부분을 더 찾아보자.

隋書 卷81 列傳 第46百濟

初以百家濟海, 國號百濟. 歷十餘代 代臣中國,

前史載之詳矣. 중략

①처음 백가의 집이 바다를 건너왔다고 해서 나라 이름을 백제라 불렀다. 십여 대 동안 대대로 중국의 신하 노릇을 하였는데 앞의 역사책에 소상히 기록되어 있다. 중략

每以四仲之月 王祭天及五帝之神.

立其始祖仇台 廟於國城, 歲四祠之. 중략

매 계절의 가운데 달에 왕은 하늘과 오제(五帝)의 신에게 제사를 지낸다.

②그 시조 구태(仇台)의 사당을 도성(國城) 안에 세워놓고, 해마다 4번 제사한다. 중략

其國東西四百五十里 南北九百餘里,

南接新羅 北拒高麗. 其都曰居拔城. 중략

그 나라는 동서가 450리이고 남북이 900여리이다. 남쪽은 신라에 닿고 북쪽은 고구려가 버티고 있다.

③그 도읍을 거발성(居拔城)이라 한다. 중략

처음에 백가의 집이 바다를 건너왔으므로 국호를 백제라고 하였다. 이후에 또 하나 중요한 구절이 나타나는바 이른바 구태(仇台)가 누구냐이다.

구대-구태는 비류인가? 아니면 온조일까?

구태의 사당을 도성 안에 세워놓고, 중략

그 도읍을 거발성(居拔城)이라고 한다.

확실하기는 거발성(居拔城) 안에 구태(仇台)의 사당이 있었다?

그렇다면 거발성은 도대체 어디인가? 수나라 연대기(AD 581~618)에 수서(隋書)가 기록되었을 것이니 이때의 백제 도읍지가 泗沘城인데 여기는 아닌 것 같고 짚어보기엔 金聖昊 선생이 거론한 웅천도읍시대이다. 그렇다면 구태(仇台)의 사당이 公州에 있다?

구태가 온조일까? 난제(難題)이다. 이에 의문점을 구별할 수 없는 것일까. 하지만 동서고금의 가족사는 서열과 위계가 뚜렷이 있다. 소서노와 함께하였으니 비류가 곧 구태(仇台)이다. 처음에 비류가 아우 온조를 설득하여 어머니와 함께 떠나오지 않았던가!

위에 기사를 다시 돌려보면 우리 어머니가(傾家財助成:경가재조성) 가재를 내어 그 방업(邦業)을 도왔으나 대왕이 세상을 싫어하여 나라를 유류에게 맡겼으니 우리가 이곳에서 허송세월하는 것보다 어머니를 모시고 남유복지(南遊卜地)하여 새 나라를 세우는 것만 같지 못한 것이 아닌가 하고 설득하였다.

비류는 아우와 일단의 무리를 이끌고 패수와 대수(渡浿帶二水)를 건너서 미추홀(彌鄒忽)에 정착하였다.

대방고지(帶方故地)에서 초립국(初立國)하였고 이때에도 분명히 소서노 비류 온조 함께였다.

추정하건대 비류는 바닷가 지역을 선점하였고 온조는 북방을 방비하는 역할분담을 하여서 지역을 나누어 미추홀과 100리 간에 성을 쌓고 진을 치고 거주하였다.

여기에서 먼저 적어놓고 백제기를 살펴보는 것이 설명하기에 쉬운 고로 비류의 미추홀은 지금의 아산 인주면 일대를 설정하고 온조는 천안의 직산을 초기 위례성으로 인식하고 하나둘 차근히 풀어보겠다.

비류와 온조 형제는 아산과 천안 동북쪽 차령산맥을 어깨하고 있는 성거산(聖居山 573.3m)~위례산(慰禮山 523m)지역을 나누어 일단의 무리 首長이 되었던 것이다. 金富軾 선생이 숙고하였다면 구태가 온조라고 분명히 밝혔을 것이나 그리하지 못한 이유가 분명히 있었을 것이다.

처음에 백가가 건너왔으므로 국호를 백제라고 하였다.

구태(仇台)가 동이강국이 되었다고 인정하면 백제국과 온조의 정통을 인정받기 어렵다고 판단하였을 것이다.

비류는 아우와 따라온 백성을 이끌고 패수(浿水)와 대수(帶水)를 건너서 미추홀(彌鄒忽)에 정착하였다.

이렇게 나타나 있는바 미추홀 또한 백제초기이다.

28

위에 기사에서 단서를 찾아보기로 하자 패수(浿水)는 지금의 대동강으로 나타나 있다. 三國史記 地理4에 이르길 패수는 지금의 대동강이다. 무엇으로 아는가? 편찬자의 일성이다.

唐書에 이르기를 "평양성은 漢의 낙랑군이다" 하고 "산을 따라 구부러지고 돌아서 성곽을 만들었고 남쪽가로 패수가 있다. 하였고 또 志에 이르기를 등주(登州:중국 산동반도)에서 동북쪽의 바다로 가서 남쪽으로 바다를 끼고 패강(浿江)의 어구 초도(椒島)를 지나면 신라의 서북쪽을 만날 수 있다."

위에 기사는 前·後 漢에서 三韓에 교류 내지는 교역할 때 또는 삼한과 백제를 침략할 당시에 바닷길을 표시한 것으로 인식(認識)할 수 있음이다. 이를 확증하는 근거기록은 AD 612년 수양제의 고구려 침공을 들 수 있는데 이때 그 유명한 乙支文德의 살수(薩水)대첩이 있지 않은가.

독자 모두가 인식하는 바와 같이 살수는 청천강이다. 청천강을 제외하면 대동강이 패수(浿水)이다. 그리고 등주(登州)는 中國 산동반도고 연태市에 속한 봉래인대 항구의 북쪽 15km 지점에 있는 조도군도(廟島群島)에 상선(商船) 제조창이 있었고 이곳에서 동북으로 3일 정도 바다를 건너면 남포에 이르고 남포항에서 남쪽으로 30여km에 초도(椒島)가 있다. 초두에서 남으로 40여km에는 장산곶(몽금포)이다.

장산곶에서 뱃길로 남동으로 이틀 정도 항해하면 中期新羅의
西北강화에 도달하는 고대 항로이다. 이곳의 항로는 3~4천 년 전
부터 중국과 한반도가 교류하던 그 바닷길을 말하는 것이다. 登州
에는 기록과 유적으로 전해지는 新羅坊, 新羅所가 있었다고 하는
바 등주는 조선반도와는 긴밀하고 밀접한 관계지명이다.

하여 패수(敗水)를 한 번 더 찾아보자!
本考는 백제초기와 관련해서 조선 고대사의 원래의 뿌리를 잠깐
들려다 보아야 다음 과정에 이해가 쉬울까 하여 패수(浿水)와 기
자조선 準王이 멸망하던 과정을 소개하려 한다.

고대 조선의 변천사
[檀君朝鮮단군조선 : BC 2333~1081년경]
[箕子朝鮮기자조선 : BC 1200년경~BC 194 準王]
[衛滿朝鮮위만조선 : BC 194~BC 108]
이때까지를 고조선(古朝鮮)이라 구분한다.

중국 고대사 史記 중 朝鮮과 浿水의 일부 이해
史記 : 西漢, 사마천(司馬遷) BC 145?~BC 86?
BC 91년에 완성되었고 記事는 黃帝 때로부터 한왕조/무제(漢王
朝/武帝)에 이르기까지 三千여 년에 이르는 방대한 역사서이다.

이때 史記 권115 朝鮮열전 제55에는 箕子-朝鮮 말미 準王 때 관련하여 패수(浿水)가 몇 차례 언급되어 나타나 있으니 패수와 관련한 낙랑(樂浪)지역의 패권역사 또한 다양하다.

史記 권6 진시황본기(秦始皇本紀)에

海謂渤海南至 揚州 蘇州 等州之東海也 東北朝鮮國

바다(海)는 발해(渤海) 남쪽으로 양주(揚州), 소주(蘇州), 등주(等州)의 동해이고 동북으로 조선국(朝鮮國)이다.

史記 권6 진시황본기 13

一法度衡石丈尺 車同軌書同文字 地東至海暨朝鮮

법률과 도량형과 장척을 통일하고 수레의 궤 폭을 같게 하고 문자의 서체를 같게 하였다. 땅 동쪽으로 바다에 이르는데 조선(朝鮮)에 이른다.

중국 山海經 18에는

東海之內北海之隅 有國名曰朝鮮

동해안 쪽으로 북쪽 바다 모서리에 나라가 있는데 이름이 조선(朝鮮)이다.

史記 권115 朝鮮열전 제55

동이전 瑞文文化社 1996년刊 金在善 編著 인용

朝鮮王滿者 故燕人也

조선의 왕 위만은 옛 연나라 사람이다.

自始全燕時 嘗略屬眞番朝鮮 爲置吏 築鄣塞

연나라의 전기부터 일찍이 진번과 조선을 침략하여 속하게 하고 관리를 두고 요새를 쌓았다.

秦滅燕 屬遼東外徼

진나라가 연나라를 멸망시키고 요동 밖의 요(徼)에 소속시켰다.

漢興爲其遠難守 復修遼東故塞 至浿水爲界 屬燕

한나라가 일어나고 그곳이 멀어 지키기 어렵게 되자 요동의 옛 요새를 수리하고 패수(浿水)를 경계로 하여 연나라에 소속시켰다.

燕王盧綰反 入匈奴

그러나 연왕 노관이 배반하여 흉노로 들어갔고

滿亡命 聚黨千餘人 魋結蠻夷服而東走出塞 渡浿水

위만은 망명하여 1,000여 명을 모아 무리를 지어 상투를 틀고 만이(蠻夷)의 복장을 하여 동쪽으로 달아나 새(塞)를 나와 패수를 건넌 후에

居秦故空地上下鄣

옛 진나라의 공터인 상하장(上下鄣)에 살았다.

稍役屬眞番朝鮮蠻夷及故燕齊亡命者王之都王險

점차 진번과 조선과 만이(蠻夷)들을 복속하여 거느리고 연나라

와 제나라 망명자들의 왕이 되어 왕험(王險)에 도읍하였다.

王險/왕험으로 표기되었으나 위에 기록은 삼국유사에도 소개되어 있으며 왕검성으로 인식한다.

括地志云：高驪治平壤城 本漢樂浪郡王險城 即古朝鮮也

괄지지(括地志)에서는 고려(高驪/고구려)의 치소인 평양성(平壤城)은 본래 한(漢)나라 낙랑군(樂浪郡) 왕험성(王險城)이고 즉 예전의 조선(朝鮮)이다. 하였음을 볼 수 있다. (括地志 唐나라때 장초금(張楚金)이 지은 한원(翰苑)이라는 책의 地志이다)

이리하여 史記에서 전하는 왕험성과 패수(浿水)의 설명에 위치는 난해하지만, 史記는 몇 번의 고찰이 첨하여져 있는바 사마천(司馬遷)의 「史記」 원래의 본문(本文)에 후대(後代)에 이르러서 몇 차례 증보가 있었다.

1차, 사기색은(唐, 사마정/司馬貞) 679~732)

2차, 사기정의(唐, 장수절/張守節) 736年 편집)

3차, 사기집해(남북조시대 南宋, 배인/裴駰 1127~1279)등 세 번의 주석서가 인용된 삼가주본(三家注本)이 추가로 윤색되어 있다는 것을 이해하여야 한다.

史記는 3번의 편집주석이 있었다.

또한 안정복(女鼎福1712~1791)은 농사강목(東史綱目)에 고조선(위만조선)을 이렇게 설명하고 있다.

위서(魏書):'위수(魏收506~572)의 편찬'에 의하면 이때 위수는 史記 권115 朝鮮열전 제55를 인용하여 위서(魏書)에 옮겨놓았던 것이다.

丙午년 준왕(準王) 26년(漢.高帝 12년 BC 194)

연(燕)나라 사람 위만(衛滿)이 상투를 틀고 이(夷)의 옷을 입고서 동으로 달아나 장새를 나와 망명자 일당(亡命黨) 千여 명을 이끌고 패수(浿水)를 건너 조선(朝鮮:기자조선)에 들어와 준왕(準王)을 설득하여 서쪽경계에 있는 고공지(敲蚣地)인 상하장(上下障)에 살면서 함께 망명하여 온 자들과 함께 이 나라의 번병(藩屏)이 될 것을 바라니 준왕이 그를 믿고 사랑하여 박사를 제배(除拜)하고 규(圭/印信)를 주고 백 리의 땅을 봉하여 서쪽변방을 지키게 하였다.

戊申년 준왕(準王) 28년(漢. 惠帝 2년 BC 192)

위만(衛滿)이 배반하여 왕도(王都)를 엄습하매 왕이 남으로 달아나니 위만이 조선왕이라 칭하고 왕검성(王儉城)에 도읍하였다.

위만이 서쪽 변방에 있으면서 망명한 무리들을 꾀어서 점점 많아지매 사람을 왕에게 보내어 한(漢)의 군사가 열 갈래의 길로 쳐들어온다고 거짓으로 고하여 들어가 숙위(宿衛)하기를 청하고 드디어 왕을 공격하였다. 왕이 위만(衛滿)과 싸웠으나 대적하지 못하고 좌우와 궁인 및 나머지 무리 수천 명을 데리고 남으로 달아나서 마한(馬韓)에 가니…

이때의 일은 또 덧붙여 이렇게 논거하였다.

기자(箕子)로부터 준(準)까지 41世代이며 모두 930年을 지내고 서 나라를 잃었다. 이후 준왕은 南으로 이동 馬韓을 공략하여 격 파하고 금마군(金馬郡)에 도읍하였다. 인대 이후의 이야기는 스스 로 韓왕이 되니 곧 무강왕(武康王)이다.

高麗史에 보면 지금의 익산(益山) 오금사峰 서쪽에 쌍능(雙陵) 이 있는데 後,朝鮮 무강왕과 비(妃)의 능이라 하였고.… 세속에서 는 영통대왕능이라 부르고 기준성(箕準城)이 용화산 위에 있다.

準이 마한에서 임금 노릇을 하면서 조선과 서로 왕래하지 않았 으며 그 아들과 벗, 친족들은 나라에 머물고 있던 자들은 성(姓) 을 韓氏라고 고쳤다.

그 땅은 朝鮮의 東南 바다 쪽에 있으며 그 종족이 셋인데 마한 (馬韓), 진한(辰韓), 변진(弁辰)~〈진서(晉書)와 양서(梁書)에는 변 한(卞韓)〉이라 하였다.

마한은 54국으로서… 이하 중략

모두가 78국으로서 큰 것은 만여 호, 작은 것은 수천 호였으며 각각 산과 바다 사이에 있는데 모두가 옛 진국(辰國)이었다. 마한 이 가장 크므로 함께 그 종족을 신왕(辰王)을 세우니 목지국(目支 國)에 도읍하여 三韓 땅을 다스렸다.

그 여러 나라 왕의 선대는 모두가 마한종족의 사람이었다.

앞에서 언급된 箕子朝鮮, 말미 '준왕(準王)=무강왕(武康王)'의 후예가 목지국의 진왕(辰王)이라는 이해이나 목지국의 위치는 여러 학자들이 고찰(考察)하였지만 추찰(推察) 하건대 충청남도 내포의 가야산 근방으로 추정된다.

안정복은 이어서 최부(崔溥1454~1504 朝鮮 초기의 文臣 표해록(漂海錄)저자)의 기록을 근거하며 이르기를 기자(箕子)가 다스리는 도리에 밝아서 학식을 지닌 이로써 신복(臣腹)하지 않는 뜻을 높이 가지고 자취를 감추어 동으로 와서 8조의 가르침을 펴고 정전(井田)의 법을 시행하였으니 그 깊은 인애(仁愛)와 두터운 혜택은 백성의 마음을 굳게 맺어지게 하여 나라의 명맥을 길어지게 하기에 모자람이 없었다.

우리 동방(朝鮮)의 예속이 아름답다는 것이 천하에 알려졌으므로 부자(夫子:孔子를 가리킨다)가 이곳에 살려는 뜻을 두었었고…

'周경왕 41년 BC 479'에 보면 춘추시대에 주의 왕실이 미약해져서 제후가 서로 강함을 다투니 공자(孔子)가 천하에 어진 임금이 없는 것을 탄식하여 말하기를 도(道)가 행하여지지 않으니 뗏목을 타고 바다를 건너겠다. 하고 또 구이(九夷)에 살고 싶다 하니 어떤 사람이 미개한 곳인데 어떻게 가시겠습니까? 하매 孔子왈 군자가 그곳에 사는데 어찌하여 미개하겠느냐! 하였다. (구이(九夷)는 중

국에서의 동북 지역이다)

처음에 이르길 동방에 견이(畎夷)·방이(方夷)·간이(干夷)·황이(黃夷)·백이(白夷)·적이(赤夷)·현이(玄夷)·풍이(風夷)·양이(陽夷) 등의 9夷가 있었다는 것을 이르는 말이다.

이후에 동이(東夷)라 하였다.

이렇듯이 漢書에는 인현(仁賢)의 교화라고 하고 唐書에는 아름다운 君子의 나라라 하고 宋朝에서는 예악 문물의 나라라고 하였고 함허자(涵虛子)도 詩書와 仁義의 나라라 하였으니 우리 기자(箕子)가 지나는 곳마다 신묘한 덕화(德化)로 우리 동방에 혜택을 준 것은 천만년이 지나도 한결같은데 아깝게도 그 사실이 실린 서적이 전하여 오지 않아서 증거 할 문헌이 없다. 故)안정복은 적어 놓고 있다.

그러면 최부(崔溥)의 표해록(漂海錄)을 잠깐 들여다보자.

조선 시대의 문신으로 1487년 추쇄경차관(奴婢 도망자 색출)으로 제주에 갔으나 이듬해 부친상을 당해 전남 羅州로 돌아오던 중 풍랑으로 인하여 돛이 파손되니 43명이 승선하고 있던 배는 14일 동안 동지나 해를 표류하다가 죽을 곤욕을 치르고 결국 明나라 태주부(台州府) 임해현(臨海縣 ·상해근빙)에 표작하였던 것이다. 북경을 거쳐 반년 만에 한양에 돌아와 성종의 어명을 받고 표해록

(漂海錄)을 찬술하여 왕에게 바쳤다.

이때 표해록에는 날자 별로 해상표류와 중국 땅을 이동하던 과정의 실상을 기록하였고 중국 임해현에서 관리와 필답을 나누는데 여러 가지를 글로서 캐물으니 國名, 身分, 하는 일(직업)등을 답하게 된다.

9일 만에 길을 떠나 몇 곳을 거쳐서 2월 4일에 소흥부(紹興府)에 이르러 또다시 조사를 받는데 이번엔 삼사상(三使相, 상급관리)이 묻는다.

우문왈(又問曰) "처음에는 너희를 에라하고 잡아 죽이려 했던 것이니 네 만일 조선인이면 너희 나라의 歷代연혁 都邑, 山川, 人物, 民俗, 祀典, 喪制, 戶口, 兵制, 田賦, 冠裳 제도를 자세히 써오라 史記에 詳考하리라!"

이에 최부(崔溥)는 답한다.

연혁과 도읍의 처음은 단군이 唐堯(중국고대 요순시대) 때의 書에 보면 국호를 조선이라 하고 평양에 도읍하여 千여 년이 지나매 주(周)무왕이 기자(箕子)를 조선에 봉하여 평양에 도읍하여 8가지로 백성을 가르치니 이제까지 그 백성이 예의를 알며 그때부터 하였더니 그 후 연인(燕人) 위만(衛滿)이 도망하여 조선에 들어와 기자조선을 쓸어버리니 준(準)이 馬韓으로 달아나 도읍하였더니 그

손이 혹 구한(九韓)도 되고 혹 사군(四軍)도 되고 혹 삼한(三韓)도 되니, 연대만은 능히 쓰지 못하고 서한선제(西漢宣帝)시에 新羅를 박氏가 처음으로 나라를 세우니 高句麗 고氏와 百濟는 부여氏가 서로 이어서 일어나 나라를 세웠고 조선을 삼분하여 신라는 동남에 웅거하여 경주에 도읍하고 고구려는 서북을 웅거하여 요동 평양에 도읍하여 자주 도읍을 옮기니 알지 못하고. 백제는 서남을 웅거하여 직산에 도읍하락 공주에 도읍하락 부여에 도읍하더니 唐고종조에 新羅 문무왕이 당병으로 더불어 고구려와 백제를 줄이어 하나를 삼았더니… 이하 줄임(註解표해록 윤치부/도서출판 박이정 1998년刊 인용)

이렇게 최부의 기록을 일부 옮기는 연유는 조선시대의 선비들과 관원들은 고대사의 줄기를 잘 알고 있었으며 百濟의 처음 도읍지가 직산으로 인식하고 있었음을 전하려는 의도이다. 계속해서 나타나는 기자조선의 기록을 살펴보자.

기자(箕子)가 주(周)에 조빙(朝聘)하였다.

기자가 소차(素車)에 백마(白馬)로 주에 조빙하는 길에 은나라의 옛 도읍터를 지나다가 궁실이 무너지고 그 자리에 벼와 기장이 난 것을 보고 느꺼 개탄히였다. 기자(箕子)가 상심뇌었으나 목 놓아 울자니 옳지 않고 소리죽여 울자니 아낙네 같은 짓이 되므로 맥수

시를 지어 불렀다.

麥秀漸漸兮(맥수점점혜)~보리자라 무성타

禾黍油油兮(화서유유혜)~벼와 기장 기름져

彼狡僮兮(피교동혜)~교활한 그 아이는

不與我好兮(불여아호혜)~나를 좋아 않더니

이에 은나라 사람들이 이를 듣고서 모두 눈물을 흘렸다.

이를 근거하건대 주나라 무왕이 기자를 조선왕에 봉하였다는 기사는 사실에 가깝지 않고 다만 주(周)에 조빙하였다는 기사는 손님으로 갔다고 보면 옳다.

이렇듯이 단문의 여러 기록들은 어떻게 해석(解釋)하느냐에 따라서 번역의 내용이 사뭇 다르게도 나타난다.

중국에서는 은(殷)나라 출신인 중국인 기자(箕子)가 기자조선 (???~BC 194)을 건국하였다고 하면서 전설적 고대국가로 소개되어 있기도 하다.

고조선의 하나로 한씨조선(韓氏朝鮮). 기씨조선(奇氏朝鮮)이라고도 부른다. 수도는 왕검성 현)평양이다.

이렇게 위만(衛滿)이 箕子朝鮮의 준王을 몰아내고 조선을 다스렸으니 기이한 역사의 변천사이다. 이때를 위만조선이라 하는데 86년간 통치하고 3代 우거(右渠)에 이르러 나라를 잃었다.

이후 조선에는 한사군(漢四郡)의 지배하에 들어가면서 마한, 진한, 변한 등의 국가형태가 태동되는 것이다.

기록으로는 한왕조, 무제(漢王朝, 武帝)에 의한 한사군(漢四郡:BC 108년)으로 漢水 이북에서 만주지역의 현토군(玄菟郡) 임둔군(臨屯郡) 평양 부근의 낙랑군(樂浪郡) 마한지역(충남, 전북 일부분)에 진번군(眞番郡)등을 설치 지배하였다고 하는 것을 말하는 것이다.

신채호 선생은 조선상고사에서 한사군의 위치에서 四郡의 위치를 지금의 요동반도 이내에서 구할 수 있을 뿐이다. 고 하면서 사군의 위치에 대하여 이설이 백출한 것은 대개 다음과 같은 여러가지 이유 때문이다.

그 첫째는 지명의 같고 다름을 잘 구별하지 못했기 때문이다.

이를테면 패수(浿水)·낙랑(樂浪) 등은 다 '펴라'로 읽어야 할 것이니 지금의 대동강은 당시의 「펴라」란 물이요, 지금의 평양은 당시의 '펴라'란 서울이니, 물과 서울을 다 같이 '펴라'라고 이름 붙인 것은 마치 지금의 청주 '까치내'란 물 곁에 '까치내'란 촌이 있음과 같이 '펴라'란 물 위에 있는 서울이므로 또한 '펴라'라고 이름한 것이다.

패수의 패는 '펴라'의 '펴'의 뜻을 취하고 낙랑의 낭은 '펴라'의 '라'의 음을 취한 것으로, '펴라'로 읽은 것이다.

기타 낙랑·평양·평나·백아강 등도 '펴라'로 읽은 것이니, 그 해석은 여기서 생략하거니와, 한 무제가 이미 위씨조선, 곧 '불조선'을 멸하여 요동군을 만들고는 '신·말양' 조선의 지명을 가져다가 위씨조선의 옛 지명을 대신하였는데, 지금의 해성(海城) 헌우락(軒芋灤)의 본명은 '알티'(安地 혹은 安市라 한 것, 원주)이거늘, 이를 고쳐서 패수(浿水)라고 하였던 것이다. 라고 하였는바 이는 요동의 해성(海城) 헌우락의 浿水와 대동강 浿水가 있었다고 고증하였다. 하지만 현재의 역사가들조차 패수와 왕검성의 위치를 정확하게 고증한 바가 없으니 본고에서도 기록을 열거하는 것으로 대체하고자 한다. (조선상고사, 비봉출판사 2016년刊 박기봉, 일부 인용)

이렇듯이 왕검성과 패수의 위치에 대해서는 앞으로도 계속하여 찾아보아야 할 국내 학계의 숙제로 남아 있다. 漢四郡의 실체에 대해서는 漢, 武帝 때에 한사군을 조선에 설치하였다? 요동에 한사군을 설치하였다? 한사군은 계획한 통치기록의 가설이다? 등이 있다.

이렇게 하여서 史記에서 나타나는 패수(浿水)의 위치가 혹시 청천강인가 아니면 요서(遼西) 요동(遼東)의 요하(遼河)의 어느 하천인가 난해하지만, 중국의 古書를 통해서 고대사에 나오는 조선기록을 고찰해보았다.

김부식은 패수(浿水)는 대동강이다고 하였다. 맞다.

본론으로 돌아가서 그러면 대방고지는 어디인가?

구태(仇台)는 대방고지에서 초립국하였고 漢의 요동(遼東)태수 공손도의 딸을 妻로 삼기도 하였는데 대방고지는 登州에서 북동으로 3일을 항해하면 장산곶인데 이곳 내륙에 BC 1,000여 년 전 고대부터 중국에 예속되어 사회를 이루던 터전이 있었던 것이다.

대방(帶防)은 지금의 대동강에서 황해도 해주 근방이다. (관련 근거기록 / 百濟 9대 책계왕 원년(AD 286)

왕이 정부(丁夫)를 징발하여 위례성을 수리하였다. 고구려가 대방(帶方)을 치니 대방은 우리에게 구원을 청하였다. 앞서 왕은 대방왕의 딸 보과(寶菓)를 부인으로 삼았기 때문에 말하기를 대방(帶防)은 우리와 구생(舅甥) 간의 나라이니 그 청을 듣지 않을 수 없다! 하고 드디어 군사를 내어 구원하였다.

위에서 나타나듯이 대방고지는 백제와 고구려 사이에 있었다.

그렇다면 수(隋)개황(開皇) 초(581~600)에 그 왕 여창(위덕왕威德王 554~598)이 사신을 보내어 방물을 바치니, 창을 상개부(上開府) 대방군공(帶方郡公) 백제王으로 삼았다.

이때의 대방군을 어디를 말함인가? 라고 반문할 수 있다.

帶方은 前後漢이 예속지역 대방을 말함인데 北대방(황해도지역)과 이후 남쪽의 사비백제(남부여)를 말함이다.

예부터 중국은 三韓이후 三國 한반도 일부를 東夷~帶方 등 속국으로 비하하였다. 드디어 동이강국(東夷强國)이 되었다.

위에 단문은 백제기를 포괄하여 표현한 것이지만 구태(仇台)인 비류가 동이강국이 되었었다고 사료(思料)된다.

그렇다면 대방고지에서 이동한 비류 형제가 이어서 帶水를 건넜다면 또한 대수가 어디인가 찾을 수 있을지 궁금하나 단순하게 생각하면 帶水는 한강 어디쯤 생각할 수 있으나 여기에서 나타나는 원문 '渡浿帶二水'는 패수와 대수를 건넜다, 이나 패수를 건너 대방고지에 얼마간 정착하였다가 대수를 건넜다, 지났다고 볼 수 있는 것으로서 이동(移動) 정착(定着)한 후 이동(移動)과정의 연결 선상의 기록으로 보아야 한다.

이유인즉 당시에 비류 형제가 일단의 무리를 이끌고 졸본(卒本)에서 내려오는 과정이라면 압록강 상류도 지나고 청천강도 지나야 했을 것이다. 육지를 택하여 강을 건너고 들을 지나면서 이동기간을 인식하고 준비하여 내려왔다면 이동수단도 필요하였으며 한 번에 계속해서 이동하였을 수 없었으며 아울러서 적을 만나면 싸울 수 있는 군사와 건축기술자와 식량, 생활도구를 고려하지 않을 수 없었을 것이다.

그래서 어느 지역에 이르러서는 얼마간 정착하였다가 원하던 곳의 지역 정보를 탐사하고서 여러 척의 큰 배를 이용하여 바닷길로 몇 곳을 경유하며 내려와 미추홀(彌鄒忽)에 정착하였을 것이다.

그렇게 인식하고 계속해서 찾아보자.

비류 하면 沸流水와 溫泉水을 떠오르게 되는데 비류수라 하면 어원이 끓는 물이 흐른다는 뜻이니 그곳이 과연 어디인가? 沸流水가 처음 나타나기는 고구려 초기 주몽이 졸본천(卒本川)에 도착하여 궁실을 지을 겨를이 없어 비류수(沸流水) 위에 집을 지어 살며 국호를 고구려라 하였다, 로 있으나 그 이후에도 나타난다.

사람의 이름은 자고로 예나 지금이나 소싯적에 부르는 이름과 성인이 되어 나타내는 이름이 있었으니 옛적에는 사람의 이름이 지명이 되기도 하였고 지명이 인명이 되기도 하였다. 그렇다면 구태(仇台)는 비류와 동일인이고 어머니 소서노와 함께 미추홀을 이끌었다.

一然 禪師(金見明)는 삼국유사에서 지금의 부여군이라 말하는 것은 아주 옛날의 이름을 회복한 것으로서 백제왕의 성이 부씨(扶氏)였기 때문에 그렇게 부른 것이다.

여기에서 백제왕이 扶氏라 하였고 또 옛날 이름이란 주몽의 북부여를 말함일진대….

그 조상의 계보가 고구려와 똑같이 부여에서 나왔다고 하여 해(解)를 성으로 하였다. 이니 부氏이기도 하고 해氏이기도 하다.

성왕(聖王) 때에 도읍을 사비로 옮겼으니 지금의 부여군이다.

미추홀은 仁州 위례성은 지금의 稷山이니 정리하면 비류의 초기 도읍지 미추홀과 온조의 직산 계보가 따로 있었다는 추론이 가능하니 계속해서 미추홀과 위례성을 찾아보자.

2) 始祖 온조(삼국사기 인용)

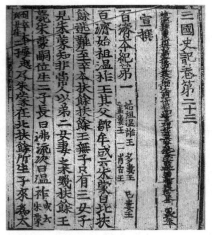

삼국사기 本文 온조기

백제의 시조는 온조王이고 그의 아버지는 추모이며 혹은 주몽이라고도 한다.

북부여에서 도망쳐서 졸본부여로 왔다.

부여왕은 아들이 없고 단지 딸만 셋이 있었는데 왕은 주몽을 보자 비상한 인물임을 알고 둘째 딸을 주어 아내로 맞게 하였다. 얼마 안 되어 부여王이 돌아가니 주몽이 왕위를 계승하였다.

아들 둘을 낳으니 장자는 비류(沸流)요 차자는 온조(溫祖)이다. 주몽이 북부여에 있을 때 낳은 아들이 와서 태자가 되자 비류, 온조는 태자에게 용납되지 못할 것을 느끼고 오간, 마려 등 열 명의 신하들과 남쪽으로 갔는데 그들을 따르는 백성이 많았다.

1, 드디어 한산(漢山)에 이르러서 부아악(負兒嶽)에 올라 살만한 땅을 바라보았다. 비류가 해변에 살려고 하였으나 열 사람의 신하가 간하기를

2, 이 하남(河南)의 땅은 북으로는 한수(漢水)를 띠고 동쪽으로는 높은 산에 의지하며 남으로는 옥택(沃澤)을 바라보고 있고 서쪽으로는 큰 바다가 막혔으므로 천험지리가 얻기 어려운 형세이므로 여기에 도읍을 정함이 역시 마땅하지 않겠습니까. 하였다.

3, 그러나 비류는 듣지 않고 백성들을 나누어서 미추홀(彌雛忽)로 가서 살았으므로

4, 온조는 하남위례성에 도읍을 정하고 열 명의 신하들에게 보필을 삼으며 나라 이름을 十濟라 하였다.

이때는 전한성제 홍가 3년(기원전 18년 온조왕 1년)이었다.

비류는 미추홀의 땅이 습하고 물이 짜서 안거할 수 없으므로 돌아와 위례성(慰禮城)을 보았는데 도읍이 안정되고 백성들이 평

안히 지내는 것을 보고는 드디어 참회하고 죽으니 그 신민들이 모두 위례성으로 돌아왔다.

5, 그 후에 돌아올 때 백성들이 즐겁게 따랐다 하여 국호를 백제라고 고쳤다.

백제의 계통은 고구려와 함께 부여에서 나왔으므로 부여(扶餘)를 性氏로 하였다. 후에 성왕 때에 도읍을 사비로 옮기니 지금의 부여군이다. (三國史記/백제초기 弘新文化(崔虎)譯解 인용)

집중분석 : 백제기는 始祖 온조의 기사로 서문을 실었다.

계속해서 이어지는 기사에는 비류(沸流)가 始祖라는 서문은 앞에서 알아보았다. 삼국사기에서는 백제를 온조의 정통으로 이어져 왕조를 하였다. 하지만 실세인 비류는 어느 때 언제인지 모르는 시점에 한순간 그러니까 "후회하다 죽었다"고 되어있으니 졸본에서 유류의 고구려왕권을 바라보니 초라한 신세를 어찌 고민만 하였을까? 함께 따라온 온조와 백성들은 상당수였을 것이고 이들이 나라를 세우는데 단지 바닷가에 거주하려고 한 비류를 내쳐버렸을까?

이때에는 어머니 소서노와 비류가 모든 것을 주도하는 실세(實勢)인데 백성들이 온조를 따랐다? 그래서 온조는 十濟國을 세웠다? 의문이다. 그렇게 단순하게 說話 아니면 史記가 이어져 왔다?

간략한 이야기지만 北史 및 구당서 등 舊三國史를 근거하여 편찬된 백제기는 당시의 學文과 역사인식 수준을 가늠케 하는 잣대이기도 하지만 삼국사 편찬 당시에 백제사가 있었다면 앞에서 서문 형식을 빌려서 옮겨놓은 비류 설화를 주목해보자.

몇 부분이나 몇 구절의 문장에는 지명과 지형설명에 오류가 있었다, 그래서 二千 年의 비밀을 세밀하게 훑어보고 짚어내어 살펴보자는 것이다.

이때에 있었던 기록을 계속하여 들여다보자.

⑴ 온조왕 초기 한산(漢山)과 부아악(負兒嶽) 이해

백제초기 비류와 온조의 이동과 정착 기사를 살펴보자.

드디어 한산(漢山)에 이르러 부아악(負兒嶽)에 올라 살만한 땅을 바라보았는데~ 의 근거지가 어디인가?

三國史記 제사(祭祀)에 이르기를 三山 五岳 명산대천을 나누어 大祀 中祀 小祀로 하였다.

그중에 소사(小祀)에 상악(霜岳:고성군), 설악(雪岳:수성군) 등/// 겸악(鉗岳:칠중성) 다음에 부아악(負兒岳: 북한산주)이 나타나는데 左記의 負兒岳인지 漢山의 負兒嶽인지 가늠하기로는 ①큰 산악岳 ～ ②큰 산악嶽으로서 어원은 같으나 원문이 틀리고 이에 다르게 쓰이는 점은 ②큰 산악嶽은 오악(五嶽)의 총칭으로 대신

(大臣)제후(諸侯)를 말하는 것인바 제후(諸侯)는 봉건시대에 영토를 가지고 영내의 백성을 다스리는 자 곧 임금을 말함이다. 이른바 대사(大祀)는 임금이 친히 제사를 지내는 것을 말함이니 부아악(負兒嶽)은 임금이 제사를 지내던 곳이다.

"드디어 한산(漢山)에 이르러" 기사는 광역 地名을 나타내는 것으로서 한산이라는 지명은 경기도 광주시 남한산성 주봉(主峰)을 나타내는 것으로서 이곳은 분명히 漢山이니 漢山에서 임금이 제사를 지냈다.

근거하기는 지리2 신라에 보면 한주(漢州)는 본래 고구려의 한산군(漢山郡)인데 신라가 빼앗아 경덕왕이 한주(漢州)로 고쳤으며 지금의 광주(廣州)이다이니 두말할 여지가 없다.

그렇다면 온조왕 때의 漢山이 고구려 때에 漢山郡으로 신라 때에 漢州가 되고 高麗 때에 廣州로 하였다.

그렇다 한다면 한산(漢山)은 경기도 廣州 남한산이다.

三國史記 지리4 고구려 백제, 한산주(漢山州) 文武王 때 설치.

한산주는 삼국통일 후 고구려 땅 황해도 일부와 경기도 일부를 합해서 漢山인 남한산성에 설치한 통일신라의 중부권 광역치소(廣域治所)였다.

이른바 백제 초기부터 고구려 신라 고려 李朝에 이르기까지 중요한 요충지이었음을 알 수 있다.

 국원성(國原城:또는 未乙城), 사산현(蛇山縣), 당성군(唐城郡) 등 많은 지명을 기록해놓았는데 위에 당성군은 新羅때 지명으로 현재의 華城市 서신면 상안리에 있는 구봉산(185.5m) 산정의 당성(唐城)으로 지목되는바 한양대학교(문화재연구소)에서 2015년부터 현재까지 4차례에 걸쳐서 이곳 唐城을 지표 조사하는 과정에서 한산(漢山)이란 명문이 새겨진 기와가 출토되어 관심이 깊어지는 것인데 성곽은 백제시대에 쌓은 부분을 약간 비켜서 또는 확장되어서 신라시대와 조선시대에 개축된 부분 2단으로 나타나 있다.
 망루 부분과 여러 곳에 건물지가 보이는바 관련 기관과 한양대학(지표조사팀)의 활동에 비상한 관심이 깊어지고 있다.

漢山 명문기와

그렇다면 唐城은 문무왕 때부터 漢山州에 속해 있었다는 추정인바 백제 중후기의 당항성(黨項城)이기도 하다 관련 근거는 義慈王 3년 봄 정월에 당(唐)에 사신을 보내어 조공하였다.

겨울 11월에 왕이 고구려와 더불어 화친하고 신라가 당에 입조하는 길을 막으려고 군사를 일으켜서 당항성(黨項城)을 빼앗았다.

하지만 신라는 당에 사신을 보내어 구원을 청하니 태종이 상리현장(相里玄獎)을 보내와 양국을 호유하므로 왕은 표를 올려 사죄하였다.

그런 후에 신라의 김춘추와 김인문은 당나라 태종과 고종에게 계속하여 방문하여 백제를 멸할 계책을 구하게 되는데 이때에 당항성을 출발하여 당나라에 출입하였고 백제 때의 당항성(黨項城)이 신라가 점유할 시 당성(唐城)이다.

漢山은 분명히 남한산이다. 負兒嶽을 찾아보자.

다음에는 부아악(負兒嶽)을 찾아보자.

"부아악(負兒嶽)에 올라 살만한 땅을 바라보았는데"

또한 살펴보기는 김부식은 漢山에 이르러 부아악에 올랐다 하면서 고구려백제지리지에는 고구려 때 古地名 매소홀을(경원매소 또는 미추)로 주해(註解)하여 변경하였을 것이다. 이를 仁州~이후 仁川이라 한다.

여기에 명확한 이론을 달으면 미추홀은 BC 18년에 있었던 地名 (혹은 小國)일진데 고구려(AD 500년경 이후) 때 잠깐 사용하였던 지명인 매소홀을 설명하면서 미추홀로 연결하였다는 괴이한 추정의 논리이다.

인천은 西紀 475년경 이전까지는 백제의 영역이었다.

부아악(負兒嶽)은 임금이 제사를 지내는 곳이다. 그러하니 이곳은 한산(漢山)이 맞을 것이다.

그러나 漢山(남한산)을 사용하여 부아악(負兒嶽)에 올라서 살만한 땅을 바라보니로 편집하였다.

하지만 부아악(負兒嶽)을 자세히 검토하건대 牙山市 영인산 주변의 지형과 매우 흡사하다. 한글 번역문을 순서대로 나누어서 세부적으로 설명하겠다.

①한산(漢山)에 이르러서 ②부아악(負兒嶽)에 올라 살만한 땅을 바라보았는데 비류가 해변에 살려고 하였다.

③열 명의 신하가 간하기를 이 하남(河南)의 땅은

④북쪽으로는 한수(漢水)를 두르고 있고

⑤동쪽으로는 높은 산에 의지하며

⑥남으로는 옥택(沃澤)을 바라보고 있고

⑦서쪽으로는 큰 비다가 막혔으니. 천험시리가 얻기 어려운 형세이므로 여기에 도읍을 정함이 역시 마땅하지 않겠습니까. 하였다.

⑧그러나 비류는 듣지 않고 백성들을 나누어서 미추홀(彌雛忽)로 가서 살도록 하였다.

⑨온조는 하남위례성에 도읍을 정하고 열 명의 신하들에게 보필을 삼으며 나라 이름을 十濟라 하였다.

위에 국역을 근거로 하여 문맥을 집중하여 살펴보자.

⑨의 설명은 온조의 초기 十濟國 위례성을 말함이다.

①한산(漢山)과 한수(漢水)의 지명사용은 삼국사 편찬자가 초기 위례성을 하남시 고골, 교산동 또는 몽촌토성으로 인식하고서 ①과 ④의 지형을 판단하고 편집하였을 것이다.

무슨 이야기인가 하면 北으로 한수(漢水)가 나타나기 때문에 더욱 그러하니 이러한 지형은 현재의 하남시 교산동~서울 강동구 몽촌토성일 수밖에 없고 漢山은 남한산으로서 몽촌토성과 하남시 교산동은 초기 위례성은 아니다.

부아악(負兒嶽)에 올라 살만한 땅을 바라보았는데, 부아악에 올라서 바라보니 北으로는 漢水가 두르고 있다면 이때 부아악은 한수 남쪽이어야 맞는 것이기 때문에 북한산과 삼각산은 제외된다.

신채호 선생을 비롯한 많은 학자들이 북한산을 부아악(負兒嶽)으로 인식하고 있었다. 한산(漢山)에 이르러서~부아악에 올랐다면 그렇다면 漢山 또한 漢水 남쪽이어야 한다. 한산이 한수 남쪽에 있다면 남한산성 主峰이다라고 이미 앞에서 밝혀놓았다. 하지만 이곳이 부아악이라면 남쪽은 城南 분당이니 옥택(沃澤)이라 볼 수 없고 또한 서쪽으로 큰 바다가 막혀있지 않다.

茶山선생은 행주산성 하류를 바다라고 하였다.

부아악(負兒岳)은 北漢山州에 있다고 삼국사기잡지 제1 제사(祭祀)에 분명히 하여 地名을 표기하였으니 한수(漢水)의 북쪽이니 이 또한 제외하고 ①과 ②의 지형표기에 ⑦의 연결은 지형 설명에 모순되므로 설명이 쉽게 이해되지 않는다.

몽촌토성에서도 북으로 한수가 두르고 있으나, 남으로 옥택(沃澤)은 찾아보아야 하겠으나 서쪽으로 바다가 없다.

그렇다면 漢山의 負兒嶽이 과연 어디인가?

백제 초기 위례성의 위치를 古지명으로는 풀 수 없으니 표시해 놓은 구절을 나누어 지형으로 설명하겠다.

부아악(負兒嶽)을 牙山市 靈仁山에서 바라보는 地形으로 이해하고 설명하고자 한다.

⑤동쪽으로는 높은 산에 의지하며, 부분은 동쪽으로 차령산맥의 지형이 높은 산으로 보인다. 물론 영인산에 오르지 아니한 독자들을 이해시키기는 매우 어렵다.

⑥남으로는 옥택(沃澤)을 바라보고 있고 〈어원= 옥/沃 물댈 옥, 기름지다~ 택/澤 못택 늪, 진펄〉 이는 남쪽의 신창 벌판 농경지와

하천의 늪지대를 말한다.

　⑦서쪽으로는 큰 바다가 막혔으니 천험지리가 얻기 어려운 형세이므로 여기에 도읍을 정함이 역시 마땅하지 않겠습니까 하였다.

　이는 서쪽의 삽교호 하구를 보고서 말(言)하는 것이다. 그러니 이곳이 백제초기 왕조의 궁성지이다. 하지만 온조가 도읍한 곳은 아니다.

　그러나 비류는 듣지 않고 백성들을 나누어서 미추홀(彌雛忽)로 가서 살도록 하였다. 이는 곳 비류가 정착한 곳 미추홀의 지형을 혼합 편집하였다는 증거이면서 직산(稷山)의 위례성에서 바라보면 牙山의 영인산은 바닷가로 볼 수 있다. (金聖昊 선생은 彌雛忽을 牙山市 仁州面 밀두리로 추정)

　온조는 하남위례성에 도읍을 정하고 열 명의 신하들에게 보필을 삼으며 나라 이름을 十濟라 하였다. 이는 하남위례성은 한강의 남쪽을 말함일진대 몽촌토성을 위례성으로 인식하고 위에 온조왕 1년條 序文으로 정리가 되었던 것이다.

　부아악(負兒嶽)에 올라 살만한 땅을 바라보았다.

　핵심의 구절로서 이러한 지형이 나타나기는 牙山市 염치읍, 인주면, 영인면을 경계점을 하고 있는 영인산 하나뿐이다. 이를 후면에 계속하여 설명하겠지만 이에 의문을 제기하는 독자들에게 질문이 있다.

온조왕기 13년 7월條

한산(漢山) 아래에 책을 세우고 위례성의 민가를 옮겼다.

9월에 성궐을 세웠다.

14년 봄 정월에 도읍을 옮겼다. 15년 봄 정월에 새로 궁실을 지었는데, 검소하고 등을 어떻게 설명할 수 있는지 가능하다면 누구든지 답변이 있기를 바란다. 무슨 이야기냐면 지금 현재 河南에 초기 위례성(十濟國)이 있는데 漢山 아래에 책을 세우고 9월에 성궐을 세웠다. 그렇다면 하남 위례성(고골, 교산동) 또는 몽촌토성에서 漢山으로 천도 하였다고 인식할 수도 있다.

안정복 선생이 삼각산을 부아악으로 이해하였던바 이후에 신채호, 이병도 선생이 북한산을 백제의 처음 도읍지로 이해하였던 것이다.

기록상의 地名과 地形 설명에 완성되지 않고 있다.

本考에서는 이것을 설명할 수 있으니 漢水의 南 하남시의 교산동과 몽촌토성을 초기 위례성으로 인식한 것은 추정학설로 보는 것이다. 하남 위례성은 삼국사 편찬 당시 아주 많이 판이하게 편집되었다고 이해하고 있다.

그러하니 짚어보자.

三國史記지리 제4 百濟에 이르길 살펴건대 고전기(古典記)에 동

명왕의 셋째아들 온조가 前, 漢 홍가 3년 계묘(癸卯)에 졸본부여
로부터 위례성에 이르러 도읍을 세우고 왕이라 칭하며 389년을
지내고, 제13대 근초고왕에 이르러 고구려 남쪽 평양을 빼앗아 한
성(漢城)에 도읍하고 105년을 지나고 제22대 문주왕에 이르러 웅
천으로 도읍을 옮겨 63년을…

제26대 성왕에 이르러 소부리(泗沘)로 도읍을 옮기고 국호를 남
부여(南夫餘)라 하였다. 인대 三國遺事에는 이때를 이렇게 옮겨놓
았다.

고전기(古典記)를 살펴보면 이렇게 말하였다.

동명왕의 셋째아들 온조가 전한(前漢/鴻佳 3년/계유년/BC 18)
에 졸본 부여로부터 위례성에 이르러 도읍을 세우고 왕이라 일컬
었다. 홍가 14년/병진년(BC 7)한산(漢山, 지금의 廣州이다)으로 도
읍을 옮겨 389년을 지나 13대 근초고왕(近肖古王) 함안(咸安, 원
년/AC 371)에 이르러 고구려의 남평양(南平壤)을 취하고 북한성
(北漢城, 지금의 양주/楊州이다)으로 도읍을 옮겼다. 105년을 지
나 22대 문주왕(文周王)이 즉위하고 원휘(元徽, 3년/을묘년/AC
475)에 이르러 웅천(熊川, 지금의 公州이다)으로 도읍을 옮겼고.
63년을 지나 26대 성왕(聖王)에 으르러 소부리로 도읍을 옮기고
국호를 남부여라 하였다. 31대 의자왕에 이르기까지 120년이 지났
다.

이렇다면 三國史記와 遺事에서 공히 古典記를 본문으로 지리지를 옮겼다 하였는바 도읍지가 위례성과 한산으로 서로 다르게 표기되어 있음을 주목해볼 필요가 있다.

古典記의 원문을 비교해보면

한성백제 도읍지 年代 비교 표기
삼국사기 : 도읍 위례성 389年간 총괄표기
　　　　　　　한성 105年간이라 하였고
삼국유사 : 초기 위례성 12年을 표기되어 있으며
　　　　　　　漢山도읍(廣州포함) 389年을 지나고
　　　　　　　북한산 105年간이라 하였다.

三國史記에서는 古典記에 있던 백제사료를 위례성에서 389년을 지났다고 옮겨놓았으나 온조왕 초기 十濟國 13年이 어디에 있는가? 三國遺事의 백제초기 위례성은 今稷山이라 표기되어 있으나 고전 기원문을 그대로 옮겨놓으면서 북한산(AC 371~)로 105년간을 이론의 註釋을 달지는 않았다.

또한 史記와 遺事에 나타나 있는 한성과 북한산 백제기 105년이라 다르게 나타나 있는 것인바 金富軾은 북한산을 한산으로 바꿔서 표기한 것이다. 이를 두고 申采浩 선생을 필두로 이후 이병노案, 현재 국내 역사학자들은 한산으로 도읍을 옮겨 105년을 지나고 高句麗 장수왕 때 한성백제가 패망하였다고 하였으나…

한성 후기 도읍지 北漢山 105年이 아니다. 正史가 될 수 없다.

관련 근거를 찾아보자.

13代 근초고왕(346~375) 26년(371년) 겨울에 왕이 태자와 더불어 정병 3만을 거느리고 고구려를 침략하여 평양성을 공격하였다.

고구려왕 사유(斯由:고국원왕)가 힘껏 싸워 막다가 유시(流矢:화살)에 맞아 죽었으므로 왕이 군사를 이끌고 돌아왔다.

도읍을 한산(漢山)으로 옮겼다 인데 이때가 서기 371년으로서 本考에서는 이때의 천도(遷都)한 漢山은 남한산으로 옮겼다고 이해하고 개로왕(455~475) 때 고구려 장수왕의 백제침공을 살펴보자!

연유하기는 개로왕이 죽으면서 한성백제가 패망하는 것이고 이때의 상황을 國內 학계에서는 그 기간을 북한산성 백제기 105년이라고 하니 이때의 漢城을 정리해보자는 것이다. 계속하여 이를 집중하여 살펴보는바 연유는 백제초기 도읍지 13년간을 찾아가기 위한 수순이다.

21代 개로왕(455~475) 한산(南城) 패망사 관련

21년 가을 9월에 고구려 왕 거련(巨連:장수왕)이 군사 3萬 명을 거느리고 왕도(王都)의 한성(漢城)을 포위해오니 왕은 성문을 닫

고 능히 출전하지 못하였다. 이하 중략

이때 고구려의 대로(對盧) 제우(齊于) 재증걸루(再曾桀婁) 고이만년(古尒萬年) 등이 군사를 거느리고 북성(北城)을 공격해 와서 7일 만에 함락시키고 남성(南城)으로 옮겨 공격하므로 城안이 위태하여 두려워하였다. 왕이 도망쳐 나왔는데… 이하 줄임

장수왕의 고구려 군사는 北城을 치기를 7일 만에 공략하고 이후에 군사를 돌려서 南城으로 침공한다. 이때의 남성(南城) 침공은 남한산(南漢山)을 말함이니 근초고왕 26년(AD 371) 기사의 도성(都城)을 한산(漢山)으로 옮겼다. 하는 것은 북한산이 아니고 남한산이다.

관련 근거는 장수왕의 고구려 군사가 북성(北城)을 공격하여 7일 만에 함락시켰다는 기사를 재차 고민해보라! 북성(北城)은 북한산성으로 백제의 북쪽 방위성이었고 때로는 왕이 행차하였을 수도 있었을 것이다.

北城을 7일 만에 함락시키고 이후 기사를 이해하면 고구려는 南城으로 군사를 돌려 성을 에워싸니 개로왕은 서쪽으로 도망하였다. 이때의 도읍(都邑)은 한산(漢山)이고 南城이니 남한산성이다. 도읍이 南城에 있었다고 이해가 된다.

설명을 덧붙이면 개로왕은 왕노(王都)인 남성(南城)을 포위해오니 성문을 닫고 능히 출전하지 못하였다.

이때의 일을 후면에 한 번 더 설명하였으니 살펴보자.

그러면 다시 地理4 百濟로 돌아가서 온조가 前, 漢 홍가 3년 계묘(癸卯)에 졸본 부여로부터 위례성에 이르러 도읍을 세우고 왕이라 칭하며 389년을 지나고…

이에 근거가 부족한 것은 온조의 처음 도읍지 十濟國 위례성의 13~14년간 기사를 분리하여야 하나 이를 인식하지 못한 채 개략으로 정리되어 있었음을 볼 수 있고. 한산(漢山)의 백제기 105년은 남한산으로 결론이 된다.

웅천으로 천도하니 63년으로 公州는 맞다.

선진 연구가들은 간단하고 편리한 해석으로서 온조王朝 초기~한성백제 389年간 하고 漢山 백제기 105年간을 통틀어서 한성백제기로 보는 것이었다.

하지만 本考에서는 이를 아래와 같이 분류한다.

1, 온조왕 초기 12년간을 직산 위례성으로

2, 한산 아래 북쪽, 고읍궁촌 河南백제기~377년간

3, 南城 한산(漢山)백제기~105년간 이후에는

4, 熊川, 웅진백제기~63년간

5, 泗沘 백제기 121년간으로 百濟는 678년간 존속.

6, 西紀 660년 7월 이후 주류성(周留城) 3년 4개월이다.

온조왕의 처음 도읍지 위례성을 계속하여 찾아보자.

본고에서는 삼국 초기 왕들의 재위기간을 비교하면서 분석하였고 백제기에 나타나는 漢山과 北漢山, 漢水, 漢城, 위례성, 미추홀의 위치를 현재의 지명과 지형분석을 근거하여 지명의 위치를 풀이하여 기술하는 것이다.

백제건국 과정은 온조기와 비류기가 혼합되어 삼국사가 편찬되었다는데 결론에 이르는바 이것을 분명히 설명할 수 있다.

三國遺事에서는 백제의 계통은 고구려에서 나왔으므로 해(解)를 성씨로 하였다. 고 하는 기록이니 모든 독자가 인식하는 바이다.

三國史記에서는 부여(扶餘)씨로 三國遺事에서는 해(解)씨로써 性氏가 다르게 나타나고 있으니 고구려 건국설화에 나오는 주몽의 妃 소서노(召西奴)와 관련이 깊다.

北扶餘 解夫婁의 서손 우태(優台)에게 시집가서 비류와 온조를 낳았는데 우태가 죽은 후 주몽이 왕위를 계승하면서 소서노를 妃로 맞이하였다는 설화의 근간이 되니 우태의 성씨를 택하였다는 것으로 주몽이 비류와 온조를 낳은 것이 아닌 셈이고 解氏로서 할아버지 해모수(解慕漱)의 직계를 선택하였다는 추론이다.

소서노는 동부여에 도망해온 주몽과 혼인하였으니 수봉과 함께 나라(고구려)를 세웠다. 하지만 삼국사기에서는 百濟의 始祖는 온

조이고 온조 설화에는 그의 아버지는 추모이며 혹은 주몽이라고
도 한다.

동부여에서 도망쳐서 졸본으로 왔다. 부여왕은 아들이 없고 단
지 딸만 셋이 있었는데 왕은 주몽을 보자 비상한 인물임을 알고
둘째 딸을 주어 아내로 맞게 하였다. 얼마 안 되어 부여王이 돌아
가니 주몽이 왕위를 계승하였다.

아들 둘을 낳으니 장자는 비류(沸流)요, 차자는 온조(溫祖)이다.
여기에서는 주몽이 졸본 부여왕의 딸을 아내로 맞이하였다고 되어
있으니 이는 주몽이 혼인하여 비류와 온조를 낳은 것으로 되었다.

三國史記의 편찬자에게 의문을 제기할 수밖에 없다. 주몽이 高
氏를 성으로 하였다 하였는데 주몽의 적자라면 과연 온조왕조가
부여氏로 하였을까?

三國遺事에서는 백제의 계통은 解씨를 성씨로 하였다?

삼국유사 편찬(1281년)은 승려 일연(一然禪師)의 역작으로 고대
조선~삼국~열전, 민속 전래와 불교문화가 많이 담겨 있는 것이
고 비류 始祖설을 인지하였다고 볼 수 있다.

백제계통은 북부여 해부루의 서손 우태(優台)의 解씨로 三國史
記에서는 사비로 옮기면서 부여를 계승하는 의미로 扶餘氏를 성
씨로 하였다.

비류와 온조기가 따로 있었는데 혼합하여 백제초기를 편찬하였다고 볼 수 있는 것이나 삼국사에서는 찾을 수 없음이나 古史記를 집중적으로 짚어 보아야 할 것이나 漢山州는 통일신라 광역지명으로서 이를 그대로 반영하기 또한 어렵다.

金富軾은 온조 초기 도읍지에 漢山을 달아놓아 부아악을 찾는데 현세에 까지도 미상의 고대사 중심에 놓여 있었던 것이다. 本考에서는 始祖 온조왕 기사의 서문 漢山을 漢城시대로 분리하고 초기 13年간 負兒嶽을 牙山市 영인산으로 보는 것인바 비류(沸流)의 미추홀이다.

金富軾은 彌鄒忽 주변의 지형을 漢山에 이르러 이후 기사에 혼합편집하였다. 이것은 곧 미추홀 비류의 역사를 지운 것이다.

(2) 미추홀과 위례성 위치

미추홀 관련 국내 학계논고

비류는 듣지 않고 그 백성을 나누어 미추홀로 가서 살았으며 에 근거하고 온조가 漢山,河南에 처음 도읍하였다.에 역사가들은 안정복(安鼎福 1721~1791/실학, 역사학) 先生은 동사강목(東史綱目)을 지으면서 기록하기를 비류와 온조는 우태의 아들이라 판단하고 미추홀은 지금의 仁川이나.

세속에 전해오기를 문학산(文鶴山) 위에 비류성의 터가 있고 성문의 문짝 판자가 아직도 남아있으며 성안에 비류정(沸流井)이 있는데 물맛이 시원하다.

동국여지승람(東國輿地勝覽)에 실리지 않아 한스럽다. 이에 근거하여 미추홀을 인천 문학산으로 해석하였고 그러면서 負兒嶽을 지금의 三角山으로 해석하였다.

정약용(丁若鏞 1762~1836/실학 개혁사상가) 先生 또한 아방강역고(我邦疆域考) 위례고(慰禮考)를 통해서 위례성을 漢水 北으로 인식하고 미추홀을 인천으로 분류하면서 온조왕 13년 이후기를 하남시 교산동(古邑)에 있다고 하면서 이른바 南城으로 인식하였다.

李丙燾 선생(1896~1989)은 미추홀을 현재의 인천과 위례성 북한산을 말함이고 또 하나는 李基白 교수(1924~2004) 또한 이르기를 미추홀 인천과 풍납土城과 몽촌토성에 도착하였다는 것으로 보는 것으로서 백제초기가 서울지역에 있다고 하였다. 그리고 1986년 一志社 刊 韓國文化史」古代篇 金哲埈,崔柄憲 共著에도 미추홀을 仁川으로 분류하였음을 볼 수 있다. 미추홀을 인천으로 하여서 경기도 하남시 춘궁동(고골:古邑)을 위례성으로 보기도 하지만 초기 위례성이 아님을 밝혀둔다. 이에 근거하는 설명을 계속하여 추가로 논거(論據)하겠다.

沸流不聽 分其民 歸彌鄒忽居之

비류는 듣지 않고 백성을 나누어 미추홀(彌鄒忽)로 가서 살았다. 이하 중략

위를 근거로 '인천이 미추홀이다'는 학설을 살펴보자.

인천이 고구려 때의 매소홀현(買召忽縣)로 불리었는데 新羅 때에도 계속해서 매소홀로 명칭 되었고 이후 高麗 때 인종(仁宗 1122~1146년)이 仁州로 고쳤으며 공양왕이 경원부로 하였고 조선 초기에 다시 인주라 하였고 仁川郡으로 하였다는 근거로서 인천의 문학산성 주변을 미추홀로 보는 것이다.

三國史記 잡지 제6 지리4 漢山州에 보면

國原城(一云未乙省, 一云託長城) 南川縣(一云南買) 등 여기에 나오는 모든 지명에 ○○○(一云 ○○○)을 주해를 달아놓았는바 이해가 되지 않는다. 고의로 註解를 첨하여 혼란을 초래케 하였다. 계속이어서 買召忽縣(一云彌鄒忽)이라 나타나 있다. 위를 근거하여 인천을 미추홀로 추정하고 있으나 이 또한 논란의 기사는 三國史記(1145년 편찬)에 미추홀을 今仁州(금인주)로 위례성을 미상지로 표기.

三國遺事(1281년 편찬)에는 미추홀은 인주(仁州) 위례성은 금직신(今稷山)으로 표기. 국내 사학계 일각에서는 仁州와 今仁州는 서로 다른 곳이다, 하면서 미추홀을 인천으로 분류하는 해석이

있다.

연유하기는 고려 仁宗이 지금의 인천지역을 仁州로 지명을 하사한 것을 유래하였을 것이기도 하지만 몽촌토성과 연결이 가능하였을 것이다. 仁州의 지명유래는 고려 17대 仁宗(1122~1146)이 어머니 순덕왕후 李氏의 고향을 御鄕으로 지정하였다는 것을 말한다.

백제초기 미추홀을 인천으로 위례성은 몽촌토성으로 하여 인천에는 미추홀을 명명한 도서관 등 식당까지 있으나 삼국사기에서 말하는 위례성 미상지는 온조의 최초 도읍지를 찾지 못했거나 미추홀을 변경하기 위한 지명 바꿔치기 기록으로 볼 수도 있다. 근래의 연구서와 기고를 살펴보면 백제초기의 주거지와 해자(垓字) 및 우물터 발굴과 자료를 근거하여 풍납토성, 몽촌토성이 한성 백제초기의 위례성으로 관련학계에서는 접근하고 있지만, 온조가 처음 十濟國을 건국한 위례성이 과연 어디인지 국내 학계에서는 아직 정립하지 못하고 있다.

몽촌토성을 十濟國이라는 것인가?

백제초기의 사실기가 취약해서 그렇다는 취지의 학설은 여타 매장문화재가 계속하여 나타나야 확인될 것이나 480여 年간의 상당기간 과연 한성 백제왕들의 묘가 어디에 있을까 찾지 못하고 있기도 하다. 그러나 어디엔가는 단 하나의 초기 백제 王陵이 남아

있을 수도 있다.

여기에도 수수께끼가 있는 것이 고구려 19대 광개토왕(재위 391~413년) 때부터 시작되어 長壽王에 이르는 한강 남부지역 침략에 근거로 보는 것이다. 백제는 계속되는 고구려와의 전쟁에 개로왕이 전사하고 도읍을 웅진에 천도하였음이 나타나고 있으니 제22대 문주왕 때 (475~477) 기사 중 "원년 10월에 웅진으로 도읍을 옮겼다."(熊津遷都 시 기사이나 매우 혼란기였음을 볼 수 있다.)

한성백제의 도읍지와 역대 왕들의 흔적은 이때쯤에서 훼손되었을 거로 사료된다. 미추홀은 高句麗 때의 매소홀현(買召忽縣)으로 나타나 있다. 미추홀(彌鄒忽) 인천 주장설과 위례성터 및 온조왕 13년 천도지를 찾아보자.

舊唐書卷199上-列傳第149上-百濟國 초기 일부

其王所居有 東西兩城.

"그들의 왕이 거처하는 곳은 동쪽과 서쪽 두 개의 성이 있다."고 기록되어 있는바 인천 미추홀에서 몽촌토성 위례성이라면(200여 리 간) 백제기 "馬韓王이 온조에게 거소지 100里 땅을 내어 주었다"는 기사와 매우 상충되므로 仁川 미추홀, 河南 위례성 연결됨은 모순이다. "온조는 하남 위례성에 도읍을 정하고 열 명의 신하로 보필을 삼으며 나라 이름을 십제(十濟)라 하였다."

역사가들이 十濟國을 북한산으로 이해하였으니 이에 연결이 맞는다고 볼 수 없으니 이를 본고에서 분석하는 것이다.

온조는 하남의 위례성에 처음 도읍하였다고 기록되었으니 과연 하남이 어디인가? 一說에는 광주군 동부면 춘궁리(현)하남시 교산동, 춘궁동) 이성산성(二聖山城) 근변을 온조가 처음 도읍하였다 하였으나 이곳에서 바라볼 때에도 서쪽에 바다가 막혀 있지 않다.

강동구 풍납동 몽촌토성 또한 漢山의 부아악(負兒嶽)에서 바라보고 설명하는 지형이 아닌데도 위례성이라 하니 말이다. 몽촌토성은 백제초기가 지나면서 중기까지 별개의 마한 城邑이었을 수 있으나 온조가 처음 도읍하였다고 볼 수는 없다.

또 다른 주장 춘궁동 이성 산성 근변을 온조가 처음 도읍하였다고 하는 논문은 연결되지 않는다. 무슨 이야기인가 하면 온조왕 13년 7월條에 보면 한산(漢山) 아래에 책을 세우고 위례성의 민가를 옮겼다. 이후 성궐을 세우고 도읍을 옮겼다.

初期에서 나타나는바 이때에 나라 이름을 十濟라 하였으면 다시 도읍을 옮긴 곳은 어디에 있는가?

漢山 아래는 百濟의 처음 도읍지가 아니다 연유하기는 한산 아래에 책을 세우고 위례성의 민가를 옮겼다고 하였으니 이에는 온조가 직산 위례성에서 하남시 고골(古邑) 지역에 도읍을 옮겨왔다면 설명과 고증이 가능하다.

2장, 漢城 백제 집중탐구

지금부터 경기도 하남시 교산동, 춘궁동(고골 지역)을 위례성으로 보는 논고와 학설을 온조왕 기사와 잇대어서 살펴보자.

정약용(1762~1836) 아방강역고(我邦疆域考)

我邦疆域考(我邦우리나라 疆域考국경안의 지역 고증)

第六集地理集第三卷 疆域考

제6집 지리집 제3권 위례고

慰禮城者 百濟始祖首都之地 其故址在 今漢陽城東北.

위례성이란 백제시조의 수도가 있었던 곳이니 그 옛터가 지금 한양성 동북에 있다.

古尒王九年 命國人 開稻田於南澤 北帶漢水者 斗尾江也

度迷津 溫祚舊宮

고이왕 9년(AD 248) 국인을 명하여 남택에 벼를 재배하는 밭을 개답하게 하고 북으로 한수에 접한 곳이 두미강(斗尾江:두미나루)이니 온조(溫祚)의 옛 궁궐이다.

本在廣州之古邑 謂之宮村居民 業種甘瓜 此則河南之慰禮也

본 광주(廣州)의 고읍(古邑) 궁촌에 주거하는 백성은 참외를 심어서 농업으로 사는 곳인데 이곳이 하남(河南)의 위례성(慰禮城) 이다. 고 적어놓았다.

茶山의 연고지가 인근(隣近)에 있는데 하남 고골에서 동북으로 25리쯤 남양주시 조안면 능내리에는 다산 유적지가 있는데 다산 은 이곳에서 태어나 성장하고 벼슬을 하던 중 유배를 당하고 또한 만년유택이 자리하고 있으니 고향 근변의 예전 일들을 자세히 살 펴보면서 고골(古邑)에 직접 발걸음을 하였을 것이다.

아방강역고는 단순한 역사 지리지가 아니다. 국경안의 주요지명 과 유적을 찾아보고 茶山선생은 기록하였다.

본고에서는 앞에서 설명하였는바 직산에서 13년 만에 교산동, 춘궁리로 도읍을 옮기고 온조기 초기가 계속하여 이어졌으니 춘 궁리(고골)은 두 번째 도읍지이다. 이는 곳 다시 말해서 마한왕의 국경수비 책략과 온조왕의 백제 근경의 확장기를 맞대어보면 기사 의 내용과 부합 일치한다.

온조왕 13~14년에 十濟國의 도읍을 옮겼으니 어느 때에 百濟國 으로 고쳤다는 기사는 또한 없다.

온조 왕기는 기록과 설화를 연결하여 地名을 첨해서 초기의 내 력을 포괄하여 표기하였고 문맥 또한 난해하지만, 지명에 매여 있 으면 위치를 찾을 수 없으니 지형을 찾아서 연결하여야 한다.

온조는 직산에서 위례성을 쌓고 十濟國을 창건하였고 이후에 廣

州 고읍으로 천도하였다고 이해한다.

　그렇다면 미추홀(彌鄒忽)은 과연 어디인가?

　정리해보면 미추홀을 기타 지역에서 찾는 노력을 하였을까 살펴보니 앞에 언급한 牙山市 仁州面 밀두리 지역이란 학설이 있다. 아산에 있는 仁州의 지명표기는 高麗 成宗 15(西紀975)년에 나타나는 것으로도 관련이 있으니 三國史記 편찬 170년 전이다.

　백제초기 溫祚 왕기를 근거하여 설명하면 비류와 온조는 아산만의 삽교천 선장 부근에 도착하였던 것으로 추정된다. 안성천을 북쪽으로 두고 동편의 금북정맥이 구분하여 떠안고 있는 牙山 영인산을 뒤로하고 있는 三西面 건천리(현)염치읍 강청리)에 정착지를 시작으로 보는 것이다.

　이곳의 지형은 영인산을 뒤로하고 남쪽에 곡교천을 가로막으로 하여 방비하기에 좋은 곳으로 바닷가이니 초기기록의 지형과 매우 유사하니 말이다.

　가리천(곡교천) 남쪽에는 馬韓의 狗盧(구로)가 있었지만, 비류형제의 세력에 앞도를 받았으며 비류형제가 공생하기를 청하니 馬韓왕은 황망한 사태를 궁리하고서 비류 형제를 이용하여 마한의 중심부 서쪽 미추홀(仁州)에서 동쪽 직산의 성거산까지 내어주고 형제로 하여금 中部北方을 호위하게 하였을 것이다.

마한의 왕은 비류에게 거소지 100里 땅을 내어주니 비류와 소서노는 領地의 기반을 다지면서 온조를 직산에 보내어 도읍을 잡았던 것이다.

마한의 왕이 등장하는바 어떤 王일까 명확하지 못하나 지형적으로 살펴볼 때 인주와 직산을 바라보는 동북은 서산, 예산, 당진을 접하고 있는 가야산 자락의 세력으로 보이고 추정할 수 있는지 의문이 되겠으나 앞에서 언급한 箕子朝鮮말기 준王의 후예로서 이른바 목지국의 진왕(辰王)이다.

삼국사기에서는 위례성은 찾지 못하였다고 하는 것으로서 위례성 未詳地라.

온조왕은 초기 위례성에서 도읍을 옮긴 기사가 있다. 계속해서 백제기 부분이해 溫祚왕 13년(기원전 6년) 봄 2월 왕도의 한 노파가 남자로 변하고 호랑이 다섯 마리가 성안으로 들어왔다. 왕모가 돌아가니 향년 61세였다.

여름 5월 왕이 신하들에게 말하기를 "국가가 동으로는 낙랑이 있고 북쪽에는 말갈이 있어 강토를 침범하므로 편한 날이 없다. 하물며 요즈음 요상한 징조가 자주 나타나고 국모마저 돌아가시니 형세가 불안하여 반드시 도읍을 옮겨야겠다. 내가 어제 순시하여 한수(漢水)의 남쪽을 살펴보았는데 토지가 매우 비옥하였다. 그곳에 도읍을 옮겨 오랫동안 편안한 계획을 세울 것이다."(지금 어디엔가 十濟國이 있다는 설명이다)

7월 한산 아래에 목책을 세우고 위례성의 민가를 옮겼다.

8월 마한에 사신을 보내어 도읍을 옮길 것을 알렸다.

드디어 경계를 그어 국경을 정하였으니 북쪽으로는 패하(敗河) 남쪽으로는 웅천(熊川)에 한하여 西로는 大海, 東으로는 주양(走壤)에 이르렀다. 이때 국경이 북쪽으로 패하(敗河)까지라 되어 있으나 북쪽으로 대동강까지 점하였다고 볼 수는 없다.

근거하기는 삼국사기지리 제4 百濟에 이르길 제13대 근초고왕에 이르러 고구려남쪽 평양을 빼앗아 한성(漢城)에 도읍하고 105년을 지나서인데 온조왕 때 국경이 북쪽으로는 아직 패하(敗河)까지 이르지는 못하였다 꿰맞춘 셈이니 이 또한 흥을 잡힌 셈이다.

9월에 성궐(城闕)을 세웠다. 14년 봄 정월에 도읍을 옮겼다. 2월에 왕은 부락을 순무하여 농사를 권장하였다. 가을 7월에 한강의 서북쪽에 성을 쌓고 한성(漢城)의 백성을 나누어 살게 하였다.

한강의 서북쪽에 성을 쌓고 한성의 백성을 나누어 살게 하였다는 것은 역으로 추정하면 한성(漢城)의 위치를 가늠할 수 있다. 하지만 초기 위례성을 찾지 못한 결과 한성(漢城)을 근거하여 미추홀온 仁川으로 추정 분리되었다. 이로써 한성(漢城)과 한산(漢山)을 세밀하게 분석해 보자.

1) 한성(漢城)은 하남시의 고골(古邑)이다

溫祚왕 15년

"15년 봄 정월 새로 궁실을 지었는데 검소하되 누추하지 않고 화려하되 사치스럽지 않았다."

위에서 얘기한 백제초기 기사는 사실에 근접한 개략의 설화로서 많은 양의 내용을 1년에 몇 구절씩 함축하여 설명한 것이다. 한성(漢城)은 하남시 교산동 궁촌都城을 칭함인데 남한산성主峰(漢山)과도 관련이 된다.

교산동 古건물지

溫祚는 직산에서 위례성을 쌓았고 여러 부족을 합병하고 세력을 넓히지만, 나라의 국경인 천연의 방호막이 필요하였던 것이기도 하였지만 마한왕의 국경수비 책략과도 관련이 되는 것이다. 당시 마한왕은 말갈족의 침입이 상당한 골칫거리이었으니 북쪽의 방호막이 최우선 국방과제였다.

이에 온조왕은 떠밀리듯 하면서도 야망을 품은 자구책이면서 세력 확장의 기회로 여기고 漢水가 있어서 외세방호가 되는 한수 남쪽에 천도하여 나라를 확장하였던 것으로서 하남시 춘궁동 이성산성(二聖山城) 주변 권역 고대유적과 관련이 깊다. 물론 이성산성은 1986년부터 10여 차례 걸쳐서 한양대학교박물관에서 발굴 조사한 내력과 관련 유물의 고증이 있었으나 이에 유물의 유형과 목간(木簡)의 명문을 근거로 신라시대의 것으로 나타나 있다.

이성산성 저수지

이성산성 안내 표시판에 있는 목간 부분을 살펴보자.

목간명문 : 戊辰年五月十二日 朋南漢山城都使』로 나타나니 이 때는 서기 608年 추정이라고 적으면서 신라시대로 규정한 것이다.

이때 재집된 유적의 유물 다수는 지표조사 보고서와 안내 표시판에 있는 것으로 대체한다.

이성산성의 발굴 시 각종 유물과 목간명문 등 성곽 축성시기를 신라시대로 규정한 것은 깊이 관찰하지 못한 것으로서 이곳 춘궁리 百濟漢城도읍을 고구려 장수왕이 빼앗은 이후에 일어나는 문주왕의 웅진 천도 내력을 이해하지 못한 과정을 짚어보기로 하자.

고구려 본기 20代 장수왕(413~491)

十五年 移都平壤 ~15년에 도읍을 평양으로 옮겼다.

六十三年 九月 王帥兵三萬侵百濟 陷王所都漢城

殺其王扶餘慶 虜男女八千而歸

재위 63년 9월에 왕이 군사 3萬을 거느리고 백제를 침략하여 왕도(王都)한성(漢城)을 함락시켰으며 그 왕 부여경(개로왕)을 죽이고 南·女 8,000명을 사로잡아왔다.

이때가 AD 475년이면서 이후에 漢城은 고구려의 지배하에 들어가게 되는 것으로서 이해한다.

또한 목간명문 戊辰年 五月十二日(608년)은 신라 진평왕 30년을 가리키는 것으로 경기도 이천 안성 수원 화성과 漢水 북쪽 그러니까 양주 북한산까지 점유하였을 당시를 말함이다. 이때 신라가 이성산성을 중요하게 여기고 처음으로 성을 쌓았다고 보기에는 여러 가지 시대변천사와 유적의 분포를 취합 분석한 노력은 없어 보인다.

백제초기 十濟國 위례성 13년은 별도의 성읍이 있었고 두 번째로 하남시 고읍(漢城 380年)과 漢山 105年을 지나고 문주왕

475~477년 웅진으로 천도한 내력을 상고하여야 할 것이다.

하지만 국내 사학계에서는 한성(漢城)도읍 480여 년의 기간 중 북한산성 시대가 105여 년이 있었다고 하나 본고에서는 앞에서 이때를 남한산성으로 분류하였다.

관련 근거

이성산성 목간명문 : 戊辰年五月十二日 朋南漢山城都使』로서 명문에 남한산성이라고 분명히 밝혀놓았으니 백제의 漢山은 신라의 남한산성으로 개칭되고 백제의 南城이었음을 확인할 수 있으니 이것으로 고증이 되는 것이다.

2) 漢城~漢山 백제기 패망사

계속해서 한성백제를 이해하는 데 필요한 근거를 살펴보자.

백제본기 21대 개로왕(蓋鹵王) 455~475

고구려 장수왕이 간자(間者) 승려도림(道琳)을 백제에 보내어 개로王을 안심시키고 바둑을 두면서 친목을 다지고 미혹하여 국력을 낭비하게 하고 내치를 어지럽게 하는 등 교활하게 속이는 역할을 하게 하였으나 개로왕은 깨닫지 못하였다.

하지만 언제인지 도림(道琳)이 도망하여 숨은 것을 알고서 개로

왕은 깨닫고 아들 문주에게 왕실의 위태함을 알리고 난을 피하게 하여 목협만치(木劦滿致) 조미걸취(祖彌傑取) 등을 데리고 남쪽으로 피하게 하였다.

21년 가을 9월에 고구려왕 거련(巨璉:장수왕)이 군사 三萬을 거느리고 王都의 漢城을 포위해오니 왕은 성문을 닫고 능히 출전하지 못하였다.

왕이 기병을 데리고 문을 나와 서쪽으로 피하였으나 고구려 군사에게 잡혀 살해되었다. 이때의 전황이 어떠하였는지 자세히 나타나 있다.

이때 고구려의 대로, 제우, 재증걸루, 고이만년 등이 군사를 거느리고 북성(北城)을 공격해 와서 7일 만에 함락시키고 남성(南城)으로 옮겨 공격하므로 城안이 위태하여 두려워하였다.

왕이 피하여 나왔는데 고구려 장군 걸루 등이 왕을 뒤쫓아 가서 말에서 내리게 하고 절을 하며 왕의 면상을 향하여 세 번이나 침을 뱉고 그 죄를 헤아린 다음 묶어서 아차성(阿且城) 아래로 압송하여 죽였다.

제증걸루와 고이만년은 백제사람으로서 죄를 짓고 고구려로 도망하여 숨은 자다. 이하 줄임

위에 고구려 침략 당시 나타나는 북성(北城)은 북한산성을 말함

이고 남성(南城)은 漢山都城(남한산성)을 말함이다. 앞에서 地理
제4百濟에 이르길 漢山과 漢城의 위치를 설명한 바 있으나 겸하
여 덧붙이기는 개로왕은 都邑인 南城에서 고구려 군사에게 잡혔
다. 근초고왕 26년에 도읍을 한산으로 옮겼다는 천도 사실은 기
사에 나타나 있다. 그곳이 남한산이다, 라고 이미 설명하였고 그곳
에서 漢山 도읍 105년간 지속하였다.

475년 개로왕이 아차산 아래(서울 광진구와 경계하고 있는 九里
市 교문동 320번지 근변)에서 고구려 군사에게 죽임을 당하였고
남쪽으로 피신하였던 太子 문주가 熊川으로 천도하였다.
그런 연후에 고구려가 아차산성을 포함하여 漢山 등 춘궁리 漢
城 지역을 점령하고 이후에 신라가 또 점유하고 고려시대를 거쳐
서 조선시대까지 중요한 성채였는바 백제의 모든 유적 그러니까
건물과 성곽은 재건축과 재축성 과정에서 덥히고 멸실 훼손되었
을 것이고 또한 이곳에 있던 주요 유적은 현재의 불사(佛寺) 및 기
타건물들이 점유하고 있다고 보아야 한다. 또한 온조왕의 묘가 이
곳 어디엔가 에 있었을 것이다.

15대 침류왕 (384~385) 漢山 기사
가을 7월에 사신을 진(晉)에 보내이 조공하였다.
9월에 호승(胡僧) 마라난타(摩羅難陀)가 진(晉)에서 들어오니 王

이 궁내로 맞이하여 예와 공경을 극진히 하였다. 불법(佛法)이 이로써 비롯되었다.

2년 봄 2월에 한산(漢山)에 불사(佛寺)를 창건하여 승려 10名을 두었다에서 나타나듯이 南城(남한산성) 어디인가에 百濟에 전해진 초기불교 불사(佛寺)가 있었다.

一然 선사는 백제본기에 나타난 마라난타를 소개하면서 다음과 같이 찬하여 전하였는바

天造從來草昧間(천조종래초미간)

大都爲伎也應難(대도위기야응난)

翁翁自解呈歌舞(옹옹자해정가무)

引得傍人借眼看(인득방인차안간)

하늘의 조화는 아득한 옛날부터 전해오니

대체로 잔재주 부리기 어려워라

나이 먹은 사람들은 절로 터득하여 노래 부르고 춤추니

옆 사람을 이끌어 눈을 뜨게 하네.

삼국유사에 첨하여 기록되어 있기도 하다.

3) 동명왕 사당과 관련하여

온조왕 원년 5월에 동명왕(東明王)의 사당을 세웠다.

온조왕 원년에 고구려 동명왕의 부음을 십제국의 온조에게 전하였을까? 아니면 동명왕의 사후에 고구려를 떠났으니 동명왕의 사당을 세웠을지 의문이나 분명한 것은 高句麗의 주몽이 東明王이다.

동명왕의 사당을 지었음을 찾아볼 때 고구려의 혈통으로 백제는 시작되었다? 이때의 기사가 직산 위례성일까? 혹은 하남 漢城 시대일지 고민이 깊어지지만 설명하기는 십제국 13年 기간 중에 동명왕 사당을 세웠다면 직산에 있어야 하나 온조왕 이후 17대 아신왕이 행차하여 동명왕 사당에 배알 하였다면 이는 도성에서 가까운 남한산에 있어야 맞다.

2년 봄 정월에 왕은 여러 신하에게 말하기를 "말갈이 우리의 북쪽 경계와 연접해 있으니 무기를 수선하고 곡식을 쌓아서 막고 지킬 계획을 세우시오" 등의 기사를 볼 수 있는데 직산 위례성에서 북쪽 국경 한수(漢水)를 방비하라는 왕명으로 보인다.

온조왕 41년

2월에 漢水 동북의 여러 부락 사람들 중 나이 15세 이상인 자들을 징발하여 위례성을 수리하였다. 河南 고골, 교산동, 춘궁리에 도읍하면서 직산의 위례성을 수리하였나는 기사로 대비하면 이해가 된다.

43년 가을 8월 牙山의 들에서 5일 동안 사냥하였다. 46년 봄 2월에 왕이 돌아갔다.

온조왕이 아산의 들에서 사냥하였다는 것은 중요한 단서이다.

2代 다루왕 2년 (28~77)

봄 정월에 시조 동명왕의 사당에 배알하였다. 2월에 王은 남단(南壇)에서 천지신명에게 제사 지냈다.

위에 기사 東明王은 고구려 시조 주몽을 기리는 제례행사를 말함이고 여기에서 남단은 남쪽의 한산(漢山)을 말함이다.

9代 책계왕(286~298)

2년 봄 정월에 동명왕의 사당에 배알하였다.

10代 분서왕(298~304)

2年 봄 정월에 동명왕의 사당에 배알하였다.

11代 비류왕(304~344)

9年 여름 4월에 동명왕의 사당에 배알하였다.

17代 아신왕 2년(392~405)

2年 봄 정월에 東明王의 사당에 배알하고 또 남단(南壇)에서 천지신명에게 제사 지냈다는 등 동명왕 사당과 관련하여 계속하여 나타난다.

계속하여 한성(漢城)과 관련하여

3代 기루왕(77~128)

27년에 왕이 漢山에서 사냥하여 신록(神鹿)을 잡았다.

40년 유월에 큰비가 열흘 동안 내려 한강물이 넘치니 민가가 무너지거나 떠내려갔다.

4代 개루왕(128~166)

4년 여름 4월에 왕이 漢山에서 사냥하였다.

5년(132년)봄 2월에 북한산성(北城)을 쌓았다.

북성(北城)은 북한산성인 고로 한성(漢城)이 아니다.

이처럼 계속하여 나타나는 漢山은 현재의 남한산성 주봉 남한산(522.1m)을 이르는 것으로서 춘궁리(교산동) 도성에서 남쪽으로 20리 즈음에 있는 한산이고 이곳 남한산에서 왕들이 사냥하였던 것이다. 이처럼 이성산성 지표조사의 유물과 관련하여 河南 한성시대 기사를 연결하여 漢城과 漢山의 위치를 고찰해보았다.

漢城은 하남시 古邑~고골(교산동)으로 정리한다.

4대 개루왕 5년(AD 132) 봄에 북한산성을 쌓았다.

13代 근초고왕 26년(AD 372) 도읍을 한산(漢山)으로 옮겼다. 옮기게 되는 연유는 당시 근초고왕의 평양침공으로 인하여 고구려의 고국원왕(사유/斯由)이 맞서 싸우다가 백제군의 활에 맞아 전사하였다. 이때 百濟 근초고왕이 판단하기는 고구려의 보복성 침략전쟁이 있을 것으로 판단하고 도읍을 남한산으로 옮겼던 것이다. 장수왕 때 고구려는 위나라에 조공을 그치지 않았고 군사력

을 강화하고 도성을 평양으로 옮기는 등 많은 준비를 하였다.

고국원왕의 전사(戰死) 이후 104년 만에 장수왕은 백제의 北城과 南城을 침공하여 한성과 한산 도읍이 패망하였던 것이다. 이때가 개로왕 21년(AD 475)까지 漢山 도읍 105년으로서 남한산이고 이곳에서 문주왕은 웅천으로 천도하였다.

과연 몽촌토성이 백제의 도성인가?

夢村 토성에서 동남향으로 12km 정도에 漢山이 위치하나 백제 漢城과 연결하기는 삼국사기에 나타난 여러 가지 기록을 연결해본바 관련짓기가 매우 어렵고 지형설명 부분에도 근거가 취약하며 유적유물로 보아도 백제 漢城이 아니다. 또한 지리적으로 살펴볼 때 한강수위 범람으로 현재의 풍납동으로부터 남쪽 삼전동에 이르기까지 1~2m 깊이의 모래벌판이었다. 당연히 천혜의 요지는 아니다.

관련학계와 국가에서 몽촌토성에 기울인 자금과 공력의 100분의 1이라도 하남시 고골(古邑) 지역에 자금과 공력을 투자하여 집중적으로 탐구한다면 한성백제의 도읍지가 새로이 판명될 것이다.

한수의 남쪽 하남은 백제초기의 온조왕 14년 때부터 도성하였던 남한산 북쪽 아래 하남시 춘궁동, 교산동 지역으로서 한성백제의 도읍지이다. 그러하니 초기 十濟國 13년은 천안의 직산으로 이해한다. 한수(漢水)는 모든 독자가 인식하는 바와 같이 큰 강이다.

漢水가 가로막은 강물이 천연의 방호막이지만 춘궁리 북쪽 20리 즈음 한강을 건너기 전에는 미사리가 있고 이곳에서 강을 건너면 남양주시 수석동 水石里 土城이 있다.

土城 성곽 주변에서 무문토기조각 등이 상당수 수집되어 살펴본바 축성시기가 백제시대에 주로 군사요충지로 사용하였던 것으로 알려져 있다.

성곽둘레 140m, 표고 81.6m이고 남서쪽 아래에는 미음나루터가 있고 이곳에서 상류 약 2.5km 지점 여울에는 수심이 낮은 관계로 기마 병사가 건널 수 있는 중요한 건널목(여울)이 있었는바 현재 팔당댐 하류 약 2km 지점을 말한다.

미사리 한강여울

항공사진에 나타난바 이곳은 여울이 있어서 말을 타고 건널 수 있는 조건이 형성되어 있다. 말갈족(靺鞨族)이 침투하던 주요 통로였으니 자연히 건너편 미사리는 마한백제 도성으로 진입하는 관문이었다.

온조는 마한왕의 요구를 수용하면서 자신의 입지를 강화하는데 조금도 주저할 이유가 없었다. 미사리 북쪽 한강이 내려다보이는 구릉지 구산(龜山) 50.1m가 위치하는데 이곳에도 토성이 있다.

수석리 토성 한강 건너 남쪽 2.6km이기도 한데 아직도 외부에 드러내지 못하였다. 아직 정식으로 지표조사가 없었다는 이야기이다.

구산 토성과 수석리 토성의 역할은 漢水를 건너는 중요한 길목이었던 관계로 말갈족과 고구려의 침입에 대비한 백제의 土樓로써 방비초소 역할을 하였던 것으로서 원래 말갈족의 본거지는 고구려의 동북쪽 그러니까 중국 길림성 동편과 송화강 하류 흑룡강성 일대를 점하고 있던 부족으로서 남방침투경로를 열거하면 함경도 회령~길주~함흥~원주~포천~의정부/진접~남양주 덕소읍 아리수 취수장 부근에서 도강하여 건너편 미사리에 다다르는 길목이라 하겠다.

말갈족의 남방침투사례는 수없이 많은데 이에는 천연자원의 확보나 아니면 식량의 수탈이 아니고 젊은 부녀자 납치를 주목표로 하였을 것이다. 하니 자연히 마한에서는 골칫거리이었으니 온조의 활약에 기대하였을 것이다.

백제 건국은 직산 위례성 十濟國으로서 천도한 漢山의 북쪽 기슭 河南(이성산성 포함 하남시 고골 都城)은 말갈족의 방패막이로 시작되었던 것이다.

4) 한강 미사리(渼沙里) 유적

미사리 유적지

河南의 漢城과 관련하는 유적지를 소개한다.

미사리는 원래 한강 상류에 있는 섬이었으나 88올림픽 조정경기장이 만들어지면서 육지 쪽과 연결되었다. 이곳은 선사시대 유물유적이 발굴된 사례가 있는바 1962년에 발견되어서 1980년에 서울대학교를 중심으로 4개의 대학이 합동 발굴하였다.

현재 지표로부터 7개의 자연지층으로 이루어졌는데 삼국시대

前期층, 청동기時代층, 신석기時代층으로 구분되어 나타난다.

청동기시대 토층에서는 여러 점의 무문토기와 돌도끼, 돌 끌, 돌 그물추, 그리고 당시의 집터가 확인되었다. 신석기시대층은 주거지와 빗살무늬토기, 그물추, 화살촉, 돌도끼를 비롯한 생활도구와 불에 탄 도토리가 채집되었다.

신석기시대 층의 연대는 방사성 탄소측정결과 5253±140년 전으로 나타났다.

미사리 선사유적은 각 시대의 생활도구 및 집터가 발견되어, 중부지역 선사문화 연구뿐만 아니라 전반적인 한국 선사문화 연구에도 중요하다. 이처럼 미사리는 지역의 특이한 지형관계로 이곳에서 남쪽으로 약 7km 떨어진 고골지역 春宮里는 古代부터 중요한 주거 문화지의 하나였다.

광주향교

고골(古邑) 춘궁리의 유적 분포는 이성산성과 토성, 고려시대분류 오층석탑 삼층석탑 마애약사여래좌상 등이 있으며 이곳은 현재 행정지명으로 하남시 고골(古邑)은 춘궁동~교산동, 上사창동, 下사창동으로 나뉘고 있으며 지역 중앙부에는 수목(樹木)의 연수 추정이 불가능한 아주 오래된 은행나무 옆에 廣州 향교가 자리하고 있는데 향교는 모두가 인지하는 바와 같이 고등교육기관이 이곳에 일찍부터 있었으니 중요한 지역이었다.

인근에 1947년 개교한 고골 초등학교가 있다. 넓게 보면 廣州郡 東部面 春宮里로 통칭되어 왔다면 대체로 地名은 뜻이 내포하는 의미가 있었다. 이곳에 백제궁궐이 있었다고 주장하여야 하나 지명으로는 설명이 부족하다. 하니 古代의 유적을 근거하여 생활상을 소개하는 것이다.

춘궁리 가까운 미사리에는 선사시대부터 다양한 유적이 분포되는 것을 살펴볼 때 馬韓의 중요한 통치지역이었다. 자연히 온조王은 북쪽의 말갈족이 漢水를 건너는 요충지점에 도읍하고 마한의 지역방호 국경수비 역할을 하였던 것이다.

5) 河南市 古代 유적 관련 신문기사

교산동 건물지 와편

　유적과 土城이 여러 곳 산재하고 있으니 지역의 향토 사학자들의 관심이 오래전부터 있었고 실제로 특별한 건물터 발견이 주목된다. 2012년 8월 31일자 河南市 하남신문 기사를 살펴보자.

　하남시 校山洞은 한성백제의 왕궁지로 주목받고 있으나 여기서 발굴된 유적·유물들이 초기 백제 문화재로서의 역사적 사료나 문화재로 확정되지 않아 사실상 하남이 한성백제로서의 주장에 힘을 얻지 못했다.

　이러다 보니 인근 송파나 강동이 몽촌토성이나 풍납토성을 발굴·고증하면서 그곳이 하남위례성의 무대이자 한성백제의 첫 도읍지라고 주장하고 나오니 최근까지 하남시와 끊임없는 논란이 있었다.

　하남시는 지난 90년대 초·중반 백제문화연구회 한종섭 회장과 한국 고대사 연구소 오순제 박사에 의해 하남시 교산동이 백제의 왕궁지로 조사되면서 이에 합당한 사료들이 대거 발굴, 발견돼 한성백제의 중심지로 탄력을 받아왔다.

당시 발견된 문화유적들은 교산동 왕궁지 초석들과 토성으로서 그 규모와 웅대함을 추정할 수 있었다. 하남이 삼국시대의 한 주축 국가인 백제의 왕도로 손색이 없다는데 설득력을 모았다.

지난 18대 김부겸(민주당·군포) 국회의원은 2009년 11월 국정감사를 통해 하남 교산·춘궁동 일대에 초기 백제시대의 고대 유적·유물들이 지척에 깔렸다며 하남의 문화 역사를 재조명해야 한다고 주장하기도 하였다. (당시 박필기 記者의 記事 중에서)

이렇듯이 교산동과 춘궁동은 남한산을 어깨로 하고 금암산 321m를 좌측에서 우측으로 객산 능선이 보호하는 관계로 북쪽이 열려있는 분지 형태의 지형이다.

필자가 살펴보기에는 건물지의 표출에 관련해서는 여러 형태의 와편이 잔존해 있는데 세 가지 형태의 기와 조각을 나타나 있는바 최소 2~3회의 건물 중수가 있었다고 보인다. 백제초기 한산(漢山)이란 지명은 춘궁리 남쪽 남한산성이다. 이곳은 한국의 마추픽추 형세로서 난공불락의 요새이다. 신라 때에 이루어진 몇 가지 흔적이 있기도 하지만 三國史記지리 제6 漢山州가 남한산성성곽을 이루고 있는 淸凉山 497m와 土峰 南漢山 522.1m의 지명에서 유래하여 광역지명이 되었지만, 춘궁동 유적과도 관련이 있다.

한산주는 통일신라 문무왕기부터 시작이고 한강 북쪽으로는 고양, 양주, 파주를 비롯하여 황해도개성까지에 속현을 두었으며 한수 남쪽으로는 몽촌토성과 천호동을 근간하여 광주, 인천, 김포, 시흥, 안산, 수원, 화성, 이천까지 한산주의 속현(屬縣)이었다.

남한산 숭열전

남한산성에는 仁祖 16년에 지어진 특별한 건축물이 있다.

百濟 始祖 온조왕과 남한산성축성감독 총융사 이서를 기리는 사당이 있기 때문이다. 이후 1795년에 정조 임금이 숭열전(崇烈殿)이라 이름을 지어주었다.

정조 임금 때에도 온조王의 춘궁리 도읍을 인정하는 것으로 보인다. 이처럼 몇 가지 취합한 유적과 기록을 살펴보건대 온조가 직산에서 춘궁리로 도읍을 옮겨왔다고 주장하는 데 필요한 몇 가지 기록과 지명을 열거하였는바 독자들께서 쉽게 이해하였을까 한다. 백제초기의 난제(難題)는 漢山과 부아악의 위치 규명이었다.

漢城과 漢山(南城) 北漢山城(北城)의 위치

한수(漢水) : 洌水(열수), 아리수, 한강

한성(漢城) : 春宮洞지역~이성산성과 校山洞 건물지

천도지(漢山) : 南城~남한산성, 경기도 광주시

북한산성(北漢山城) : 北城~북한산 고양시

부아악(負兒嶽) : 큿仁山~아산시 인주, 영인, 염치

이렇게 하여 한산과 부아악 미추홀 위례성 위치를 찾기 위하여 백제기와 삼국의 관계기사를 잇대어서 비교하여 연결해보았다.

6) 백제초기 15년간을 정리하면서

溫祚는 형과는 생각을 달리하여 이후에 안성천 상류를 탐사하였지만 이미 각기 호족과 여러 도읍이 있었고 하는 수 없이 직산 연계 동쪽 내포산맥을 접한 직산으로 가서 터를 잡았던 것이다. 인주, 신창은 갯벌이 있어 갯물이 드나들어 농경지가 넉넉하지 못하였을 것이나 이곳 또한 다른 豪族이 점유하고 있었을 것이고 마한왕의 배려로 정착지를 잡았던 것이니 그곳이 직산이다.

온조는 慰禮城을 쌓고 나라 이름을 십제(十濟)라 하였다. 그리고 13년 만에 도읍을 한산 아래에 옮겼다. 그곳이 경기 하남시 고골 춘궁동~교산동 일원이다. 백제의 이야기는 온조의 기록으로

편집되었고 시작이니 비류의 기사는 보이지 않고 있으나 한 구절이 있으니

"하지만 비류는 이 말을 듣지 않고 백성들을 나누어서 미추홀(彌雛忽)로 가서 살도록 하였다."

직산 위례성

백제초기에 온조는 하남 위례성에 도읍을 정하고 10名의 신하들에게 도움을 받았기 때문에 나라 이름을 十濟라 하였다. 하지만 河南市 춘궁동 고골(위례성~이성산성)은 아니다. 직산(稷山) 위례성으로 보는 것이다.

이때가 漢나라 홍가 3년(기원전 18년)이었다.

비류는 미추홀의 땅이 습하고 물이 짜서 편안히 살 수 없었다. 비류는 위례성으로 와서 도읍이 안정되고 백성들이 안락하게 지내는 것을 보고는 결국 참회하여 후회하다가 죽었다. 또는 자살하였다는 번역도 있다.

溫祚王 建國기사 서문에 이때가 漢나라 홍가 3년(기원전 18년)

이었다고 쓰여 있지만 직산 위례성 초기를 말함이다.

결국 참회하여 후회하다가 비류가 죽었다. 이나 비류의 처음 정착지 미추홀 기사가 없을 뿐이지 비류가 곧바로 죽었다는 것은 아니다. 추리하건대 비류(沸流)는 처음 도착한 곳에 도읍하였고 나라 이름을 미추홀(彌鄒忽)이라고 정하였을 것이다. 당시의 地名으로 보기에는 어원의 의미가 단순한 지명은 아니다. 예측하건대 온조왕의 십제국과 비류의 미추홀의 번성기가 상존하여 있었다고 보는 것이다.

계속해서 백제초기를 다시 살펴보자.

비류가 쌓은 도읍의 성채는 있을까? 바닷가에 있을 거라 여겨지지만, 현재 영인산의 백제성이 비류가 쌓은 00城이니 백제 후기에는 解禮縣이고 해례성이라 불리는 곳이다.

해례현의 유래 추정 근거는 百濟의 계통은 解씨이다는 것에서 찾아보는 것이지만 그 비류계의 해씨가 거주하던 지방을 해례라고 보는 것이기도 하다. 미추홀과 직산 위례성은 약 35km로서 "馬韓王이 溫祚에게 百里를 내어 주었다"에 연결이 완전하게 일치한다.

이때의 마한을 정약용은 '아방강역고'에 논고하기를

八月 遣使馬韓 今益山

8월에 마한에 사신을 보냈다 .지금의 익산이다. 라고 기록하였는바 東史綱目에 기술하여 나타나고 있으나 대략 짐작건대 이에 근거하였다고 볼 수 있다. 하지만 이때에 마한의 맹주가 익산(益山)에 있었다면

溫祖왕 24년

가을 7월에 왕은 웅천에 책(木柵~城)을 세우니 馬韓王이 사신을 보내어 책망하기를 "왕이 처음 강을 건너왔을 때 발을 들여 놓을 곳이 없었으므로 내가 동북의 100里 땅을 갈라주어 안정케 함은 왕에게 대접함이 후하지 않은 것이 아니므로 왕은 마땅히 보답할 생각이 있을 터인데 이때에 나타나는 "내가 동북의 100里 땅을 갈라주어 안정케 함은"이라는 구절을 살펴보건대 익산에서 동북의 땅이 과연 어디인가?

익산에 마한왕이 있었다면 익산에서 동북은 公州 즈음이다. 비류가 미추홀을 세우고 온조가 직산에 위례성을 쌓았다. 三國史記, 백제본기 제113년 가을 7월 한산 아래에 책을 세우고 위례성의 백성을 옮겼다.

초기의 개략을 기록한 실화이고 후시대에 정리한 것일진대 비류의 미추홀 역사는 누락되었을 것이다.

백제기 초기에 죽간(竹簡)에 글자를 사용하였다 해도 관련 기사가 얼마나 있을까에 대해 의문의 여지인 것이 궁궐이 불에 타기도 하고 외세에 침입당하고 우여곡절이 많았으니 기록을 복원하였어

도 일치하기는 어려웠을 것이다.

의문시되는 것이 많기도 하지만 비류의 설화나 기록이 있었다 해도 백제의 역사가 되지 않았으니 백제사 초기의 괴이한 오점이다.

비류는 미추홀에서 百里 간에 있는 직산(稷山)에 온조를 보내어 마한중부 방어진지 목적으로 나라를 세웠던 것으로 볼 수 있는 것으로서 이후 온조는 독립적으로 국가 계보를 형성하였다. 마한왕의 배려에 비류와 온조가 각기 세력을 키우고 영토를 넓히는 과정이 있었지만 그러한 기사는 부각되지 않았다.

「高麗史」 지리지에도 나타나 있는바 직산현은 본래 위례성이었다. 백제시조 온조왕이 개국하고 천도한 곳이다. 후에 고구려가 이를 점령하여 사산성(蛇山城)이라 고쳤다. 신라에서도 이를 따랐다. 그리고 백성군(白城郡)의 영현으로 하였다. 新增東國輿地勝覽에도 이를 따라 전하고 있다.

또 하나의 관련 근거는 비류계 해례성~온조계 위례성의 추정근거는 아래에

舊唐書卷199上-列傳第149上-百濟國 중

其王所居有 東西兩城

"그들의 왕이 거처하는 곳은 동쪽과 서쪽 두 개의 성이 있다."

두 개의 王朝가 있었다고 설명한 깃으로 이해하고 이러한 성채가 연결되는 곳 또한 영인산과 직산이다. 특이하게도 백제기의 기

록이 漢書에 기록되어 구당서에 옮겨진 연유는 찾을 수는 없지만, 학계에서는 중국의 北史(북사)와 隋書(수서) 및 동이전을 근거하였을 거로 사료된다.

삼한 삼국시대의 초기기록은 상당 부분은 동이전을 근거하였으니 이를 근거하는 것이 타당하겠다. 필자가 보기에는 온조는 모르지만 비류가계는 졸본의 직계 해부루 解씨를 따른 듯하고 백제국가 상당기간 맥을 이었을 것으로 본다.

실제로 문주왕(475~477) 웅진 천도 과정에서 병관좌평解仇(해구)가 등장하고 있으며 권력을 행사하는 것이 나타나기도 하니… 온조왕 41년에 보면 해루(解樓)를 등용하여 우보로 삼았다는 등의 기록이다.

또한 병관좌평 해구가 은솔연신과 무리를 모아 대두성을 거점으로 반란을 일으켰다. 이니 해구는 비류 직계 혈통일 수 있다.

온조는 여러 소왕국의 틈새에서 나라를 세우기가 순탄치 않았겠지만, 함께 내려온 오간(烏干), 마려(馬黎) 등 十여 명의 신하와 따라온 백성이 있었기에 가능하였으리라.

당시 조선반도에는 낙랑 외 진한, 변한, 마한이 있었으며 80여 小國이 있었다고 陳壽의 삼국지 東夷傳의 기록이지만 세월의 흐름에 小國이름도 소멸되거나 바뀌었다고 추정된다.

어머니 소서노가 고구려를 세우는 데 일조하였고 또다시 백제를 세웠다면 그것만으로도 상당한 능력의 소유자였다. 당시에 어머니의 뒷받침으로 비류는 터전을 잡고 함께 온 백성들과 함께 00城을 축조하게 된다.

아쉽게도 기록이 없으니 억측이라 하겠으나 미추홀은 牙山인주 지역에 근거하던 沸流의 거소지이고 나라 이름이었다는 것이 필자의 소견이다. 미추홀은 영인산을 보호막으로 하는 沸流의 최초 정착지 도읍 명칭이고 이에 흔적으로 三西面 건천리에 거소지가 있었을 것이다.

이후에 해례현(解禮縣)이 그곳이다. 해례현 이야기는 百濟復興戰에 추가로 설명을 하겠으나 영인산 ○○城 아래에는 미추홀의 초기 도읍 흔적으로 보이는 고옥(古屋)터가 있는데 고옥은 수차례 증수되고 다시 짓고 하였지만, 주춧돌과 돌담과 기단이 아직도 오래전 그것을 유지하고 있으니 이곳 주거지가 주요 관심지가 된다.

계속해서 溫祖왕 17년

봄에 낙랑이 침범해 와서 위례성을 불태웠다. 여름 4월에 사당을 세워 국모를 제사 지냈다.

溫祖왕 18年

겨울 10월에 말갈이 엄습해오니 왕은 군사를 거느리고 칠중하(七重河)에서 역전하여 추장(酋長) 소모(素牟)를 사로잡아 馬韓으로 보내고 그 나머지 적은 다 묻어 주었다.

이때까지도 馬韓의 用兵軍이었다는 기사로 보는 것이고 낙랑이 침범해 와서 위례성을 불태웠다면 직산의 위례성이 방비를 제대로 갖추어지지 못한 결과로서 하남의 한성에서 보면 남쪽 깊숙한 곳까지 침투하였던 것이다.

溫祖왕 27년

가을 7월 築大豆山城 대두산성을 쌓았다.

위에 나타난 대두성의 위치가 묘연한 숙제이다.

溫祖왕 36년(서기 18년) 기사 아래에

三十六年秋七月 築湯井城 分大豆城民戶居之

36년 가을 7월

탕정성을 쌓고 대두성 백성을 나누어 살게 하였다. 대두산성을 쌓고 9년 후에 탕정성을 쌓았다. 하면 탕정성은 현재의 탕정면 용두리 산골마을 물한산의 폐성(廢城)터를 말함인데 온조왕이 쌓았으니 湯井城의 흔적이 남아있다.

또한 약 1km 지근거리에 꾀꼴산에 꾀꼴성이 있기도 하다.

"대두성 백성을 나누어 살게 하였다."

탕정성과 대두성이 가까이 근접해있다면 꾀꼴성이거나 아니면 영인산성이 연결될 수 있으나 지명과 관련하여 부합되지 않는다. 비류가 대두산성을 쌓았다고 하는 추론을 내어놓으나 기사에서 나타나듯이 온조가 쌓았다고 되어있으니 이를 부정하기는 매우 어렵다. 하지만 지명 및 성채의 명칭은 어느 때 바뀌었을 수도 있으니 지명으로 찾기에는 불가한 영역이다. 필자는 비류의 도읍지가 영인산성(해례성)이라 보는데 이곳이 대두성일까? 의 연결이 중요한바 온조가 BC 5년에 하남으로 천도하고 AD 6년에 웅진책을 쌓았다가 마한왕의 힐문으로 다시 헐었다.

    온조왕조 27년에 나타나는 "大豆城을 쌓았다."는 기사는 지역적으로 중요한 성채로서 牙山 영인산의 성터가 대두산성으로 인정하는 것은 단순하다 하겠고 영인산성 동쪽 5리 즈음에도 성터가 있음을 주목해야 한다.

    온조왕 24년에 웅진책(柵)을 헐고, 27년에 대두성을 쌓았다는 것은 비류가 쌓았을 수도 있으나 비류의 기사가 없으니 유감이다. 또한 지형 설명이 없어서 결론은 미흡하기만 하다. 백제국의 확장과 연결이 된다 하겠으니 또 찾아보자.

    대두산성 관련 부분 아래에

    22대 문주왕(475~477)

    원년 10월에 웅진으로 도읍을 옮겼다.(熊津 遷都 시 기사이나 매우 혼란기였음)

    2년 봄 2월

    대두산성을 수축하고 이곳으로 한강 이북의 민가를 옮겼다. 熊津 천도 시 민가를 옮겼다는 애기이니 웅진 근접일까? 웅진 근방이면 두량윤성이 관련된 거 같기도 하다.

제23대 삼근왕(477~499) 웅천 都邑 기사

2년 봄에 좌평 해구(解仇)가 은솔 연신과 함께 무리를 모아 대두성을 거점으로 반란을 일으켰다. 이후에 좌평 해구(解仇)는 대두성에 잠입한 진로(眞老)에게 피살되니 이후에는 眞氏의 세력이 전면에 등장한다.

3년 가을 9월 대두성을 斗斛으로 옮겼다. 그러면 두곡이 어디인가? 일설에는 公州 두곡들이라는 설도 있기는 하다.

두곡의 위치가 정리되면 대두성 위치가 풀릴 수 있겠다. 하지만 고시대의 지명은 수차례 바뀌었으니 대두성과 탕정성의 관련은 연결이 쉽지 않지만 영인산성이 대두성이라 한다면 이는 백제사의 초기 사실기가 취약하지 않다는 증거가 나타나는 것이고 이후에 명칭은 언제인가 변경되어 사용되었을 수 도 있는 것이지만. 비류王 때에 쌓은 성을 온조王 때에 쌓았다고 편집되었을 수도 있다.

온조왕 36년 가을 7월에 탕정성의 축성시기가 명확하게 전해지고 있고 사진에서 보듯이 확연히 드러나 있는데 성곽의 둘레가 약 450m 정도이고 서쪽(영인산 직선거리 약 5.5km)을 향한 西北向 포곡방식 석성으로 미추홀과 직산 위례성의 연결 선상에 축성되어진 매우 중요한 거점으로서 미추홀 인주지역으로 추정하기에 중요한 기록으로서. 성곽에서 바라보는 전망 또한 수려하면서 인근에서는 고대의 분묘 유적이 다양하게 나타나 있다.

탕정성 잔존 성곽

계속해서 백제초기 온조왕 43년(서기 25년)

四十三年秋八月 王田牙山之原五日

43년 가을 8월, 왕은 아산(牙山)의 들에서 5일 동안 사냥하였다. 아산의 들이라, 牙山을 거론하자면 아산온천의 원래 지명으로 현재 牙山市로 총칭하는 바이지만 백제초기 당시에 지명일까?

본래 고대의 마한지명 牙山으로 보는 것이 맞을 것이나 牙山 지명의 유래가 있다. 일설에는 현재의 영인에서 염치사이 고개가 있는데 염치방면 고개 서쪽에 어금니 형상을 보여주는 바위가 있어서 어금니 牙를 써서 牙山이라 하였다는 구전이 전해지기도 하는데 편향으로 넘길 수 없는 유래를 기술하는 것이다.

하지만 필자가 살펴보기에는 인주, 영인지방의 지형을 나타내는 名詞로서 이곳의 지형이 삽교천과 인싱천이 서해에서 만나는 入口 형태의 江口와 陸地 지형을 보아서 어금니 牙자로 표현한 지명으로 볼 수 있다.

한자표기 어금니牙, 뫼山을 써서 '牙山'이 되었다.

조선조 초기에 이곳에 牙山縣이 들어서게 되었고 현재의 영인초
교 자리이며 여민루(廬民樓)가 흔적으로 남아 있다.

牙山인가? 靈仁山인가? 현재의 행정지명 영인면 牙山里에 전하
영인산(靈仁山)의 지명이 불린 유래를 찾아보면.

'本山頂上 두 번째 봉우리 바위에 언제인지 모르는 누군가가 영
인산이란 글을 새겨놓아 그것을 근거하였다.' 한다. 그래서 봉우리
에 올라서 글씨를 찾아보니 남향으로 돌출된 작은 바윗돌에 새겨
진 글자가 보인다.

一尺 정도 크기의 3字로 山仁哭(산인령)이라 배열되어있고 뫼山
이 아니고 갑골문山으로 새겨진 것이 특이하고 새겨진 연도측정
은 불가하나 유형에서 나타나듯이 5~6백 年 이상 되었음 직하다.

이것 때문만이 아니나 영인산을 탐방하기는 2014년 9월부터 지
금까지 5회 차이니 찾게 된 연유는 백제성터의 흥미가 우선 있었
기 때문이고 정상에서의 조망도 굉장히 수려하다. (영인산의 지형
설명은 이어서 수차례 더 이어진다.)

　계속해서 탕정성 관련

　탕정성의 축성에서 나타나듯이 신창, 인주, 영인, 탕정, 염치를
이루는 아산에서 백제초기 沸流의 미추홀(彌鄒忽)의 번성기가 있

었다는 근거로 보는 것이고 이후에 국명이 바뀌었을 수도 있다. 백제국이 처음부터 강성한 국가는 아니었고 ○○國 마한왕의 호위국 옹성(護衛國甕城)으로 보는 것이다.

馬韓王曰 "내가 동북의 100里 땅을 갈라주어 안정케 함"은 이는 곧 溫祚왕에게 배려하였음을 알 수 있다.

여기가 동북의 땅이면 가야산 방향에서 바라본 지형이다. 온조왕은 탕정성을 쌓았고 또한 아산에서 사냥을 하였다. 마한지역의 溫祖왕은 차차로 영역과 세력이 확장되었고 형인 비류의 거성에 많은 관심과 도움이 있었을 것이니 문안 겸 방문의 기록을 남기는 것이라고 여겨지는 것이나 백제초기의 기사와 이야기는 수반되어 나타나는 유물 형태가 희소하니 가늠하기가 쉽지 않으면서도 여전히 의문은 남아있는 것이다.

해례성 성곽

3장, 三國의 초기와 기타 논고분석

1) 百濟 국호사용 年代

백제가 언제부터 국호를 사용하였는지 정확하지 못하나 백제의 국호가 나오는 시점(始點)이 있다.

三國史記 신라본기 제1

始祖 赫居世居西干(시조 혁거세거서간) 중 40년에 百濟의 시조 온조(溫祚)가 즉위하였다. (坐文은 金富軾 선생의 편집으로 보인다)

4代 脫解尼師今(탈해이사금) 條에 보면 7년 겨울 10월에 백제 왕이 땅을 개척하고 낭자곡성(娘子谷城)에 와서 사자를 보내어 만나자고 하였는데 왕이 가지 않았다.

8년 秋 8월에 백제가 군사를 보내어 와산성(蛙山城)을 공격하고 겨울 10월에 또 구양성(狗壤城)을 공격하므로 왕은 기병(騎兵) 2,000명을 보내어 쫓아냈다.

10년에 백제가 와산성을 쳐서 빼앗고 군사 200명을 두어 지켰는데 얼마 안 가서 다시 빼앗았다.

백제기의 2代 多婁王(다루왕) 36~37年條에 위에 부분이 자세히 나와 있으니 AD 63~64년 때를 말함이고 이때에 나타나는 낭자 곡성은 찾을 수는 없으나 백제가 신라의 국경을 침해하였으니 이 곳은 청주에서 보은 즈음으로 사료된다. 신라의 왕을 만나자 하였다면 당시에 신라의 도성이 金城(경주)에 있었을까?

국경을 침해하여 신라왕을 만나자 하였으면 양국(兩國)의 국경에서 그다지 멀지 않은 곳에 신라왕이 있었다는 것을 말함이고 왕이 머무는 곳이 왕성이니 아직 금성(경주)에 都邑하지 않았다.

이때를 金聖昊 선생은 娘子谷城을 淸州의 낭성(娘城)으로 와산성을 報恩으로 보고 백제와 신라의 전쟁을 기술하면서 비류계의 신라 침공으로 보았다.

이때의 탈해왕은 尙州로 이동한 사벌국(沙伐國)이었다는 것으로서 병풍산(屛風山)에서 바라보면 북으로 상주川 건너 구릉지에 沙伐 왕릉이 있다는 속설이 있다는 것이고 이에 근거하기는 동국여지승람」에도 기재되어 있듯이 사벌王릉이 전해지고 있다고 하였는바 사벌국이 尙州에 자리하였다 하였으니 흥미로운 논문이다. (세종실록지리지에도 관련한 기록이 나타나 있다.)

위에 국경 침해사건을 신라기에 기록되었고 百濟의 國號가 처음 나타나는 記事로서 AD 60~70년경 이후에 중국이나 신라 등 대외에 알려지게 되었다고 보는 것이다.

2) 三國의 始祖와 초기 왕들의 재위

앞서 백제초기의 기사를 설명하면서 삼국과의 여러 사건을 들여다보고 연결 미추홀과 위례성 위치를 기술하였으나 이에 추가하여 삼국초기 왕들의 재위기간을 살펴보자.

삼국초기 왕들의 재위기간 (三國史記)

(1) 新羅 본기

始祖 혁거세거서간, 朴 혁거세　　BC 57~AD 4년

2대 남해차차웅,　　朴 남해왕　　AD 4~24년

3대 유리이사금,　　朴 유리왕　　AD 24~57년

4대 탈해이사금,　　昔(석)탈해왕　AD 57~80년

5대 파사이사금,　　朴 파사왕　　AD 80~112년

국호가 처음부터 서나벌(徐那伐)이었으나 부족의 국명과 왕들이 있었고 호족간의 혼인이 나타난다. 또한 평균 재위가 34년이며 초기의 신라는 여러 부족의 연맹형태의 국가로 나타난다. 5대까지 왕조는 BC 57~AD 112년이니 169년간 유지하였다. 참고로 살펴보기는 특이한 記事가 있다.

4代 탈해이사금은 62세에 즉위하였는데 성은 석씨이고 비는 아

효(阿孝)부인이다. 탈해는 본래 다파나국(多婆那國)소생인데 그 나라는 倭국의 동북 1,000리 정도 거리에 있다. 이하 줄임

　탈해왕이 다파나국 소생이고 왜국의 동북 1,000리라 기발한 표현이다. 三國遺事에서는 4代 탈해왕을 김알지(金閼智)와 같은 인물로 보는데 이는 설화에 잘나타나 있다. 永平 3년 庚申年(AD 60) 8월 4일에 호공(瓠公)이 밤에 月城에 있는 마을을 지나다가 시림(視林)에서 밝게 빛나는 황금 상자를 발견하여서 왕에게 보고하였는데 왕이 숲에 가서 상자를 열어보니 사내아이가 누워있는데 곧장 일어나 신비하게 여겨 혁거세의 故事와 같았기 때문에 알지(閼智)라는 이름을 붙여주었다. (간추려 옮김)

　왕이 吉日을 가려 태자로 책봉하였으나 나중에 파사왕에게 양보하고 왕위에 오르지 않았다. 그는 금궤에서 나왔다고 하여 姓氏를 金으로 하였다.

　알지가 세한을 낳고, 세한이 아도를 낳고, 아도가 수류를 낳고, 수류가 욱부를 낳고, 욱부가 구도를 낳고, 구도가 미추를 낳았다.

　미추가 왕위에 오르니 신라의 金씨는 알지로부터 비롯되었다.

　13代 미추왕 즉위 262~284년으로 연결이니 신라초기는 박氏에서~석氏~박氏~ 김氏 王朝로 이어진다.

　그리고 新羅와 倭의 관계가 처음 니다나기는

　始祖 혁거세거서간 32년 8월條 (BC 19)에 倭人 기사

8代 아달라이사금 5년條 (AD 158) 3월에 죽령을 개통하였다.
倭來聘人 왜인이 찾아왔다.

9代 벌휴이사금 10년條 (AD 194) 6월에 倭인이 기근이 들어 먹을 것을 구하러 온 자가 千여 명이었다.

10代 내해이사금 13년條 (AD 209) 4월

倭人犯境 遣伊伐湌利音 將兵拒之

倭인이 국경을 침범하므로 이벌찬 이음(利音)을 보내어 군사로서 막게 하였다.

위에 기사를 살펴보건대 西紀 158년에 신라의 금성에 왜인이 처음으로 찾아갔음이 나타나 있고 209년에 신라국경을 침범하였다 이니 왜인과 신라는 교류관계가 있었으며 지역이 나뉘는 국경이 있었다고 볼 수도 있는 것이다.

이로써 왜인이 현재의 부산지역으로부터 내륙으로 연결되는 일부 지역을 근거지로 하여 부족사회가 있었다는 김성호 선생의 논문이 주목되는 것이다.

崔致遠은 제왕연대력(帝王年代曆)을 지으면서 모두 某王(00왕)이라 칭하고 거서간, 마립간의 칭호는 사용하지 않았으니 어찌 그 말이 비루하고 거칠어서 일컫지 못하겠는가?

지금 신라의 일을 기록하면서 방언을 그대로 두는 것 또한 마땅

하다 하겠다. 이하 줄임

三國史論」에 따르면 이렇게 말하였다.

신라왕조에는 거서간과 차차웅이라 부른 임금이 각각 한 명씩 있고 이사금이라 부른 임금이 열여섯 명이요(16왕조) 마립간이라 부른 임금이 네 명 있다. (4왕조) 살펴보면 신라왕들의 호칭은 실제 불리던 방언으로 하였음이 나타나 있지만 물론 중후기를 지나면서 ○○왕으로 표기하였고 제왕연대력을 근거하여 金富軾은 삼국사에 왕들의 호칭을 옮겨놓은 것이다.

⑵ 高句麗 본기

始祖 동명성王　　高주몽　BC 37~BC 19년까지

2代 유리명王　　유류　　BC 19~AD 18년

3代 대무신王　　무휼　　AD 18~44년

4代 민중王　　　색주　　AD 44~48년

5代 모본王　　　해우　　AD 48~53년

6代 국조王　　　궁　　　AD 53~146년 왕위 하야

7代 차대王　　　수성　　AD 146~165년 동생이 통치

8代 신대王　　　백고　　AD 165년에 伯固(宮의 아들)는 아버지

　　　　　　　　　　　　국조王과 叔父 차대王을 살해 후 즉위

고구려 초기 또한 혼란과 의문의 연대기가 이어진다. 주몽이 19

년을 통치 40세에 졸한 것을 제외하고 보면 유리王의 재위부터 모본王 까지는 37년, 26년, 4년, 5년 등 재위기강이 굴곡이 있는 것 같으나 국조왕의 재위(AD 53~146)는 무려 93년이고 이후 왕위를 동생 수성(遂成)에게 이양하였다.

왕위를 동생에게 물리고도 19년을 더 살았는데 7살에 즉위하였으니 그렇게 되면 王位와 讓位기간 합이 112년간 유지하였다 하면 119年간을 장수 하였던 것으로 나타난다.

7代 차대왕(AD 146~165)은 신대王(伯固)의 반란으로 살해되었는데 그렇다면 차대王 즉위 76세이었으니 또한 96세까지 장수 하였을 거로 생각하는바 놀랍지만 이해가 쉽지 않은 부분이다.

참고 : 高句麗 초기자료

후한서 동이전(東夷傳)에는 이렇게 기록되어 있다.

고구려는 요동(遼東)의 동쪽 千 리에 있다.(길림성 집안集安) 남쪽은 朝鮮과 예맥(濊貊), 동쪽으로는 옥저(沃沮), 북으로는 부여(夫餘)에 접해 있는데 환도지하(丸都之下)에 도읍하고 地方은 二千리이고 호수는 三萬이다. (丸都之下 유리명왕 22年에 환도성 (丸都城) 축조)

큰 산과 깊은 골짜기가 많고 평원과 연못이 없어서 산곡을 따라 살며 골짜기 물을 식수로 사용한다. 이하 중략 계속해서 漢나라 光武 8년 高句麗王(2代 유리명왕15年)이 사신을 보내 조공(朝貢)을 바치므로 비로서 王이라 부르게 되었다.

효상제(殤帝AD 105~106)와 효안제(安帝AD 106~124) 때에 고구려王, 宮(국조王)이 수차례 요동을 침범하므로 현토(玄菟)에 속하게 했다.

요동태수 채풍(蔡風)과 현토태수 요광(姚光)은 二郡에 해가 되었기 때문에 軍士를 일으켜 고구려를 쳤다.

宮이 거짓 항복하고 和平을 청하니 二郡이 진격하지 않았다. 이때 궁이 비밀리에 군사를 파견하여 현토(玄菟)를 공격해서 후성(侯城)을 불태우고 수수(邃邃)에 들어가 관리와 백성을 살해했다.

그후 궁이 다시 요동을 침범해 오므로 채풍과 경장사토(輕將吏土)가 추격하여 토벌했으나 군사는 패몰하고 말았다. 宮이 죽고 아들 백고(伯固)가 왕위에 올랐다. 순제(順帝)와 환제(桓帝) 사이에 다시 요동을 침범하여 신안거향(新安居鄕)을 노략했으며 또 서안평(西安平)을 공략하여 도중에 대방(帶方)수령을 죽이고 낙랑태수의 처자를 약탈하였다.

위에 기사는 고구려 8대왕 백고(伯固)(AD 165~179)가 현재의 황해도 지방을 침범하였다는 기사로서 대방수령을 죽이고 남방지역 확장을 시도하였다고 볼 수 있으나 그후에 현토 태수 경임(耿臨)이 토벌하니 고구려軍이 패하고 밀려 신대王이 항복하고 요동

(遼東)에 속하는 사태가 나타나고 있다.

西安平의 帶方은 漢의 영향력이 미치는 지역이었다.

후한서에 기록되어 현세까지 전해지고 있다면 그 무언가 우리에게 전하고 싶은 이야기가 있다고 하겠으니 三國의 초기가 막연한 설화이거나 추정의 記事는 아니다.

(3) 百濟 본기

始祖 온조왕 등 王으로 총칭하였다.

백제본기 제1에 나타나는 始祖 온조왕, 다루왕, 기루왕, 개루왕, 초고왕의 재위기를 살펴보면 5대까지 왕들의 통치기간이 무려 232年이 된다.

1대 왕조의 평균재위가 46년이라면 이것은 무엇을 의미하는 것일까? 다시 말하면 백제초기는 근거가 취약하니 개략으로 편찬하였다? 하나의 추정 근거는 수수께끼의 비류계와 온조계의 왕조세습과정이 섞여 있었고 낙랑, 말갈 등의 침략에 궁실이 불타고 피난하였던 사실과 한성백제의 몰락과정에서 백제사기가 없어졌을 수도 있기 때문이다.

온조가 예측하기로 20세에 十濟를 창건하였다면(관련 근거 주몽의 재위 BC 37~BC 19)) 온조 20세~46年이니 66세 AD 28년에 (훙-薨)-졸하였다.

온조 재위(BC 18~AC 28년, 46年간 통치) 온조가 20세에 다루를 낳았다면 다루는 46세에 즉위~재위 50年이니 다루王은 96세 (AD 77年에 훙(薨)-졸한 것이다. 다루왕이 20세에 기루王을 낳았다면 기루왕은 70세에 즉위한 것이 된다.

기루왕이 재위 52년이면 70세에 즉위 재위 52년이면 122세 AD 128年에 (훙薨)-졸한 것이다. 기루王이 20세쯤 아니 40세에 개루王을 낳았다고 하더라도 개루왕은 88세에 즉위 재위 39년이면 127세에 AD 166年에 (훙薨)-졸하였다.

개루왕이 40세에 초고王을 낳았다면 초고왕은 87세에 즉위 재위 49年이면 138세 AD 214年에 (훙薨)-졸하였다는 결론으로 재위기간이 모호하고 왕들의 수명 또한 天壽의 갑절 이상 장수(長壽)하였다.

당시 三韓, 三國人의 평균수명을 60세로 추정한다면 백제초기의 王들의 在位와 壽命 그리고 비류백제기의 숨겨진 공간과 관련이 되는지 커다란 의문이 제기되는 것이고 삼국사기 편찬자는 비류系와 온조系의 백제기를 정리하면서 비류기를 제외하기 위하여 문제의 미추홀을 今仁州(인천)로 연결하였고 위례성을 河南으로 애매하게 표시하여 현세에 혼란을 초래하였다는데 결론에 이르는 것이다.

위례성이 河南이라면서 漢山의 負兒嶽에 올라 살만한 곳을 바라보았는데 서쪽으로 大海가 막혀있고 하지만 이곳에서 올라서 서쪽으로 大海는 70여Km 거리로서 천험의 방비(防備)가 아니고 西海가 보이지 않으니 지명위치 설명이 가능하지 못하다.

그리고 문제의 기사 「미추홀」 三國史記 잡지 제6 지리4 漢山州에 보면 원문:買召忽縣(一云彌鄒忽)~매소홀현(또는 미추홀)은 불명확한 註解 의혹을 떠나서 연이어서 나오는 모든 地名에 ㅇㅇㅇ (또는 ㅇㅇㅇ)라니 이러한 地名기록을 보고 후학들이 제대로 된 학습을 할 수 있을지 막연하니 古지명은 古書에 남아있던 중요한 역사의 한 부분이다.

그렇다면 본래의 지명을 달아놓았어야지 혼란을 자초하는 (혹은 ㅇㅇㅇ)이라는 지명을 첨하여 달아놓고서 당시대에 있지도 않는 지명을 혼합하여서 편집하여 전하고 있으니 말이다.

3) 온조왕 관련 세종실록

世宗實錄 권149 지리지 稷山縣

稷山縣. 本慰禮城 百濟始祖溫祖王作都建國.

高句麗取之改爲蛇山縣.

新羅因之爲白城郡領縣.高麗改名. 중략

百濟溫祖王朝 在縣東北間五里.

今上十一年 乙酉七月 始立朝 春秋傳香祝致祭.

세종실록 권149 지리지 직산현

직산현은 본래 위례성으로 백제의 시조 온조王이 여기에 도읍을 정하고 나라를 세웠다. 고구려가 나라를 빼앗아 사산현(蛇山縣)이라 하였다.

신라 때에는 백성군의 영현으로 하였다.

고려가 지금의 이름으로 고쳤다. 중략

위에 부분은 직산현의 조선조 이전 고려사를 정리한 것이고 이어서 세종실록지리지 부분으로서 본문 일부

백제의 시조 온조왕묘는 직산현의 동북 5리에 있다.

今上(세종대왕) 11년(乙酉) 7월에 처음으로 묘를 세웠다. 봄과 가을에 향과 축문을 전하여 제를 올리게 하였다.

「세종실록지리지 충청도청주목직산현」 편에서 高麗史지리지를 편수한 것이지만 나타나는 바와 같이 온조왕의 처음 도읍지를 직산으로 인식하고 세종 11년에 온조왕묘를 세웠다는 기록이다.

당시 세종임금의 下命으로 三國 시조의 묘우(廟宇) 설치 거론에 예조의 논의가 있었고 일차적으로 예조판서 신상(辛商)은 周末七雄의 할거를 거론하며 조선의 삼국사를 주말칠웅의 예를 들어 반대하였던 것이다.

周末七雄 중국의 戰國時代 (BC 770~BC 221年)

漢 BC 230年, 패망 / 趙 BC 228年, 패망 / 魏 BC 225年, 패망 / 楚 BC 223年, 패망 / 燕 BC 222年, 패망 / 齊 BC 221年, 패망 을 말함.

먹고 먹히는 과정에 진(秦)의 통일로 패권 다툼은 끝났다.

이때에 진(秦)은 秦始皇 즉위 BC 247~BC 210년이다.

하지만 세종임금의 뜻과 의지를 받아들였으므로 묘우(廟宇)설치에 관한 지역을 판단하여야 하였으니 호조판서 허조(許稠)가 거들고 하여서 우여곡절 끝에 정하였는데 高句麗에 대한 도읍지를 알만한 이가 없어서 동명王 사당은 평양에 하기로 하였으며 百濟의 온조王 사당은 처음에 전주를 거론하기도 하였으나 결국 처음 도읍지 직산으로 하였다.

新羅는 경주에 있으니 이론의 여지가 없었고 세종 임금은 고려사를 살펴보고 예조에 명하였을 것이다. 하지만 직산의 온조 묘우(廟宇)는 언제인지 훼손되어 위치조차 알 수 없었으나 지역의 관심과 향토사가 들의 노력으로 천안시에서는 본래의 위치와는 다르나 2015년 5월20일 현재의 직산향교 옆에 재차 건립하였다.

이로써 위에 나타나 있는 바와 같이 온조의 처음 도읍지 13년은 직산 위례성이 맞다. 직산현의 서쪽에 蛇山城이 있다.

高句麗取之改爲蛇山縣

고구려가 차지하여 사산현(蛇山縣)으로 고쳤다에서 나타나듯이 직산현에는 성채가 있었다.

왕위 6년 丙申(AD 396)

王躬奉水軍」왕께서 친히 水軍을 이끌고 討利殘國 이잔국을 토벌하였다. 이는 곧 이잔국을 토멸하였을 당시의 하나의 현장으로 인식되는 것이고 사산성이 또한 백제초기 성채(城砦)이었던 것으로서 더 이상의 설명은 과유불급(過猶不及)하므로 이만 줄인다.

이로써 金富軾은 한산주 매소홀을(또는 미추홀)로 대칭시키고 위례성(慰禮城) 미상지로 만들었던 것이 되는 셈이다. 이를 부정하기는 매우 어려우니 독자들의 판단에 맡기겠다.

위 내용에 근거하면 백제초기 도읍지 미추홀(彌鄒忽)은 仁州(아산)이고 위례성(慰禮城)은 稷山(천안)이다.

직산 온조왕 사당

하지만 국학학자들은 百濟 초기 王祖記를 비롯하여 비류백제를 신뢰하지 않고 있다. 연유하기는 백제초기 古史와 說話가 있었다 해도 백제가 마한지역의 맹주가 되기까지 AD 3~4세기경 번성기 근초고왕(近肖古王) 29年에 고흥(高興)의 書記가 있었다. 함을 근거로 백제기를 정리하면서 온조 설화를 편집하였을 것이라는 추정의 논고가 앞서고 있으나 북사(北史), 수서(隋書)를 조금 더 진중히 짚어볼 필요가 있겠다.

4) 아방강역고 위례고(慰禮考)

我邦疆域考

第六集地理集 第三卷 위례고(慰禮考)

저 자 : 정 약용 (1762~1836)

국 역 : 이 환남 1952~홍주향교(掌議, 漢學강사)

일러두기 : 숫자 표시는 비교재론

아방강역고 : 우리나라 국경안의 고증

제6집 지리집 제3권 위례고

慰禮城者 百濟始祖首都之地 其故址在 今漢陽城東北.

위례성이란 백제시조의 수도가 있었던 곳이니 그 옛터가 지금 한양성 동북에 있다.

百濟史云 溫祚王八年 漢成帝元延二年 靺鞨賊三千 來圍慰禮城 王閉城門 不出經旬 賊糧盡而歸.

백제 역사에 이르러 온조왕 8년 한나라 성제원연 2년 말갈의 구적(도적)삼천으로 위례성을 에워쌌으나 왕이 성문을 닫고 나오지 않은지 열흘이 지나자 적들이 식량이 다하여 돌아갔다.

王簡銳卒 追及大斧峴(疑在今平康)一戰克之

왕간이 정예 군사를 이끌고 대부현(大斧峴)까지 쫓아갔다. (대부현은 지금의 평강) 일전을 싸워 이기다. (평강:平康~함경도 안변, 회양, 금화, 강원도 북부 철원 일대라는 추정을 해본다, 譯註)

案此時靺鞨 樂浪歲歲侵寇 以其慰禮城 在漢水之北 與二寇密接 故也 此云 靺鞨者 咸興之濊人也.

이때 말갈과 낙랑이 해마다 침노하여 도적질하다 그 위례성이 한수(漢水) 북쪽에 있으니 두 구적(도적)과 밀접한 고로 이에 이르러 말갈은 함흥의 예인(예맥)이다.

詳見靺鞨考 樂浪者 春川之土酋也. 見樂浪別考.

말갈을 자세히 상고하여보면 낙랑은 춘천의 토착 추장이 이끄는 족이다. 낙랑은 별도로 논고하겠다.

慰禮之在漢陽東北審矣 其謂之慰禮者 方言凡匡郭之四圍者 謂之圍哩 慰禮圍哩聲相近也. 樹柵築土以作匡郭 故謂之慰禮也.

위례성은 한양 동북쪽에서 살펴보니 위례라 이른 것은 빙언이니 넓은 성곽을 사방으로 둘러 외운 것이란 말이다. 이르데 위리

(圍哩)이니 위례는 위리와 발음이 가깝기 때문이다. 나무성채와 흙을 쌓아 넓은 성곽을 만든 고로 위례성이라 부른다.

①溫祚王十三年 徙都漢水之南 卽今之廣州古邑也 當時謂之河南 慰禮城.

온조왕 13년 도읍을 한수 남쪽으로 옮기니 곧 지금의 광주 고읍이다. 당시에 하남 위례성이라 하였다.

百濟史云 溫祚王十三年 漢哀帝元年 夏五月 王謂臣下曰 國家東有樂浪有靺鞨 侵軼疆境 少有寧日 勢不自安 必將遷國.

백제사에 이르러 온조왕 13년(기원전 5년) 한나라 애제원년 여름 5월에 왕이 신하에게 일러 말하기를 나라 동쪽에 낙랑과 말갈이 있어 국경을 침노하니 영일(寧日,편안하고 좋은 날)이 적고 나라 형편이 스스로 평안치 못하므로 반드시 장차 나라를 옮길 것이다.

予昨出巡觀漢水之南 土壤膏腴 宜都於彼 以圖久安. 秋七月 就漢山下立柵 移慰禮城民戶

내가 어제 한수 남쪽을 순유(巡 행차)하여 보니 토양이 비옥하며 마땅히 그곳에 도읍할만하여 오랫동안 평안함을 도모하겠다.

가을 7월 한산 아래 성채로 나아가 위례성의 백성을 옮겼다.

八月 遣使馬韓(今益山)

8월에 마한에 서신을 보냈다. (지금의 익산이다)

告遷都 遂畫定疆域. 北至浿河 南限熊川 西窮大海. 東極走壤(走壤在春川).

천도를 알리고 드디어 강역(국경)을 정하다. 북으로 패하(대동강)에 이르고 남으로 웅천(공주)를 경계하고 서쪽으로 대해(西海)까지 달하였다. 동쪽으론 주양(주양은 춘천이다).

九月 立城闕. 鏞案溫祚當時 明自漢北 移於漢南 漢水卽洌水.
卽慰禮城之本在漢北 確然無疑.

9월에 성과 궁궐을 세웠다. 용안(정약용) 온조왕 당시 스스로 한북으로부터 한남으로 옮기는 것이 명확하니 한수는 즉 열수이다. 곧 위례성은 본디 한북에 있었음이 확연하여 의심이 없다.

又百濟古史 每以漢陽爲北漢山郡 北漢山者 對南漢山而立名也.
卽慰禮城之與漢陽密接 確然無疑. 特以本紀初 有河南慰禮城一語
故後之人 遂求慰禮城之南. 所以轉輾迷晦 而終不能有所指的也.

또 백제고사에 매양 한양으로써 北한산군을 삼으니 북한산이란 남한산과 대하고 있는 지명이다.

즉 위례성은 한양과 더불어 밀접한 것이 확연하여 의심이 없다. 특히 본기 초에 하남위례성이라 이르는 말이 있는 고로 후대인이 드디어 위례성은 한수 남쪽에서 구했다.

이로써 전전미매(轉輾迷晦:확실한 가닥을 잡을 수 없고 모호하여 명확하지 않음)하여 종당엔 지적한 것이 없다.

又按西漢之制 洌水以北 屬樂浪南部 以其本朝鮮之地也. 洌水以南 屬馬韓總干 以其木韓國之地也 故北史謂百濟始立國于帶方故地. 公孫氏 分樂浪南部 爲帶方郡. 此指河北之慰禮也.

또 서한수를 살펴보건대 열수(洌水) 이북은 낙랑의 남부에 속했고 그것은 고조선의 지명이다. 열수 이남은 마한왕이 거느린 곳에 속했고 그것은 본디 한국(삼한국)의 지명이다. 고로 북사에 이르기를 백제가 비로써 대방(帶方)국의 고지(故地)에서 건국했다.

공손氏에 낙랑 남부를 나누어 대방군으로 했다. 이곳을 하북(河北) 위례라고 한다. 注:初立其國于 帶方古地을 참고하였을 것이다. (北史:24史 중 북조 242년간 역사기록 譯註)

及都漢南 溫祚王必告馬韓. 以其洌水以南 本隸馬韓也 久遠之事 雖若荒昧 歷考古文 皆有確證 不可誣也.

百濟史云 溫祚王元年 沸流溫祚兄 溫祚 與十臣南行 渡浿帶二水 遂至漢山 已上漢成帝鴻嘉三年事

도읍이 한남(한강 이남)에 미치고 온조왕이 반드시 마한에게 고했다. 열수 이남은 본래 마한에 예속된 곳으로 오랜 일이 비록 황매(荒昧, 미매하고 확실치 않음)하나 고문(古文)의 역사를 상고하니 다 확증이 있고 가히 속이는 것은 아니다.

백제사에 이르러 온조왕 원년 비류, 온조의 형과 온조는 십신(十臣, 열 신하)과 더불어 남쪽으로 행하여 평양을 건너 두물(二水)이 있는 곳 드디어 한산에 이르렀는데 이때가 한나라 성제 홍가 3년의 일이다.

登負兒嶽 三角山 望可居之地. 沸流欲居海濱 十臣諫曰 惟此河南之地 北帶漢水 東據高岳 南望沃澤 西阻大海 其天險地利. 難得之

126

勢. 作都於斯 不亦宜乎.

등부아악 삼각산에 올라 바라보니 가히 거할만한 땅이다.

비류는 바닷가에 살려고 하니 십신이 간하여 말하기를 오직 이 하남땅이 북으로 한수를 띠고 동으로 고악(높은 산)이 웅거하고 남으로 기름진 들이요 서로 큰 바다가 막혔으니 이곳은 하늘이 낸 지리 점으로 이로운 곳이다. 얻기 어려운 지세라. 이곳에 도읍을 지으면 또한 마땅치 않은지요.

沸流不聽 分其民 歸彌鄒忽 今仁川. 以居之

비류가 듣지 않고 백성을 나누어 미추홀로 돌아가니 지금의 인천이다. 그곳에 거하다.

溫祚都河南慰禮城 〈沸流以彌鄒土濕水鹹〉 不得安居 歸見慰禮 都邑鼎定 人民安泰. 遂慙悔而死 其臣民皆歸於慰禮

온조가 하남위례성에 도읍하니 비류가 미추홀이 토질이 습하고 물이 짜므로 가히 안거하지 못하고 돌아가 위례를 보고 도읍을 정하니 인민이 크게 편안하였다. 드디어 참회하고 죽었다. 위례성으로 돌아오다.

金富軾云 慰禮城 今未詳

김부식에 이르러 위례성은 지금 미상이라 하였다.

②鋪案登嶽以下 乃溫祚王十三年事 史臣追記其建國立都之本 故遂以載之於元年也. 慰禮城者 明在漢水北 卽漢陽古都.

정약용案: 嶽登~부아악에 올라서… 이는 온조왕 13년 일을 사신(史臣/역사를 기록하는 신하)이 그 건국과 도읍의 근본을 추찰하여 기록한 고로 드디어 원년이 등재되었다. (左文의 설명은 본고에서 동일하게 이해를 하고 있으나 부아악(負兒嶽)은 본고와 다르다)

위례성이란 한수 북쪽에 있는 것을 밝혀놓은 것이니 즉 한양의 古郡이다.

其云河南慰禮城者 以其移慰禮之民戶 故冒故名而不改也. 據溫祚以鴻嘉三年 至漢山則其與沸流分居. 當在十餘年之後 豈有兄弟二人 跋涉千里 遠託異域 而爰止之年 便卽分離哉.

그것이 하남위례성이라 한 것은 그 위례의 백성을 옮긴 고로 名을 무릅쓰고 고치지 안 했다. 온조가 웅거한 지 홍가(鴻嘉) 3년에 한산에 오른즉 비류와 더불어 나누어 거하였다. 당시 십여 년 이후 어찌 형제 두 사람이 있어 천리발섭(譯註 뭍으로 물로 千 리를 걸었다는 뜻)하여 이역에 멀리 거탁(居託)하여 어찌 이해에 이르러 문득 분리했겠는가.

其始也 兄弟幷力築慰禮城以居之 至其十有三年 北困於靺鞨 東敗於樂浪 思有以涉漢水而居其南 以避二寇之隙突. 蓋以慰禮在漢水之北 與二寇連陸 故必欲移都於水南也. 樂浪今春川.

그것은 시작이라 형제가 힘을 합쳐 위례성을 쌓고 이곳에 거한 지 13년에 이르러 북쪽 말갈족에게 곤란을 당하고 동으로 낙랑에게 패하니 한수를 건너 남쪽에 거할 것을 생각하니 두 도적(말갈과 낙랑)을 회하기 위해서였다. 대개 위례성은 한수 북쪽에 있었으니 두 구적과 더불어 육지로 연하여 있는 고로 반드시 도읍을 한수 남쪽으로 옮기고자 했던 것이다.

낙랑은 지금의 춘천이다.

沸流貪魚鹽之利 而取仁川 彌鄒忽

비류가 물고기와 소금을 얻으려고 인천을 취하였으니 이곳이 미추홀이다.

③溫祚覽關防之固 而取漢南 今廣州古邑. 於是移慰禮之民 以實漢南之栅 仍又名之曰 河南慰禮城. 後之人追記事概 遂以十三年之事.

온조가 관방이 견고함을 순람하고 한남을 취하니 지금의 광주 고읍이다. 여기에 위례성 백성을 옮기니 실로 한남의 성채이니 이에 이름하여 하남위례성이라 하니라. 후대 사람이 이때 일의 계략을 추고하여 기록하니 드디어 13년의 일이다. (온조 원년의 기록은 혼합편집, 윤색되었다. 本考 편집자 이해)

載之於元年也 如云不然.

원년의 기록은 말하는데 그렇지 않다.

溫祚王八年 靺鞨圍慰禮城 又何解也 又按東據高岳者 黔丹山也.

온조왕 8년 말갈(靺鞨)이 위례성을 에워싸고 또 어떻게 풀려났나 살씌선대 동쪽 고악(高嶽)에 은거하였으니 검단산(黔丹山)이다.

在古邑之東 西阻大海者 幸州口也 洌水入海處 南望沃澤者

屯骨堤也

고읍(古邑)의 동쪽에 있으니 서쪽으로 대해(大海)에 막혔으니 행주구(幸州口)이고 열수(洌水:한강)가 바다로 들어가는 곳이다. 남으로 옥택(沃澤:기름진들)을 바라보는 곳이니 골제(骨堤)에 주둔하였다.

古尒王九年 命國人 開稻田於南澤 北帶漢水者 斗尾江也 度迷津 溫祚舊宮

고이왕 9년(AD 248)국인을 명하여 남택에 벼를 재배하는 밭을 개답하고 북으로 한수에 접한 곳이 두미강(斗尾江:두미나루)이니 온조(溫祚)의 옛 궁궐이다.

④本在廣州之古邑 謂之宮村居民 業種甘瓜 此則河南之慰禮也

본 광주(廣州)의 고읍(古邑)이었다. 궁촌에 주거하는 백성은 참외를 심어서 농업으로 사는 곳인데 이곳이 하남(河南)의 위례성(慰禮城)이다.

溫祚元年 旣已定都於此 則至於十三年之夏 又何云予觀漢水之南土壤 宜都乎

온조 1년(BC 18)에 이미 여기에 도읍을 定하니 곧 13년 여름에 이르러 또 어디를 말하는가 하면 내가 보건대, 한수의 남쪽 토양이 도읍하기 적당한 곳이다.

元年所定之都 其在漢北明甚.

而登負兒望河南 明是十三年之事也.

130

원년에 도읍을 정한 그곳은 한북(漢北)이 심히 분명하다. 올라가 보면 북쪽으로 부아(負兒)을 등지고 하남 쪽을 바라보니 이것이 13년(온조 13년)의 사적이 분명하다.

又按慰禮城 明在負兒嶽之下 故其登高望遠 亦在此山也 慰禮城 豈可他求哉

또 살피건대 위례성이 부아악을 등진 아래에 있는 것이 분명한 고로 높이 올라가 멀리 바라보니 또한 이 山에 있으니 위례성을 다른 곳에서 찾아 구하겠는가.

⑤南慰禮 雖已成都 北慰禮 益復修營 當時 蓋以爲南北二京

남 위례성은 비록 도읍을 이루었으나 북 위례성은 더욱 다시 도읍을 수리 보수하니 당시 남북 두 도읍으로 되었다.

百濟史云 溫祚王十七年漢哀帝元壽元年 春 樂浪來侵 焚慰禮城

백제사에 이르러 온조왕 17년 漢나라 애제원수(哀帝元壽) 원년 봄에 낙랑이 침노하여 위례성을 불태웠다.

二十七年夏 馬韓二城 降移其民於漢山之北

27년 여름 마한의 두 城이 항복하고 그 백성을 한산 북쪽으로 옮겼다.

⑥四十一年漢更始元年春二月

發漢水東北諸部落人年十五歲以上 修營慰禮城

41년 漢, 경시(更始)원년 봄 2월

한수 동북의 여러 부락에 15세 이상인 자를 징발하여 위례성을 수리하였다.

鏞案漢水東北部落者 今楊州·平丘·龍津·兔院等地也

慰禮城之在今漢陽城東北 不旣明乎!

용안(정약용)한수 동북 부락은 지금의 양주, 평구, 용진, 토원 등 지이니 위례성은 지금 한양성 동북쪽에 이미 밝히지 않았는가!

溫祚王在位四十六年卒 溫祚王旣卒之百十年 百濟始作北漢山城.

온조왕이 재위 46년에 졸하다 온조왕이 이미 죽고 백십 年에 백 제가 북한산성을 축조하기 시작했다.

卽今之京城北坊也

즉 지금의 서울 북방이다.

⑦慰禮在北 新城在南 當時 蓋以爲北城 南城

위례성은 북쪽에 있고 새로 쌓은 성은 남쪽에 있다. 당시에 대 개 북성과 남성으로 되어 있었다.

百濟史云 蓋婁王五年漢順帝七年春二月 築北漢山城

백제사에 이르러 개루왕 5년(AD 137) 漢나라 순제(順帝:AD 125~144)때 2월 봄에 북한산성을 쌓았다.

責稽王元年晉武帝太康七年冬 徵發丁夫葺慰禮城

책계왕 원년(AD 286) 진나라 무제태강 7년 겨울에 장정을 징발 하여 위례성을 보수하였다.

⑧鏞案知北漢山城 非慰禮城者

용안(정약용) 북한산성은 위례성이 아니다.

書築書葺(서축서즙=쌓았다~수리했다) 筆法精嚴也

서축書築」성을 쌓았다고 기록한 것 서즙書葺」기와를 덮고 수리하다 라 기록한 것이 필법이 정밀하고 엄정한 것이기 때문이다.

知當時以爲北城南城者 下至蓋鹵王時 句麗來圍 漢城

先拔北城 移攻南城 明漢城之中 有南北二城也

당시 북성과 남성을 쌓았다는 것은 그 후 개로王(21代 475년) 때에 고구려가 침입하여 한성(漢城)을 에워싸고 먼저 北城을 빼앗고 南城을 공격하니 한성 가운데 南北 두 城이 있는 것이 분명하다.

詳見漢城考 知慰禮在北 新城在南者

자세히 한성의 전고(典考)를 보건대 위례성은 북쪽에 있고 새로 쌓은 城은 남쪽에 있는 것이 분명하다.

當時北漢山城 爲王居所在 而蓋鹵王出走之時

書之曰移攻南城 王乃山逃.

당시 북한산성이 왕이 거쳐 하는 곳이 되고 개로왕이 나와 달아날 때에 이를 기록하여 말하는데 남성으로 옮겨 공격하니 왕이 산으로 도망하였다.

明慰禮在北 新城在南也. 又按北漢山城者 謂依漢北之山而爲城 非謂其城在山上也.

위례성이 북쪽에 있고 새로 쌓은 성은 남쪽에 있는 것이 분명하다. 또 실펴보건대 북한산성이라 하는 것은 한북(한강 북쪽)의 산에 위치하고 성을 이루었다고 이르는 것이니 그 성이 산 위에 있는 것은 아니다.

今之北漢山城 乃康熙年間所築. 在三角山上 非百濟之古城也.

지금 북한산성은 강희(康熙帝:청나라 황제 즉위 1661~1732년) 때에 쌓은 것이다. 삼각산 위에 있는 것은 백제성이 아니다. 이하 중략

북한산성 사진

아방강역고의 古地名 분석

茶山은 위례고(慰禮考)를 통해서 백제초기를 해석하였다.

초기 위례성은 부아악(負兒嶽)을 근거로 하여 한수 북쪽으로 정하였는바 온조초기 13년 이후의 기록은 대체로 하기와 같다.

①온조왕 13년 도읍을 한수 남쪽으로. 옮기니 곧 지금의 광주 고읍이다. 당시에 하남위례성이라 하였다.

①의 위에 설명은 본고와 맥을 같이하고 있다.

② 위례성이란 한수 북쪽에 있는 것을 밝혀놓은 것이니 즉 한양

의 古郡이다.

③~④하남위례성을 김부식이 초기 위례성으로 보고 기록하였다는 취지의 설명이니 하지만 온조왕 초기 13년간 십제국의 위치는 漢水 北에 있다고 하였다. "南위례성은 비록 도읍을 이루었으나 北위례성은 더욱 다시 도읍을 수리 보수하니 당시 남북 두 도읍으로 되었다."

⑥의 설명은 위례성이 한수 북쪽에 있었으니 동북의 여러 고을의 백성을 소집하여 위례성을 보수하였다는 것이나 이에 北위례성의 위치 고찰(考察)은 本考와는 맥이 다르다. (본고에서는 직산 위례성이다)

⑦위례성은 북쪽에 있고 새로 쌓은 성은 남쪽에 있다. 당시에 대개 北城과 南城으로 되어 있었다.

⑦의 위례성은 북쪽에 있고(대방고지를 말함)는 설명은 모호하다. 하여서 본고에서는 十濟國 13년을 직산으로 하남 위례성을 한성백제기 389年간으로 이해하면서 남한산성을 漢山 백제기 105年간으로 하였다. 온조왕 13년부터~개로왕 21年(AD 475년)까지를 한성백제기로 이해하고 있다.

북한산성은 위례성이 아니다 고 하면서도 위례성이 한수(漢水) 北에 있다는 고증 또한 애매하다.

이렇게 하여 아방강역고의 地理集에 나타난 위례고의 지명을

本考와 대비하여 살펴보았으며 온조왕 13년 이후의 궁성지가 하남 시 古邑에 있다는 주장은 본고와 맥을 같이하고 있음이다.

溫祖王이 13年에 한산 아래에 목책을 세우고 천도한 곳은 한성 백제의 도읍지이니 그곳은 河南市 고골궁촌지역이 분명하다.

5) 비류백제와 日本의 국가기원

著者 金聖昊 (1935~)강원도 철원, 1982년 知文社 刊

서울대학교 農科대학. 건국대학교대학원 史學전공, 일본경도대 학 農學박사. 이하 줄임

2012년 도서출판 가파랑刊

「일본은 구다라(百濟) 망명 정권」등 著述. 이를 근거 요약

백제시조 탐구와 백제근경확장기를 기술하면서 비류계가 倭국 으로 도해 일본건국에 효시가 되었다는데 일부분을 살펴보자.

시조비류를 중요하게 다루었다.

…渡浿帶二水”… 浿水를 禮成江으로 帶水를 祖江(江華島 북편 漢江)을 열거하면서 동명의 후손구태(仇台)가 대방고지에서 나라 를 세웠다. 구태(仇台)가 비류(沸流)일 것이다. 여기에서 대방고지

(帶方故地)는 황해도 해주 근방으로 추정하는 것으로 볼 수 있다.

韓의 요동태수 공손도의 딸을 처로 삼기도 하였다. 등을 근거하여 구태(仇台)가 비류로서 동일인으로 추론하고 "帶方故地(대방고지)에서 初立國하였고" 이후에 비류는 帶水를 건너 牙山 仁州 미추홀로 이동 온조의 직산 위례성과 함께 백제초기를 형성하였다고 밝히고 있다.

온조는 한산(漢山)의 부아악(負兒嶽)에 올라 살만한 곳을 살펴보았는데 의 부아악」을 경기도 龍仁邑 西南 向十哩쯤 負兒山을 추정하였다. 溫祖가 직산에서 용인으로 도읍을 옮겼다는 연구이다. 근거하기는 고대에 용인과 이천이 漢山郡의 속현이었다는 근거로 풀어놓은 것이다. 온조는 용인을 거쳐 북한산에 도읍하고 한성에 도성을 이루고 번창하고 있었고 그러면서 비류系는 미추홀에서 熊川으로 남진하여 상당기간 城邑하여 국가가 이어져 있었다. (위에 論考 용인 負兒嶽은 필자의 견해와는 다르다.)

비류계가 웅천에 도읍하였다에 설명이 가능한 관련 유적이 있는데 중국 길림성 집안(集安)에 있는 광개토대왕릉 비문이다.

"왕위 6년 丙申(AD 396)년 광개토王이 討利殘國이잔국을 토멸하였다" 이를 웅천으로 보고 이때 公州城을 탈출한 비류계의 왕족 일원은 일본열도로 도해하여 망명정권을 세웠다. 이다

이를 세밀하게 설명하기는 광개토王 비문에 나타나 있는 37個

城 중에서 拔城을 웅천으로 추정기술하고 百殘은 온조國家로 利
殘國을 비류國家로 이해하였던 것이다. 당시 광개토왕이 수군을
이끌고 내려온 곳이 충남과 경기지역의 여러 城을 공략하였고 이
잔국(利殘國), 그러니까 비류국 수도였던 웅천의 거발성(居拔城)
을 멸하였는데 이때 비류계가 남하하여 倭에 건너갔다고 하는 논
지인바. 앞에서 거론한 거발성(居拔城) 관련은 隋書 卷81-列傳第
46/百濟에 나타나 있다.

其國東西四百五十里, 南北九百餘里,

南接新羅, 北拒高麗. 其都曰居拔城.

수서 권81-열전제46/백제

그 나라는 동서가 450리이고 남북이 900여 리이다.

남쪽은 신라에 닿고, 북쪽은 고구려가 버티고 있다. 그 도읍을
거발성(居拔城)이라 한다. 이는 백제의 도읍을 칭한 것으로써 웅
진시대를 말한 것으로 볼 수도 있으니 비류는 미추홀을 거쳐서 웅
천에 도읍하기까지 4백여 년간 국가를 이루었다는 金聖昊 선생의
논지이다.

이때의 記事가 隋나라 연대기(AD 581~AD 618)이라 하면 광개
토왕 재위辛卯년(AD 391~412)에 이잔국토멸 시기와 다르다 하겠
으나 이에는 隋書의 기록은 이전부터 백제와의 문화친선교류로 인
해서 전해져온 기사가 있었을 것이니 백제의 내부사정을 여타 풍

문을 취합 기록하였다고 보기에는 반론이 되지 못한다.

물론 수(隋)나라도 이후 李淵~차남 李世民에게 넘어갔지만, 백제와의 관계 개략은 계속하여 이어져 적어놓았음을 볼 수 있다.

또한 北史 열전 제82 百濟傳에는 그 나라는 동쪽으로 신라에 접해있고 북쪽으로 고구려에 막혀있고 東西사백오십리 南北 구백여 리인데 도성(都城)은 거발성(居拔城)이라 하고 고마성(古麻城)이라고도 하는데 五方을 두어 中方曰古沙城 東方曰得安城 南方曰久知下城 西方曰刀先城 北方曰熊津城이라고 하고 王姓餘氏이다.

위에서 나타나는바 거발성이 都城이라면 北方曰熊津城을 자세히 설명할 수 있어야 되나 수서(隋書)에 五方城을 첨하여 백제기를 전해왔다고 볼 수 있는 것이다. 웅진 백제 문주왕~성왕 때인지 알 수 없으나 비류백제의 都城 거발성(居拔城)이라 하였고 五方의 北方曰熊津城이라고 하고 王姓餘氏(왕성부씨)라 하였으니 사비성일까 쉽기도 하다 하여 짚어본 것이다.

隋나라 이전 중국과 백제 관계

15대 침류왕(枕流王)384~385

가을 7월에 사신을 진(晋)에 보내어 조공하였다.

18대 전지왕(腆支王) 405~420

전지왕〔직지(直支)라고도 함〕은 양서(梁書)에는 이름을 영(英)이라 표기되어 있었다.

2년 봄 2월에 사신을 진(晉)에 보내어 조공하였다.

12년에 동진(東晉)의 안제(安帝)가 사신을 보내어 왕을 책명(策命)하여 사지절도독 백제제군사 진동장군 백제왕이라 하였다.

21대 개로왕(蓋鹵王) 455~475

18년에 위(魏)에 사신을 보내어 조회하고 표를 올리는 장문의 글월에 고구려를 시랑(豺狼), 추류(醜類)라는(승량이, 이리 추한 무리) 등 비하하기도 하였더라.

물론 고구려는 초기부터 중국과의 교류가 있었다.

2代 유리명왕 때에 관련한 기록이 있으니 이것은 무엇을 나타내는 것일까? 일찍이 예전부터 백제도 중국과 교류가 있었다는 추론이니 백제와의 교류 기록의 연대가 맞지 않는다는 반론을 제시하지 못할 것이다.

광개토대왕릉비 원경자료

계속해서 비류백제 관련 광개토왕 비문을 살펴보자.

高句麗 본기에는 이때의 기사가 보이지 않는다. 碑文에 나타나 있는 백제 관련 文句 몇 줄 옮겨보자.

참고 : 영락태왕 즉위 辛卯년(AD 391~412)

永樂 5년 乙未年(AD 395년 왕의 공적 금석문후면)

百殘 新羅』 백잔과 신라는 옛부터 속민(屬民) 이었다.

때문에 조공(朝貢)을 하여 왔었다. 그런데 倭가 辛卯년(AD 391)에 바다를 건너 백잔, ○○, 신라를 파하여 신민으로 하였다. (한일사학계 논란 文句)

이에 왕위 6년 丙申년(AD 396)에 王躬率水軍왕께서 친히 水軍을 이끌고 討利殘國 이잔국을 토벌하였다. 중략

軍○○首 군사의 진로를 바꾸어 일팔성(壹八城) 백모로성(白摸盧城) 외 52個城 표시가 있으나 그중 利殘國의 37個城이 토벌되었다.

공취하고 진격하여 都城에 이르니 적들은 항복할 뜻이 없이 감히 나와서 교전하였다. 왕께서 크게 노하시어 아리수(阿利水~한강)를 건너서 군대를 보내어 성을 공격하니 성안에 있던 백잔王이 곤핍하여 男女 一千 명, 좋은 베 千 필을 바치고 王에게 귀복하여 맹세하기를 永爲奴客영위노객 지금부터 영원히 종이 되겠나이다.

하니 태왕께서 은혜를 내리시어 허물을 용서하시고 뒤의 순복한 정성만을 기억하시기로 하였다. 이에 58城과 700村을 빼앗고 백잔王의 동생과 대신 10명을 데리고 군사를 돌리어 도성으로 가시었다. 중략

9년 乙亥年(AD 399)에 백잔이 서약을 어기어 倭와 화통하였다. 왕이 평양을 살피고자 내려오시니 신라가 使臣을 보내어 왕께 말하기를 倭인들이 나라 안에 가득하여 성과 못을 부수니 이 從은 왕의 民으로서 왕께 귀복하여 하명을 청하옵니다. 중략

이때의 百殘王은 아신왕(阿莘王 5年)때이고 이후에는 利殘國이 나오지 않는 것으로 살펴보건대 AD 396년에 비류국이 멸망하였다는 金聖昊 선생의 논지가 흥미로운 해석이고 그러면서 이것이 바로 지금까지 신비의 베일에 싸여 왔던 天皇 국가의 탄생이었던 것이다. 고 기술하고 있다. 일본서기에 나타나는 제1대 신무(神武) 천황이 15대 응신(應神) 천황과 동일 인물로서 응신이 비류백제에서 즉위한 마지막 王이라는 논문이다.

先生의 방대한 논고를 짧지만, 일부를 추려서 옮겨보기는 이렇게라도 백제 초기사의 다양한 연구논지를 독자들에게 관심을 유발하고자 하자는 취지이다.

이후 1987년 고려원刊 日本書紀를 번역한 성은구(成殷九

1906~1988) 선생도 번역 後記 지면을 할애하여서 金聖昊 씨의 논문을 소개하면서 광개토태왕 碑文의 百殘과 利殘國을 별개의 국가였고. 居拔城은 일본의 酒井改浩 씨가 추정한 것과 같이 公州城의 별칭인 거발성(居拔城)이 분명하다고 근거하며 여타기록을 첨하여 대체로 비류백제를 인정하듯 거들었다.

필자가 살펴보기에도 「비류백제와 일본의 국가기원」은 흥미와 더불어 진지한 논리가 있어 보인다. 백제는 온조와 비류기가 400여 년간 혼존(混存)하였다는 추론이 가능하고 직접 연결된다.

비류백제가 멸망하기 100여 년 전부터 倭와 교류가 있었다는 추정이 가능하면서 중국의 문화문물을 倭에 전한 것도 이때부터 라고 볼 수 있다는 것이기도 하다

백제 17대 아신왕(阿莘王) 392~405때 記事

六年夏五月 王與倭國結好 以太子腆支爲質

6년 여름 5월에 왕은 왜국과 우호를 맺고 태자전지(腆支)를 볼모로 삼았다.

고구려 광개토왕이 백잔과 이잔국을 침공한 것이 396년이니 이때 1년 후에 태자를 볼모로 보낸 것이 397년으로 나타나 있으니 어떠한 연유로 그리하였을까?

'광개토왕 비문' 9년 乙亥年(AD 399)에 백잔(百殘)이 서약을 어

기어 倭와 화통하였다. 아신왕 이전부터 왜에 건너간 백제계 왕족이 다스리던 일부 지역이 있었다고 볼 수도 있는 것이지만 이에는 고구려의 침공으로 수모를 겪은 아신왕은 일본에 태자를 피난케 하였고 후일을 도모하기 위한 준비의 일환이었다.

이에 또 하나의 근거로서 14代 근구수왕(375~384) 때 이미 왜국에 왕인(王仁) 박사를 보내어 중국 글자를 가르쳤다는 사실을 견주어 보더라도 왜국은 문물과 인적교류를 원하고 반기는 입장이었지 당시에 倭가 上國이어서 위질(爲質, 볼모)을 보냈다 하는 것은 삼국사 편찬 당시 기록상의 임의변형으로 볼 수 있다.

이잔국이 이전부터 왜국과 교류가 있었다는 근거일까 싶기도 하지만 비류국이 일본에 건너가 왜국 천황 직계를 이루었다는 논문은 조금 더 연구해보아야겠다.

이상으로 관련 기록과 자료와 사료 분석 여타 연구를 근거하여 살펴볼 때 백제초기 건국이 牙山 미추홀과 직산 위례성이 부합되는지 연결해 놓았으니 세밀한 재평론이 있어야 하겠다. 백잔이 溫祖 계열이고 이잔국은 沸流계의 백제일까? 앞으로 매장문화재의 돌출 관건이 남아있기는 하지만 백제초기 건국은 충청남도 牙山에서 시작되어 미상 유적으로 남아있다.

지금까지 추가로 三國 초기 요약과 함께 백제초기 사료의 재해석과 논증(論證)을 겸하여 기술하여 밝히는 바이나 찾아보지 못한 기록과 보이지 않는 공간이 또한 궁금하나 本考에서는 여백(餘白)으로 남을 것 같다.

과연 三國史記는 사실대로 편찬되었는가?

편찬 당시 여러 古書 중 해동고기, 삼한고기, 신라고기, 신라고사, 화랑세기, 계림잡전, 악본(樂本), 한산고기, 자치통감, 진수의 삼국지동이전, 남북사, 수서, 책부원구, 신당서, 구당서를 참고하였는데 李相國, 李奎報의 동명왕편에 보면 계축(癸丑) 1145년 4월에 舊三國史를 얻어서 읽었다 하였고 金公 富軾은 삼국사를 중찬하였다고 하며 인사를 겸하여 해제(解題)에 밝혔기에 이는 당시 편찬자들의 노력의 산물이지만 三千里 錦繡江山을 두루 탐사한 흔적은 찾을 수 없음이고 광개토왕릉 비석은 있는지조차 몰랐구나!

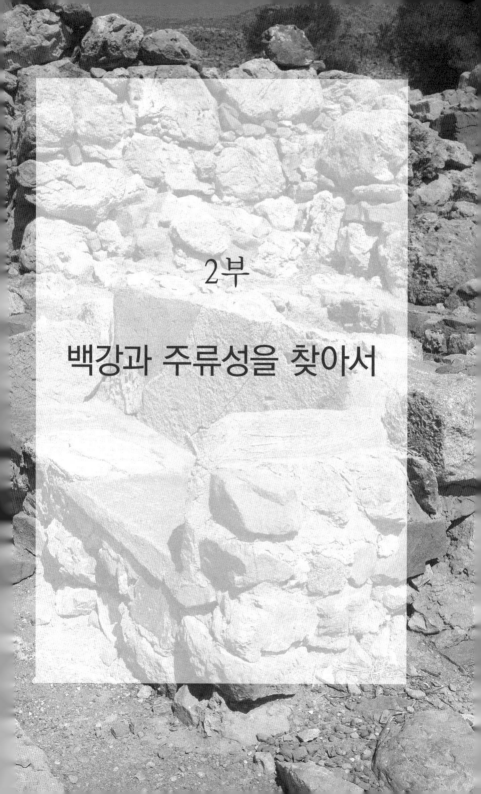

2부

백강과 주류성을 찾아서

1장, 백제의 패망사 그 기록의 비밀

本考의 副題, 본론에 들어간다.

朝鮮의 삼국사는 2千여 年 前 개국 이래 6~7백여 년간 각국의 왕조가 지속되던 와중에는 서로 국경을 침략하고 먹히고 먹는 불원한 관계가 지속되었던 것이나 문제는 중원대국의 간섭이 아닌 속국에 준하는 시대가 있었고 삼국사의 흥망에는 왕들이 죽음을 치르는 전쟁이 세 번에 걸쳐 나타나 있고 현존하는 王陵 또한 그다지 많지는 않다.

바로 그 시대 있었던 百濟의 건국은 서기전 18년에 생성되고 서기 660년 사비성이 패망하였으니 이때 百濟史의 後尾 3年 여간의 義兵들의 復興戰史이다.

허나 그 단문의 여러 기록들은 사건의 짜임과 매듭이 기이하여 풀어서 설명하기 또한 난해하니 기록에 나타나 있는 지명이 어디인지 궁금하지만 답은 있는데 現世의 우리가 이해를 못 하고 있었다.

古山子는 大東地志에서 이렇게 전하고 있다.

洪州牧 本百濟周留城 唐改支深州

위에 본문은 물론 어느 곳이다고 하지는 않았으나 백제의 주류성이 湖西의 洪州에 있다고 한 것으로 이해하고 있다.

古時代 그 역사서를 수많은 학자들이 고찰하였으나 그 매듭이 완성되지 못하고 있었으니 주제에 나타나는 문제를 거론하는바 삼국사를 깊이 있게 다루지 않았고 혹은 다르게 인식하고 있던 백제 말기 그 현장 유적지(地名)를 찾아보고 확인하는 시간을 함께 해보자.

당시 역사기록과 선진들의 연구서를 일부 참고하였고 지리지와 관련 지형을 세밀하게 살펴서 관련한 유적을 답사하고 취재한 자료를 연결하여 이어보겠다.

현시대 우리에게 남겨진 古代史의 重大 과제인 것이 학자들이 연구를 중단~거들떠보지 않기 때문이다.

百濟復興 항전의 중심지인 주류성이 洪州牧에 있다고 하였으니 古山子가 제시한 百濟復興戰爭 그 유적지는 과연 어디인가!

역사에서 홍주 지명이 나타나기는 고려 초기부터인데 즉, 927년에 王建이 雲州에 들어가 城主 긍준(兢俊)을 城 아래에서 패퇴시켰으며, 934년에 스스로 운주정벌에서 후백제의 견훤軍을 대파하자 웅진(熊津) 북측 30여 郡, 縣이 그 소식을 접하고 항복해 왔다는 기록이 있기도 하다.

고려 초기에 일어난 사실을 기록한 이 내용으로 볼 때 운주는 이후에 홍주로 현재 홍성이니 고려 초 1018年 개명 洪州 ~ 2018年 홍주 千年이다.

이전 1장에서 살펴본 바와 같이 백제초기 건국유적지로서 금강 서북 지역에서 매우 중요한 위치를 점하고 있었으며, 고려개국공신 卜智謙과 고려말 충신 崔瑩, 조선조 개국공신이며 영의정으로 벼슬을 마감한 李舒가 이곳 출신이니 이전 이후의 인물을 다 기록할 수 없음이다.

신석기 및 청동기 유물과 북방 한족의 유물특징인 삼족토기 등이 금마, 예산, 당진권역과 청양비봉에서 까지 발굴되었고 百濟 때 土城이나 石城의 흔적 등이 상당수 부존하고 있다. 중국과 반도의 교류지역인 雲州 즉 내포를 깊숙이 흐르고 있는 삽교천에는 문물교역이 일찍부터 있었던 것이다.

일례로 牙山시 선장면 궁평리(舊,대서면 신궁리) 삽교천 선장 포구 주변의 지명과 취락 형성 과정 일부를 살펴보면 백제초기 건국인 들이 서해바다로 목선을 타고 몇 곳을 거치고 내려와 하선하고 최초 머무른 곳이 궁평리이었으며 高麗 23代 高宗 3년(1256)은 몽고의 침략에 강화까지 피신하였지만, 재차 피신하여 위 마을에 임시 宮을 마련하고 도피하여서 2년여간 머물렀다 하여 신궁리라 불리였다고 한다. (仙場面誌 인용)

2002년에는 근접한 대흥리에서 도로공사 중 발견된 고대 인류유적 선사취락지가 발굴되기도 하였음을 볼 때 삽교천, 무한천 근역에는 고대부터 인문과 농경 부족사회가 형성되었고 중요한 유적이 부존하고 있었으니 매우 다양한 시대의 역사와 유래가 전해지고 있다.

古代의 내포지경은 생태계를 비롯한 농경문화의 중심지이었으니 필연적으로 중화문물이 일찍 들어오던 지역이니 자연히 부족사회가 형성되고 패하고 바뀌는 豪族과 연합세력의 興亡盛衰가 있었다는 증거가 많이 나타나고 있다.

그러면 고대사의 미완성 백제의 패망사를 논해보자.

당시 삼국의 기록은 떠듬떠듬 주변국과의 공생과 투쟁이 나타나 있으니 북사(北史) 수서(隋書), 구당서, 자치통감, 신당서에 이르는 漢書이다.

간략하게 더듬어 보기는 중원대국 전, 후한에서 보면 주변국을 이르기를 오랑캐라 칭하고 있었으니 조선반도의 三韓, 三國 또한 이에 따른다고 할 것이다.

隋煬帝의 612년 요동진출은 고구려를 멸하려는 계책이었지만 당시의 사실기가 전해지니 613~614년 수나라는 113만 군사를 일으켜서 고구려를 침공하였으나 이에 맞선 고구려 乙支文德장군과의 전쟁은 반도삼국의 존재를 후세에 전해지는 데 크게 일조를 하였고 이때의 살수대첩은 騎馬족 高麗인의 용맹과 자존으로 기록된다.

618년 수나라가 몰락하고 당(唐)이 건국된다.

당조를 일으킨 고조(이연李淵)와 이세민의 등장이다.

唐 고조는 각지에서 할거하는 군벌을 제거하는 등 내부 통일에 몰두하였는데 당시 이세민은 626년 태자인 兄 이건성을 죽이고 아버지를 압박해 왕위를 찬탈 제위에 오르자마자 인접국을 겁박하면서 영토확장을 가속하니 고구려를 비롯한 백제, 신라를 위시해 인접국이 모두 대당 경계를 강화하는 정책을 펴게 된다. 백제와 신라는 당(唐)과 화친하는 과정에서 使臣 행로를 고구려가 막는다고 말하자, 당은 고구려에 백제와 신라와 화친하라고 종용하였고 고구려에서는 일단 당나라가 제의한 화친을 수용해 우호 관계를 조성한다.

이때 고구려 영류왕은 재위 14년인 631년에 시작한 부여성에서 발해에 달하는 천리장성을 축조하게 되는데 연개소문은 아버지를 이어서 천리장성을 완성한다.

조정 내부에서는 연개소문이 지위와 역량이 커지자 연개소문을 제거하려고 하였고 연개소문은 이를 알아채고 쿠데타를 일으켜서 권부 중심에 들어가게 된다. 唐에서도 혼란을 겪으면서 우여곡절 끝에 李世民이 帝位하였지만 唐나라는 돌궐과 동쪽의 고구려가 매우 껄끄러운 상대였으니…

고구려와 당나라의 전쟁사 또한 진귀한 기록이고 이때의 淵蓋蘇文이 역사의 중심인물이 되어있다.

이때 당나라의 고구려침공을 살펴보자.

이세민은 오랫동안 숙고한 끝에 수나라의 고구려 침공실패를 고민하였으며 대업의 명분에 실마리를 푸는 데 있어서 고구려를 치는데 골몰하였다.

그러던 중 기회가 오기는 하였는바 연개소문의 반란으로 인하여 명분을 찾게 되는 것이다. 이세민은 숙고한 끝에 이전 수(隋)나라 양제(煬帝/양광)의 611년 2월부터 3차례의 고구려 침공 실패 사례를 고민하고 전략을 세우게 된다.

당시 隋양제는 좌우군 12軍씩을 편성하여 해군 포함 무려 113만 3,800명(또는 200萬 명이라고도 함)을 동원하였는바 군진의 어영(御營)이 행군하는 거리가 80리이었으며 하루에 1軍이 출발하게 하여 40리를 행군하게 하니 군진의 거리가 960리가 뻗쳤으며 출발하는 데에만 40일이 소요되었다. 요수(遼水)를 건너기는 하였는데 개인당 지급된 군량지참이 골치였다.

수나라의 실패 요인을 분석한 결과 출진한 군사의 훈련이 미숙하였고 보급을 위하여 별도의 병력이 있었으나 이 또한 지휘통솔의 난맥이 속출하였고 이는 곳 전술의 부재로 이어졌다.

다시 말해서 대군(大軍)을 이끌고 곧바로 평양으로 진군하였는데 험로에 행군의 일정도 문제였지만 중간에 후방의 군량수송로의 확보가 실패 요인이었다.

군사의 각자가 본인이 먹을 식량을 짊어지고 행군 도중에 양식(糧食)으로 하게하였지만, 평양에 도달하게 되면 식량이 부족할 것이니 수군(水軍)을 편성하여 배(船)에 싣고 평양으로 운항(運航)하게 하였지만, 고구려의 수군(水軍)에 의해 대동강에서 군량선도 침몰되었다.

이로써 수양제의 실패 요인까지 살펴본 唐태종은 주도면밀한 계략을 세우고 644년 7월에 고구려에 대한 침공을 감행하였던 것이다. 이때 唐에서는 장작대장(將作大匠/공병대)을 운용하기로 하고서 또한 군량 수급을 면밀하게 준비하게 된다.

이에는 각개 戰士에게 말(馬) 한 필과 군량을 운반할 소(牛)와 양(羊)을 분배해 주어서 행군 도중 식량으로 삼게 하였다. 그러면서 新羅 김춘추(金春秋)의 구원요청을 기회로 신라군으로 하여금 고구려의 남쪽을 어지럽게 할 수 있었으니 이세민은 절체절명의 기회로 생각하였던 것이다.

그리하여 출진하였지만, 독자 익히 아는바 당나라는 요수(遼水)를 건너서 고구려 서쪽의 城 몇 곳을 취하나 안시성(安市城)을 상대로 포위 수차례 공략하지만 안시성주의 견고한 방어지략에 唐軍은 토산(土山/전투용 망루)을 쌓고 수차례 공격하였지만, 이세민은 안면 부상을 당하고 고구려 軍에게 붙잡힐 위기에 처하기도

하였으나 副將 설인귀(薛仁貴)의 활약으로 가까스로 빠져나오게
되나 동절기와 지휘 난맥을 겪게 되고 철군을 하게 되었다.

하지만 이미 지나온 행군로의 교량을 철거하여서 이를 제외하고
회군하여야 하나 길을 택하였던바 멀리 돌고 돌아서 요하(遼河)
늪지대를 헤매게 되는 것이다. 이른바 수많은 군사들이 죽음에 이
르는 사경(死境)의 퇴로(退路)인 요택(遼澤)과 발착수(渤錯水)를
건너서 철수(撤收)하게 되는 것이었다.

이때 唐태종 이세민은 안시성 아래에서 군사를 시위하고 돌아갔
던 것인데 이때 성주(城主)가 성루(城樓)에 올라 승리의 자축으로
의례의 절을 하였던바 이에 唐태종은 나라 지킴을 아름답게 여겨
합사비단 100필을 주고 임금 섬기는 일을 격려하였다. (戰爭 중
敵將에 대한 칭찬인데 연개소문이 영류왕(榮留王 25년/서기 642
년)을 시해하고 국권을 장악할 당시 안시성주는 결탁(結託)하지
않은 것을 말함이나 正史에는 이때의 장수 이름이 나오지 않는다)

이처럼 수나라와 당나라의 고구려 침략전쟁을 살펴보는 것은 넓
게 펼쳐진 역사서의 연결 문맥을 짚어 보자는 것이고 기이한 기록
을 풀어 보자는데 그 의미가 있다.

唐太宗은 高宗에게 명하여 고구려 침공을 하지 말라는 유언을
내렸는바 이지만 이때에도 新羅의 김춘추는 高宗과의 연이은 밀약
으로 백제와 고구려를 치려고 하였으니 연합이 되었던 것이다.

그러한 연유로 인하였는지 당시 반도 삼국과 당시의 개략적인 역사가 唐에서 기술되었고 舊唐書에 전하여지게 되는 것이다.

2부의 주제가 백제 말기 역사이나 당시 한반도와 주변국의 상호 전쟁사를 열거하는 연유는 백제 패망사의 현장, 사건과 지명기록은 있으나 해결하지 못하는 숙제가 남아 있으니 여타기록에서 실마리를 찾을 수 있겠나 하는 연유인 것이다.

당시의 기록에서 나타나기는 수만 명의 군진이 하루에 이동하는 거리가 40리라 하였는바 적지에서의 행군로는 지형과 지세에 따라 실제 이동거리는 다를 수 있겠다.

古時代 역사의 지명 실존은 변형되어 큰 차이가 있으며 각기 다르게 상존하게 된다. 지명이 바뀌고 변하는 과정에는 점령국 지배자의 성향에 따라 멸실 미화되기도 하니 말이다.

참고 : 古代 馬韓의 地名풀이

660년 신라의 외교술에 백제에 쳐들어온 당나라는 백제의 통치권을 쥐고 있었고 당시 '유인궤(劉仁軌)는 唐에 복속게 하려고 662년 의자왕의 아들 부여융(隆)을 앞세워 웅진에 도독부를 설치 예하 7州 52縣을 두었다.' 7州는 동명, 지심, 노산, 고사, 사반, 대방, 분차를 말함.

三國史記 권37 잡지 제6에 이르길 唐총장 2년(669년) 2월 전사

공겸태자태사영국공 李勣(이세적) 등이 아뢰었다.

이세적(李世勣, 594~669년) 高句麗 보장왕(寶藏王) 4년에 당나라 李世民의 부하 將帥 이세적은 이세민이 황제가 되자 이름을 李勣으로 고쳤다. 이유인즉 성氏도 하사받았는데 황제의 이름과 같이 쓰는 世자는 황공하다는 것으로 전하여져 있음.

이적(李勣)은 이전에 고구려를 침공 7만여 명의 고구려 사람을 잡아갔다는 기록이 있는데 대부분 점령지의 젊은 여성들을 강제 납치하였다고 보인다. 당시 이적은 唐고종의 신임이 있던 老將帥이었다.

唐 황제가 칙명을 내려 말하기를 상주한 대로 하되 그 州, 郡은 모름지기 중국에 예속시켜야 하겠으므로 요동도안무사겸우상 "유인궤에게 위임하라." 고 하였다

李勣은 "고구려의 모든 城에 도독부 및 州, 郡을 설치하는 건은 마땅히 "남생과 함께 의논하여 승인받으라 하셨기에 이상과 같은 문건을 올려 아뢰나이다." (남생 : 연개소문의 長子)

웅진도독부 7州 중 하나인 지심(支深)에 해례현(解禮縣)이 나온다. 해례현은 아산 仁州 비류의 彌鄒忽 도읍과 연결이 된다.

舊唐書- 列傳- 백제국에 나오는 "其土所居有 東西兩城.

그들의 왕이 거처하는 곳은 동쪽과 서쪽 두 곳의 성이 있다.

천안입장의 위례성과 아산의 해례성이 그곳이다. 7州 52縣 그 위치 또한 고증해석이 완벽하지 못하나 일찍이 한국학의 선두요 독립운동가 國史 考證學의 거두이며 저술가로서 또한 기자로서 활약하였으니 고대서문역해 중 특히 『오천년간 조선의 얼』을 연구 집필하였는바 고대조선사 연구와 국학의 고증에 매여 특출한 삶을 살았으나 6·25동란 중 납북되어 한 달여 만에 순국한 담원(薝圓)정인보 선생(1893~1950, 조선사연구) 저서에서 支侵州에 해당하는 지심을 대흥이라 고증하였다.

오천 년간 조선의 얼 처음 격은 흥망에 진수(陳壽 AD 233~297) (晉, 진나라 학자)가 지은 三國志 권30 동이전(東夷傳) 馬韓지역을 풀어놓은 것이다.

한반도 고대국가 위치 및 지명의 연구서에 고지명이 나타나 있으니 몇 줄을 찾아 옮겨놓는다.

註: 진수(陳壽)가 한반도의 고대국가를 살피고 기록한 것이 아니고 이전부터 전해오던 기록을 근거하였다고 보는 것이 타당하다.

마한의 1, 원양국(爰襄國) 등 54국,

변한 진한의 1, 기저국(己柢國) 등 26국을 기술하면서 이상의 국명들은 사로(斯盧), 백제(伯濟) 등 몇 개를 제외하면 그 위치가 막연하여 지금의 어느 곳에 해당하는지 찾아낸다는 것이 사실상 거의 불가능하다.

그러나 먼 옛날 것이기는 해도 따지고 보면 우리 땅, 우리말이기에 그것들을 단서로 삼아 위치를 더듬으면서 이러저러한 문헌들에 전해지는 민간의 다양한 구비설화들과 짜 맞추어 보면 그런대로 근사치의 답을 얻을 수 있다.

그러면서 우리말의 한자표기 理解를 달아 놓았다.

⑴양襄, 로盧, 로路, 노奴, 야野는 모두 하천이라는 뜻의 우리말 내를 한자로 옮긴 것으로 량良, 랑浪, 양壤, 뇌惱, 내內, 양穰, 아牙, 야耶, 나那, 라羅, 난難 등의 글자와도 서로 통한다.

⑵지支자者는 '산'을 뜻하는 우리말 자를 한자로 옮긴 것으로 보통 城으로 통칭되는데 달達~이伊의 뜻(자自~지只) 등과도 통한다.

⑶수水는 물, 이라는 뜻의 우리말 매를 한자로 옮긴 것이다. 매는 때로는 산을 뜻하는 우리말 뫼와 같이 사용되기도 하는데 이 경우 매는 미彌, 마馬 등의 다른 한자로 쓴다.

⑷비리卑離는 '나라'의 옛 뜻인 벌이 변한 우리말을 한자로 옮긴 것으로 부리夫里, 화火, 벌伐, 불弗, 불不, 반半이다. 그 같은 예들이다.

어떤 때에는 '벼루로 바뀌면 강기슭'이라는 뜻이 되어 '별別 또는 천遷'과 통하기도 한다.

⑸색索, 소素, 해奚, 신新은 평탄하고 넓은 들판을 뜻하는 우

리말 새를 한자로 옮긴 것으로 사沙, 살薩, 차嵯, 서西, 사斯와 같다. 또한 '하', '사'가 변하여 호號' 혜兮'와 통하기도 하는데 이것이 평坪~平'으로 의역되기도 한다.

뜻을 따라 발음을 적은 경우로는 미米~매買~활活 등이 있으며 사斯'는 그 뜻을 따라 (불사不斯)로 이어 쓰고 비리'로 읽기도 한다.

(6)화華'는 강이나 바다를 건너는 '목'을 뜻하는 우리말 고지'인데 곶串~홀차忽次,~고자古資~구口 등이 다 그러한 예들이다.

(7)탁涿'은 들판을 뜻하는 우리말 '들'이 변한 것으로 '돌'로 읽는다. 급량及梁, 사량沙梁, 모량牟梁의 량'과 같으며 단旦, 돌突, 독督, 도都, 도塗나 진珍~등等 역시 모두 이와 일치한다.

들 '돌'을 만약 발음을 늘려서 두레'로 읽으면 모임'이라는 뜻이 되며 '돌'이(석石)과 결부되면 암석'이라는 뜻을 나타내기도 한다.

(8)외外'는 바위'를 뜻하는 우리말 바회'가 변한 것으로 파의波衣'도 같은 경우이다.

(9)지地'는 고원'을 뜻하는 우리말 '티'를 한자로 옮긴 것으로 지知, 지遲, 지늡 등이 다 그러한 예들이다.

(10)미리미동(彌離彌凍)은 강, 시냇물의 하류를 뜻하는 우리말 물과 밋둥을 발음대로 한자로 옮긴 것으로 미리를 미지(彌知)라고 쓰면 그 발음이 무티가 되어 뜻이 뭍기슭 陸岸으로 바뀐다.

무티, 뭍 = 뭍기슭 陸岸은 ~ 바닷가, 해안, 갯벌이 되니 이 또한 우리말의 한자표기 일례로 볼 수 있다.

爲堂 정인보 선생은 우리말의 한자표기에 이르는 해석을 기술하였는데 오늘의 주요관심사요 馬韓의 54국은 백제에 주로 위치하였으므로 백제 말기 여타기록 중 고대 중요지명의 감추어진 부분을 찾아보려는 것이다.

이제부터 이상의 유형을 단서로 삼아서 馬韓의 여러 나라(소국)들을 찾아보도록 하자.

(1)원양(爰襄)은 고구려 때의 야야(耶耶)로서 아내로 읽어야 하며 지금의 장단이다.

(2)모수(牟水)는 고구려 때의 매홀(買忽)인데 '물'이라는 뜻이므로 지금의 경기도 수원이다.

(3)~(7)은 생략

(8)백제(伯濟)는 百濟의 원형이 된 고대국가이다. 백제가 처음 일어난 위례성은 고대에는 월지(月支)로 불렸다.

진수가 삼국지를 편찬한 것은 마한이 백제에 멸망한 후이므로 진왕이 월지국을 다스렸다(辰王治月支國)는 대목에 언급된 진왕은 사실은 백제의 왕을 말하며 이를 제외한 백제는 있을 수가 없다.

백제가 웅진으로 천도한 것은 문주왕(文周王) 시기이므로 진수가 활동하던 시점보다 훨씬 이후이다.

그런데 중국의 역사가가 한반도의 실정을 세대로 확인하지 않고 '진왕이 월지국을 다스렸다'는 식으로 애매한 기록을 남김으로써 동시대에 이 나라 이외에도 제2의 백제가 존재한 것처럼 기술한 것은 백제에 '두 곳의 도읍(兩京)'이 있었던 내력을 모른 데서 기인한 오류이다. 광주(廣州)와 남한(南漢)이 백제의 두 도읍이므로 여기에서 백제는 광주를 말한다.

본문역주

월지(月支): 후한서 에서는 目支國으로 되어 있으며 한원(翰苑)에서 인용하고 있는 (위략)의 기사에서도 목지국으로 나오기 때문에 月은 目의 오기로 보아야 한다는 주장이 우세하다.

목지국 그 위치에 대해서는 조선시대 안정복, 정약용은 익산으로 비정했지만, 정인보 선생은 서울지역을 거론하였고 이병도 선생은 직산(稷山), 김정배 교수는 인천(仁川)으로 각각 비정했다.

위당 선생의 마한 54국 古代 地名 해석이 나온 후에 국내 여러 학자들이 연구가 있었으나 그중에도 百濟國은 송파구 풍납동이 유력하고 目支國 위치에서 여러 학자들이 직산, 대흥, 천안을 또한 거론하였고 박성흥 선생은 挿橋邑城里를 고서와 유적을 근거하였다.

(9)~(11)은 생략

(12) 고리(古離)는 고비리에서 卑가 생략된 경우로서 백제 때 고사부리(古沙夫里)를 가리키므로 지금의 전라도 고부(古阜)이다.

(13) 노람(怒藍)은 거꾸로 적은 경우로서 '남내'로 읽으므로 고구

려 때 남천현(南川縣)으로 불리던 곳 즉 지금의 경기도 이천(利川)이다.

(14)자리모로(咨離牟盧)는 우리말 '다림내'를 한자로 옮긴 것으로 백제때 가림군(加林郡)으로 불리던 곳으로 충청도 임천(林川)이다.

(15)소위건(素謂乾)은 백제 때의 우견(牛見)으로 지금의 충청도 홍주갈산 고구(高丘縣)터이다.

(16)고원(古爰)은 백제 때 고량부리(古良夫里)로 불리던 곳으로 지금의 충청도 청양(靑陽)이다.

(17)막로(莫盧)는 우리말 '맛내'를 한자로 옮긴 것으로 백제의 마사량(馬斯良)을 가리키므로 지금의 전라도 장흥(長興) 회녕현(會寧縣)터이다.

(18)비리(卑離)는 비비리(卑卑離)에서 첫 글자(卑)'가 생략된 지명으로 백제의 부부리(夫夫里)를 가리키므로 지금의 전라도 임피(臨陂) 회미현(澮尾縣)터이다. (일찍이 申采浩 선생이 기술하였음)

(19)점비리(占卑離)는 고비리(古卑離)' 불리던 곳으로 (고리)가 중복된 것이다.

(20)신흔(臣釁)은 백제의 시산(屍山)을 가리키므로 지금의 임피(臨陂)이다. 때로는 흔문(忻文)'으로 쓰기도 하는데 흔문은 '흔골'이 변한말이다.

(21)지침(支侵)은 백제 때 '지일삼(只一彡)'으로 불리던 곳으로 지금의 대흥(大興)이다. 삼국사기 지리지에 소개된 지심주(支潯州) 9

개縣'은 지금의 홍주(洪州) 지심현(支潯縣)이 바로 이곳이다.

(22) 구로(狗盧)는 백제 때의 해례(解禮)이다.

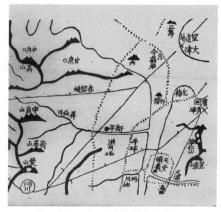

대동여지도 영인산南 犬浦

삼국사기 지리지에 소개된 唐나라 이세적(李勣)의 상소문에 언급된 지심주 9개현이 기술되어있는데 지심은 대흥, 마진은 예산, 자래는 당진, 그다음에 나오는 해례이다. 여기서 해례는 우리말로는 '개내'로 읽어야 한다.

이에 관해서는 본래는 개리이이다(本, 皆利伊)라는 원주도 참하거니와 충청도 금산(錦山)의 옛 이름이 진례(進禮)이고 그보다 이전에는 진내(進乃)로 불린 것을 통해서도 쉽게 알 수 있다.

이상의 지심주縣들은 모두 충청도 洪州 부근에 분포해 있었으므로 해례도 그 인근에 있어야 옳다. 온양의 가리천(佳里川) 하류가 신창 즉 견포(犬浦)이므로 그곳이 해례, 즉 '구로'였을 것이다.

(23)비미(卑彌)는 우리말 뱀산'을 한자로 옮긴 것으로 나중에 사

산(蛇山)'으로 썼는데 지금의 충청도 직산(稷山)이다.

(24)감해비리 등 이하 생략

(30)사로(馴盧)는 옛 마서량(馬西良)이다 여기서 '西'는 '四'를 잘 못 쓴 것으로 지금의 전라도 옥구이다. (註/李丙燾는 '馴盧'를 홍 성의 長谷 일원이라 하였다)

(31)내비리(內卑離)는 소부리(所夫里)이니 지금의 부여(夫餘)이다.

여기서 '내'는 '솝'이라는 뜻으로 이리(裡里)를 '솝리'라고 부르는 것과 같은 원리이다.

(32)감해 등 이하 생략

(38)지반(支半)은 개화(皆火)로 지금의 전라도 부안(扶安)이다.

여기서 전부를 뜻하는 '개'와 부를 뜻하는 '화'는 서로 통한다.

(39)구소 등 이하 생략

(42)신소도(臣蘇塗)는 지금의 충청도 서산 태안 일대이다. 이하 줄임

정인보 선생의 『조선사연구』(文盛哉 역주 우리역사연구재단刊 중에서 부분 인용)

위 연구서에 정인보 선생이 1930년대 초에 연구하고 설명을 달 았음을 볼 수 있으니 위에 학술 '조선의 얼' 일부분을 1년 6개월에 걸쳐 동아일보에 연재히여 국학의 선각을 이루어 보이고 있었으나 그즈음에 日警의 방해 책동으로 연재를 중단하게 된다.

그러면서 鄭寅普 선생은 독립운동에 가담하고 해방 후 건국준 비위원이 되기도 했다. 매우 특별한 필적이 있는데 해방 후 정부에서 의뢰한 광복절, 삼일절, 개천절 등 노랫말을 지었다는 것이 불후의 명예를 남기는 유작이 되었고 이후 6·25동란이 발생하여 납북하여, 한 달여 만에 순절하였으니 말이다.

지금 시대에 보는 이로 하여금 고대사를 친밀하게 접할 수 있게끔 설명하고 있으나 선생의 국학 연구중단이 크나큰 손실이다. 하지만 위에 기술한 馬韓 54국의 위치 또한 모두가 정확할 수는 없을 것이다.

그렇지만 本考의 主題에 맞추어서 '支潯州 해례현(解禮縣)'에 의미를 두고 옮겨놓은 연유는 매우 특별하여서 계속하여 몇 차례 더 이어진다.

참고로 東夷傳 馬韓의 생활상 몇 줄을 옮겨보자.

陳壽의 三國志卷三十 魏書三十東夷傳

진수의 삼국지 권30 위서30동 이전

居處作草屋土室 形如冢 其戶在上

擧家共在中 無長幼男女之別

其葬有槨無棺 不知乘牛馬 牛馬盡於送死 (중략)

초가지붕에 흙집을 만들어 사는데 그 모양은 무덤 같으며 출입문이 위에 있다.

온 가족이 그 안에서 함께 사는데 어른·아이·남녀의 구별이 없다. 장례에는 덧널은 있으나 관을 사용하지 않는다.

소나 말을 탈 줄 몰라서 소나 말은 장례용으로 써버린다. (중략)

馬韓의 주거지

以瓔珠爲財寶 或以綴衣爲飾 或以縣頸垂耳 不以金銀錦繡爲珍

其人性彊勇魁頭露紒 如炅兵

衣布袍 足履革蹻蹋 중략

구슬을 귀하게 여겨 옷에 꿰매 장식하고 목이나 귀에 달기도 하지만 금, 은, 비단은 보배로 여기지 않는다. 머리카락을 묶어 상투를 들어내서 마치 날카로운 병기 같다.

베로 만든 도포를 입고 발에는 가죽신을 신는다. 중략

常以五月下種訖 祭鬼神

羣聚歌舞 飮酒晝夜無休

其舞 數十人俱起相隨 踏地低昂 手足相應 節奏有似鐸舞

十月農功畢 亦復如之 중략

해마다 5월이면 씨 뿌리기를 마치고 귀신에게 제사를 지낸다.

떼를 지어 모여서 노래와 춤을 즐기며 술 마시고 노는데 밤낮을
가리지 않는다. 그들의 춤은 수십 명이 모두 일어나서 뒤를 따라
가며 땅을 밟고 구부렸다가 치켜들었다 하면서 손과 발이 장단을
맞추는데 그 가락과 율동이 중국의 탁무(鐸舞)와 흡사하다.

10월에 농사일을 마치고 나서도 이렇게 한다.

위에 馬韓인의 생활상에서 나타나듯이 반도의 고대인들은 함께
어울리는 흥과 가락이 오래전부터 있었음을 볼 수 있다.

이제부터 백제패망사에 기록된 비밀을 하나씩 확인하는 시간을
독자들과 함께 하기로 한다.

1,350여 년 前 까마득한 세월에 묻혀있는 조선고대사 즉 백제역
사의 기묘한 부분으로서 의병전쟁 현장이다.

반도고사 삼국사에 대한 고찰에서 660년 7월18일~663년 9월7
일 백제패망 당시의 관련 연구가 일본학자 다수와 국내 학자들 간
에 근간 100~60여 년 전부터 깊이 연구되었고 논란(論難)이 있었
던바 이지만 정립되지 못하고 있었다.

朴性興 예산(1917~2008)선생의 홍주주류성 연구가 기존의 연
구서와는 다른 지역으로 돌출되어서 나타나는바 1990년 전국문

화원연합회 주최 전국향토문화공모전에 洪州周留城考를 발표하여 최우수상을 받은 바 있다.

하지만 국학학자들은 아직도 본 연구서를 거들지 않고 있는바 이에 박성홍 선생의 취지를 계승하는 고대사연구가 있어왔다 하여 필자도 금번에 결과물을 내어놓게 된 것이다.

1) 國內外 學者 백강과 주류성 탐구현황

(1)일본학자 津田左右吉(쓰다 사우기찌 1873~1961)의 1913년 논고에 기본적으로 웅진 부근을 웅진강이라 하였을 것이고 江의 입구 부근을 백강이라 칭하였을 것이다.

그러면서 주류성은 백강의 좌안에 있을 것이라고 논하였다. 그리고 일본서기에 묘사되어있는 지형을 상고하여 오늘날의 한산 부근의 어느 곳으로 비정하였다.

(2)小田省吾는 백제 부흥전쟁의 마지막 시기에 이루어졌던 羅·唐軍의 주류성 공격 당시 유인궤 등이 이끈 수군이 웅진강으로부터 백강에 이르러 육군과 만났다.''라는 문구에 주목하면서 이를 해석함에 웅진강과 백강을 따로 보아야 한다고 하여 백강을 동진강으로 그리고 이외 관련이 깊은 주류성은 扶安邑 혹은 그의 부근일 것으로 추정하였다.

(3)일본의 池內宏(이께우찌) 교수도 津田左右吉(쓰다) 교수의 설을 따라 백강을 금강의 하구로 보았다. 그리고 주류성을 금강의 우안에서 찾으려 하였다.

그의 이유로는 복신, 도침 등이 주둔하고 있던 임존성이 강의 서쪽에 있기 때문이라 하였다. 그리고 그는 서천군 남부인 吉山川 하류의 구릉지에서 찾으려 하였다.

(4)今西龍(이마니시류) 교수는 百濟史 1934년 논고에 삼국사기, 삼국유사에 보이는 백제 도성 함락 당시 백강은 지금의 백마강으로서 기벌포의 다른 명칭은 아니라고 하였다. 그리고 당시의 백강은 부흥전 당시의 백강과는 전혀 다른 곳이라 하여 백강은 변산반도의 南에 있는 곳으로 비정하면서

주류성은 고부 부근의 두승산성일 것으로 추측하였다. 후에 이를 철회하고 小田省吾(오다) 씨의 위금암산성과 동진강설에 동조하였다.

(5)鮎貝房之進은 백촌, 백촌강을 錦江의 강구에 있는 촌명, 江명칭이라고 하면서도 주류성은 전북 무주의 裳城山城이라고 하였다.

(6)經部慈恩(가루베)은 부여군 충화의 周峰山城이 주류성일 것이라고 비정하였다

(7)李丙燾 박사(1896~1989)는 백강을 금강의 입구로 보고 주류성의 위치를 서천군 한산면의 건지산성으로 보았다.

(8)전영래 교수는 고사비성은 고사부리로 현재의 고부지방으로

그리고 백강은 백제 때의 소량매현 이었던 現백산면 일대로 피성은 백제의 벽골군으로 현재 김제지방이라고 하면서 주류성은 현 줄포만을 거느린 부안군의 위금암성과 그의 주변에 비정하였다. 그러면서 小田省吾(오다) 씨의 위금암산성과 동진강설을 계승하여 이를 현재까지 주장하고 있기도 하다.

⑼지리학자 노도양 교수는 주류성은 위금암산성이고 백촌강은 두포천이라 하였다.

⑽단재 申采浩 선생은 주류성은 연기군에 있다고 하였지만 백강을 금강 입구라 하였다. 이를 두고 연기군의 김재붕 씨는 이를 계승하여 30년간 주창하여 주류성은 당산성을 주류성이라 하고 아산만의 백석포 안성천을 백촌강이라 하였다. (위 내용은 1999년 10월 19일 공주문예회관에서 개최된 백제 주류성의 연구발표회유인물에 게재된 공주대학교 유원재 敎授의 주류성 연구자현황에 있는 자료 인용)

또한 李萬烈 1938년~서울대文理동대학원 韓國史전공, 淑大명예교수, 前)국사편찬위원회 위원장은 강단과 TV 歷史강연에서 백제말기 부분에서 나오는 기벌포와 白江을 군산으로 보았고 주류성은 한산으로 응원하였다.

한영우, 1938년~서울대대학원 사학과, 서울대학교 규장각관장, 한국사연합회회장 서울대하교 명예교수도 白江을 금강 하류로 보았다.

2004년 8월 국방부 군사편찬연구소에서 발행한 「군사誌」 52호에서 이종학교수는 "주류성과 백강의 위치 비정에 관하여" 論하기를 주류성은 부안의 위금암산성이라 하고 백강은 동진강이라 하였다. 2005년 4월14일 KBS의 歷史스페셜 방영 「일본은 왜 백제부흥에 사활을 걸었나」에서 李道學 敎授는 동진강을 백강이라 동조하였다.

沈正輔 敎授도 한산 주류성을 주장하고 錦江口를 백강구로 보는 견해를 내어놓기도 하였다. 1998년 서천군에서는 건지산성을 발굴조사 하였지만 百濟城이 아니고 고려 때 城이라고 판명되었다.

대한민국 국내 국학학자들의 대다수가 扶安 우금산성(주류성) 동진강(백강)으로 동조하여 역사를 가르치고 있다.

또한 成殷九(1906~1988) 광주사범 졸업, 한국고대사연구 등이 있는 선생께서 1987년 번역한 日本書紀에도 나타나는바 百濟부흥전 당시 豊王의 避城지를 김제의 벽골제를 예시하고 있고 우금산성을 주류성으로 보고 있기도 하다.

하지만 朴性興 선생은 예산군지 집필과 1990년 홍성군지증보판 집필위원에 참여하였던바 여러 古書를 접하면서 古山子 김정호의 지리지지 홍주목조에 소개된 洪州牧本百濟周留城 唐改支深州라 하여 있으니 '本百濟주류성'에 심층하게 되었고 홍주주류성고가 출간되었던 것이다.

周留城 洪州에서 찾는다는 선두 업적이다.

박성흥(朴性興)1917~2008)德山, 공주공립 고등보통학교 10회 졸업. 일본 동경대학이과3년, 예산군청, 덕산면장, 전국문화원주최 공모 역사논문 최우수상 수상.

回甲이 되면서부터 '마한과 백제역사연구, 예산, 홍성, 청양郡誌 발행에 참여하였고 홍주주류성과 백촌강, 증보, '진번 목지국과 百濟復興戰' 2008년 저술.

본고는 향토사학자 박성흥 선생의 연구서 '홍주주류성고'를 일부 인용하고 洪城郡誌외 근거로 長谷山城 을 탐사 발굴한 내력 百濟復興軍戰史 關聯遺蹟 長谷에서 찾는다.

百濟 부흥군의 최후 보루가 임존성이었고 이에 근접해있는 홍성 장곡(古地名/沙尸良懸)의 산성이 周留城이다. 고 주장한 홍주향토문화연구회 김갑현(金鉀鉉) 1932~2001의 遺稿를 필자가 이어받았고 이전에 전옥진, 전하수, 황성창, 복익채 등의 근접하는 활동과 연구가 있었음을 주지하는 바이다.

하여 본 편집자도 졸필의 응원을 기술하는바 이제부터 그동안 숨겨져 있던 百濟歷史의 後尾 기록과 관련 유적을 탐사분석 연구 희었음이니 진위 옥석을 가르는 시간을 함께해보자.

통일신라 '景德王(재위 742~765)'은 주요 지명과 치소 변경을 통합해서 처리하였는데 이에는 승리자의 고유지배권한이며 점령지의 전리품 특히 전답과 치성을 주요관리에게 하사하고 관리자는 의미를 두고 치소 명칭을 바꾸는 형태가 상존하니 고지명의 실재 위치가 남아있을까?

그곳이 어느 州, 鄕, 村이냐는 명칭이기도 하거니와 소소하게 보이지만 특별한 유적과 잘록한 풍경은 곳에 따라 들쭉날쭉한 들판 또 시내를 건너고 뒤돌아서서 바라보노라 치면 나지막한 산등성이가 변함없이 우리를 반기는 곳, 내포의 洪州 그 역사현장으로 깊숙하게 들어가 보자.

그렇다면 洪州牧 本百濟周留城은 어디인가? 그 비밀한 현장을 찾기 위해서는 여러 歷史書를 연구한 결과물이 얼마나 근접하는지, 검토와 더불어 이렇다 할 주장이 어떻게 나타나 있는지, 그 현장을 깊숙이 확인하는 활동이 수반되어야 한다.

사비 백제의 패망사 : 660년 7월 18일~ 663년 9월 7일

660년 7월 9일 황산에서 계백의 백제군사 5천은 대패하고 이어서 기벌포와 소부리들 웅진구에서 數萬 명이 戰死 희생되고 7월 13일 泗沘城은 패망하게 되었으나 변방 일부 호족들은 아직 건재하였다.

7월 18일 웅진성에서 태자 '孝'와 대신들이 義慈王과 함께 비로써 항복하니 이들은 잡혀 있다가 9월에 이르러 蘇定方 군에 의하

여 당나라에 끌려가니 사비왕조의 마지막이다.

하지만 백제의 마지막 역사는 이때부터 시작되고 있으니 660년 7월 18일 ~ 이후에 일본서기를 살펴보면 660년 8월 福信과 僧將 道琛이 임존성에서 起兵하고 왜국에 군사를 요청하고 "豊왕자의 귀국을 요청하였다"

역주『日本書紀』동북아역사재단 김학준譯 이하 日本書紀

2) 百濟부흥전쟁사 주요 인명

규해(糺解)~부여豊~풍장(豊章) = 豊王

의자왕의 셋째아들로 아우 '새성(塞城)'과 함께 서명천황 3년 (650년)에 천황 즉위 축하사절로 건너갔으니 倭(일본)에 있던 백제 인들의 신원을 재고한 일종의 외교관이었다.

하지만 일각에서는 日왕가의 蘇我氏 몰락에 백제에서는 연결고 리 형태의 왕실 파견사라는 주장도 제기되고 있다.

풍장은 장기간 머무르면서 여타 활동이 있었겠고 서열 上位왕자 였으니 백제부흥군은 다급한 국내 사정에 왜국의 구원세력이 필 요하였고 일본에 머물고 있던 풍장은 백제 우호세력과 연대가 되 어 필연적으로 역사의 전면에 등장하는 것이다.

福信, 鬼室福信~임존성에서 기병

젊은 시절 당나라에 사신으로 다녀오기도 하였고 무왕(武王 600~641)의 조카로서 百濟西部의 領主였으며 은솔의 관위였다. 역사서에 百濟 서부가 나타나 있음이고 西部가 어디인지 학자들은 미확인이라고 표시되고 있으나 지금의 오서산, 가야산 일록과 인접평야지대 금북정맥 서측에 해당한다. 특히 西部의 군사력이 매우 강대하였던 것은 상인과 농작인 들이 거주하는 농경지가 많으니 백제의 주요한 통치지역이었다. 이전에 백제의 장수라 구당서 기록이 증명한다.

우좌평 정무(正武) 두량윤성에서 기병

義慈왕이 항복한 후에 두량윤성에서 義兵을 모아서 부성을 괴롭게 하였다. 부흥군이 응집하는데 기폭하고 開戰初의 復興戰사령이었다. 청양군 목면과 정산인접 계봉산성을 두량윤성으로 확인.

승려 도침(道琛) 왕흥사 주지 또는 角山의 두솔성 柒岳寺 주지로 여겨지는바 三國史記 金庾信전 관련 부분

其渠帥據豆率城 乞師於倭爲援助.

그 두목은 두솔성(豆率城)에 웅거하면서 왜(倭)에게 군사를 요청하여 지원을 삼으려고 하였다.

강의 서쪽 부흥군 결집세력에 관련이 있는바 웅진성과 사비성을

포위하였다는 근거이고 두량윤성과 전술전략을 공유 합세하였다.

달솔 여자진(餘自進) 일본서기에 中部 구마노리성에서 기병하였다는 기사가 있으나 왜에 건너가 있던 외교관급으로 추정되고 本國의 급보를 접하고 귀국 이후 豊왕의 귀국 준비와 부흥군의 왕궁 참모로 중심적인 인물로 나타난다.

호위무장 '흑치상지(黑齒常之)'는 사비성 패망 후 포로로 잡혀있던 중 탈주하여 임존성에서 기병이 삽시간에 3萬여 군사가 호응하였다고 하나 이는 부흥전이 끝나고 당나라에 들어가서 기록한 것이니 자신의 행적을 미화하였을 수도 있다. 부흥군에 참여 상당한 전과가 있었을 것이나 福信 사망에 불만 역심, 唐 유인궤에 투항, 唐의 장수로 663년 11월4일 이후 百濟부흥군 최후의 항거지 임존성 공격의 선봉에 선다. (구당서, 삼국사기, 일본서기, 기타 참고)

이제부터 위에 인명의 활동과 여타기록의 사료와 지명지형을 근거하여 백제부흥전쟁 전투지와 관련하여 白江과 周留城이 어디에 있는지 찾아보기로 하겠다.

3) 역사서에 나타난 주요 전적지

弘新文化史.刊 新譯 三國史記 인용 이하 三國史記

三國史記 신라본기 태종무열왕 7년(660) 8월조

백제의 잔여 무리가 웅진성을 공격하였다.'이어서

百濟餘賊據南岑貞峴○○○城

又佐平正武聚衆庄豆尸原嶽 抄掠唐羅人

백제의 남은 적병이 남잠정현 ○○○성에 웅거하였다.'라고 기술되어 있으며 이어서 우좌평 정무(正武)는 무리를 모아 두시원악에 진을 치고 唐과 新羅 사람들을 약탈하였다. (이때 즈음에 흑치상지가 탈출하여 부흥군에 합류한다)

두시원악의 위치도 정확하게 고려하여야 할 것이 두시원악은 청양군 칠갑산 일록을 지목할 수 있는바 豆率城과 豆良尹城이 밀접한 관계가 된다.

연유하기는 古山子 김정호는 두량윤성은 청양군 정산면 백곡리 계봉산성이라 적어놓았다. 두시원악은 柒嶽으로 기록된 角山이며 후시대에 七甲山 561m을 말하는 것으로 보는 것이 맞다.

위에 전투는 百濟義兵의 최초 전투기록으로 특이하게도 우좌평 정무를 언급한 것은 매우 중요한 전투지역으로 인지하였던 것이다.

答설인귀書에도 위에 전투지를 두량윤성으로 기록하고 있다.

두량윤성(豆良尹城) ~ 熊津 서쪽 30리 現)木面 지곡리 안못골

인접 계봉산 210m(경도 126도 58. 위도 36도 24`) 위치

두량윤성

또한 두량윤성과 임존성 전투 관련 기록이해

三國史記 무열왕 8년(661)春 2월

百濟殘賊來攻泗沘城

백제의 잔적이 사비성을 공격하였다.

王命伊湌品日僞大幢將軍

왕은 이찬 품일을 대당(大幢)장군으로 삼고, 중략

往救之 ~사비성을 구원하게 하였다 이니 이후에 신라군은 임존

성을 공격한다. 아래 기사 근거

三國史記 백제기

福信等乃釋都城之圍 退保任存城

新羅人以糧盡引還 時龍朔元年三月也

　복신 등은 도성의 포위를 풀고 물러가 임존성을 지켰는데 신라 군사들도 양식이 다 되어 군사를 이끌고 돌아갔다. 이때가 당나라 용삭 원년 3월(661년)이었고 위에 임존성 전투 기사는 문무왕 11년에 표기된 '한때 주류성을 포위 하였다.'의 기사와 동일한 전투지이다.

　무열왕 8년 3월 5일 기사

　至中路 ~ 중로에 이르러(임존성戰鬪 후 후퇴시기를 말함)

　品日分麾下軍 先行往

　품일은 휘하의 군사를 나누어 먼저 가게 하여

　豆良尹(一作伊)城南 相營地

　두량윤성 남쪽에 진을 칠 곳을 살피었는데

　百濟人望陳不整 猝出急擊不意 我軍驚駭潰北

　백제인이 우리 군사가 정리되지 않은 진을 보고 갑자기 나와 불의에 들이치니 우리 군사들이 놀라서 무너지고 달아났다"

　좌평正武 군사들이 예기치 않게 공격을 하였다는 기록이다.

　十二日 12일

　大軍來屯古沙比城外 進攻豆良尹城 一朔有六日 不克

　대군이 와서 고사비성 밖에 와서 주둔하고 있다가 두량윤성을 진격하였는데 한 달 엿새가 되도록 이기지 못하였다.

고사비성은 定山面 德城里 까치내초막골토성(박성흥案)

　신라군이 임존성에서 패하고 선발대가 웅진강을 건너려고 준비하던 중 예기치 않게 부흥군을 만나서 달아났고 이어서 본진이 와서 전비를 가다듬고 주둔하고 있다가 두량윤성을 공격하였지만 한 달 엿새 동안에도 실패하고 4월 19일에 돌아갔다.

　夏四月十九日 班師,
　여름 4월 19일에 군사를 돌이켜
　大幢誓幢先行 下州軍殿後 至賓骨壤 遇百濟軍 相鬪敗退,
　대당과 서당 먼저 떠나고 하주 군사가 뒤에 떨어져 빈골양(賓骨壤)에 이르렀을 때 백제 군사를 만나 싸워 패하고 후퇴하였다.
　死者雖小 先失兵械輜重甚多
　사망자는 비록 적었으나 무기와 군수품을 많이 잃었다.

　계속하여 패하는 기록이 이어진다. 위에 빈골양(賓骨壤)은 지금의 木面 화양리 가마골 앞 아가천 하류로 짐작되는 것이니 추정하기는 신라군이 후퇴하는 방향은 웅진여울을 건너야 하기 때문이다.
　살펴볼 때 두량윤성은 웅진강 건널목을 지키는 성채였으며 웅진과 사비성 防備요충지이었으며 부흥전쟁 당시 부성을 자주 괴롭혔다는 근거지가 되겠다.
　또 기록을 살펴볼 때 두량윤성 전투가 몇 차례 주요하게 나타나는 이유는 대규모군사가 軍船이 없이도 熊津江을 건널 수 있는 군사적 요충지이고 도강지점이 있기 때문인바 웅진강 水位가 얕을 때 기병과 보병이 삽시간에 건널 수 있는 곳이었으니 이른바 웅진구 여울이고 평상시에는 다리가 있었다.

구당서와 삼국사기에 나오는 웅진구(熊津口) 또는 웅진 어귀로 기록되어 있는바 백제부흥전사를 이해하는 데 매우 중요한 지점으로 찾아서 연구하였고 다음 장에서 백강을 찾는데 구체적으로 자세히 기술하겠다.

唐과 新羅의 입장에서는 백제군의 戰力과 이동 간 장애물 등 사전정보 없이 군사를 이동 공격하기가 매우 어려웠을 것이나.

佐平正武 장군은 이곳 悅已縣 출신(東西古今을 통틀어보아도 어떠한 동란의 단체수장은 출신 지역을 기반으로 한다)으로 지역민들에게 신망과 용병술에 능했음을 알 수 있다.

꺼져가는 백제의 마지막 횃불이 되어 角山의 두솔성(一名 자비성)과 전비전략을 상호공유하고 웅진성과 사비성의 당과 신라군을 괴롭혔으니 부흥군의 선두이고 매우 중요한 최전방 정예부대였던 것으로서 복신과 도침의 작전에도 웅진구가 자주 기록되어있다.

계봉산 두량윤성의 지형을 살펴보면 정상에는 樓閣이 자리하고 있었으며 병기와 군량 창고를 운영하는 熊津都 서쪽을 호위하는

성이었던 것이다.

누각이 자리한 봉우리 10m 아래 즈음에 600m 정도의 석축성곽이 둘러있으며 내성 평탄지에는 千여 명의 군사가 훈련하고 방어하기에 용이한 지세가 펼쳐져 있고 후, 좌·우측 능선 중간에 목책이라도 세우고 가로막고 있으면 경사가 가파르고 험한 비탈면이 두량윤성을 보호하고 있다.

南門 아래 아가천을 건너면 앵봉산(鶯峯山 310.7m)이 가까이 마주하고 있는데 웅진성과 봉수가 가능하고 적정의 동향을 살필 수 있고 산세가 험하여 군사를 숨겨놓기에 매우 용이하다.

정무장군은 지형을 잘 이용하여 3年여 동안 羅.唐 침략군을 대적하여 싸웠던 것이다.

이렇듯이 두량윤성은 삼국사기에 특별하게 기록된 城이다.

이후에도 사비성 포위군으로 주축 하였고 두솔성의 도침과 전력을 유대하며 羅·唐軍과 대전하여 풍王이 귀국하는 데 일조가 되었다.

근래 이곳 두량윤성에서는 2017년도 14회 차 백제부흥전쟁 위령제가 진행되었는데 매년 양력 4월 19일로 정하였는바 신라군이 두량윤성을 공격하였지만 한 달 엿새 동안에도 실패하고 돌아갔다.

夏四月十九日 班師.

4월 19일에 군사를 철수하면서에서 연유하여 661년 3월 전투

勝戰記念을 겸하는 것이다.

두량윤성 위령제

이후 三國史記 문무왕 3年 7月 (663년)

663년 7월 17일 부흥항쟁 총본영 周留城 공략을 목표로 경주에서 출발한 문무왕과 김유신 등 28 장군과 5만의 병력은 8월 9~10일 웅진성에서 당나라육군 1만을 합하여 8월 11일(추정) 두량윤성을 공격하며 계속 치고 올라오니(8월 11일 추정 근거는 두솔성 항복 일자가 8월 13일을 주목할 필요가 있겠다.) 좌평 정무는 군사의 수적 열세와 대응전비를 직시하고 남은 장졸들을 불러모아 명하여 이르되 우리 군사의 힘이 지금 여기에 이르렀으니 이제 병기를 놓고 집으로 돌아가 남은 생애에 처자와 부모를 봉양하되 오늘을 전하고 기억해야함을 잊지 마라!

이어서 활을 꺾어 울분을 토하고 군량 창고와 樓閣을 불사르니 마침내 義旗의 擧事가 3년여 만에 종말을 고하게 된다.

칠악사 두솔성(豆率城) 전투

三國史記 무열왕 8년夏 4월 19일(661년)

品日 휘하 군사이동 기사

上州郎幢 遇賊於角山 而進擊克之 遂入百濟屯堡 斬獲二千級

상주랑당(문충)은 角山에서 적을 만나 진격하여 이기고 백제의 진중으로 들어가 2천 명의 목을 베었다.

이때의 각산 전투는 두솔성 전투로서 이해하는데 설명을 하면 임존성을 공격하다 철군한 신라군이 두량윤성을 공략하던 중에 각산의 두솔성에 부흥군이 밀집하고 있으니 두량유성에서 물러나면서 두솔성을 치게 되었던 것이다.

백제인 2천 명을 참수한 기록이니 이때의 전투로 인한 유혈로 계곡물이 붉게 흐르니 赤谷이라 불렸으니 근대에 赤谷面 적곡리가 그곳이다. 하지만 지역에서는 赤谷의 지명변경을 구하고 1981년 1월 법령근거 赤谷面을~長坪面으로 개칭하여 현재에 이르고 있다.

또한 위 전투지 두솔성이 기록되기를

두솔성 관련 기사 金庾信 傳

663년 7월 17일, 주류성 공략을 목표로 경주에서 출발한 5萬의 신라軍이 이동하여 8월 8~9일 웅진의 唐軍과 합류 8월 13일 각산의 두솔싱에 이르니 일본군과 백제군이 진을 치고 있으니 文武王은 무혈진압을 원하여 투항을 계속 권유했다.

"우리는 왜국과 적대하는 것을 원치 않으니 속히 진영을 풀고 나오라!" 이윽고 두솔성의 왜군과 백제 잔여군사들이 스스로 병기를 버리고 항복하였으니 문무왕은 왜국의 군사들과 백제군을 풀어주었다는 기사에서 나타나듯이 일명 자비성이라고도 한다.

근거 : 동국여지승람 권18 정산현 산천편에

左縣西十六里 有古城基 號慈悲城. 又見靑陽縣.

縣서쪽 16리에 옛 성터가 있는데 자비성이라 부른다. 우현은 청양縣이다. 성곽의 특이한 것은 포곡식 산성으로 角山(칠갑산)의 상봉능선을 포함하여 둘레가 4.km 정도이다. 근래에 豆率城 중앙 부분에 사찰지에 있던 삼층석탑을 해체복원 하는 과정에서 사리함이 발견되어 고려 때 창건한 도림사지로 추정되며 함께 발굴된 금동불상 일부분 등 유물은 국립부여박물관에 소장되어 있기도 하다.

칠악사 석탑

위 사찰지가 기록되기는 三國史記 백제본기

法王 元年(599) 12월에 살생을 금하고 민가에서 기르는 사냥하는 매를 놓아주고 사냥 도구들을 태워버리라는 왕령을 내렸다. 라는 기록이 있고법왕 2년(600년) 정월에 왕흥사를 창건하고 승 三十人에게 도첩을 주었다.

큰 가뭄이 들어 王이 칠악사(柒岳寺)에 가서 기우제를 지냈다.

기록을 살펴볼 때 角山(칠갑산)에 柒岳寺가 있었음을 전하고 있고 또한 백제본기 무왕 6년 조에 武王 6년(605년) 2월에 角山城을 쌓았다는 기사는 각산에 두솔성을 쌓았다는 것이고 칠악사를 중심으로 성을 쌓았다는 설명이 가능하고 柒岳寺에서 기우제를 지내는 등 백제왕실의 중요사찰이었으니 사비성의 북편이요 웅진의 서측이라 百濟의 西部이니 백제 부흥군의 주요전적지로 나타나는 것이다.

三國史記 문무왕기에 보면 文武王은 김유신과 28장군을 거느리고 두량윤성과 주류성을 공격하여 함락시켰다는 기록을 근거하여 위에 두솔성을 주류성이라 비정하기도 하는데 주류성 위치 고찰을 혼재하게 하고 있을 뿐이다. 칠갑산 두솔성(일명 자비성)

칠갑산 상봉   두솔성 남문지

현재 소재지는 청양군 장평면 도림리 연계 용못골 진입로가 南門址로 추정되고 있고 여기에도 두솔성 연구회가 있으니 장평면 도림리 강영순(1936~) 씨다. 지역 토박이기도 하지만 30여 년간 의 열성으로 노력한 증거는 忠南大 사학과 성주탁 교수팀을 초빙 하여 지표조사를 통한 결과로서 백제성터로 최종 확인을 이끌어 내기도 하였다.

자비성 관련 강영순翁의 이야기 한 토막

약 삼십 년 전으로 기억되는데 예산의향토사학자 박성흥 선생이 버스를 타고 또 오리 길을 걸어서 연이어서 찾아온 적이 있는데, 강영순 씨는 성터를 안내하였고 그때 박성흥 선생은 이곳이 백제 때 중요한 城(주류성)일지도 모른다는 이야기를 들려주면서 왜 청양에는 향토사가 없는가? 어인 일인지 모르겠네. 하면서 이어지는 대화가 귀에 익혀 있어서 들려주노라고. 청년기에 골짜기에서 산 짐승을 쫓던 기억이 새로우니 그 후에 관심하여 현재에 이르렀다고… 그 후에 필자의 방문에 이것이 무슨 일인지 하면서 30여 년 만에 두 번째라며 반가운 일이라고 곁들인 덕담에 무슨 일이든지 노력에는 수반되는 결실이 있게 마련이지만 작은 실마리가 의외의 결과가 되기도 한다.

두솔성 성곽 일부를 함께 답사한 후 강翁의 집으로 안내를 받아서 차를 나누었고 홍성의 향토사가들의 활동상황을 간략하게 전하기도 하였다.

당시 2014년 8월 중순 휴일이었지만 청사마당에서 조경수 가지치기와 미화작업을 하고 있던 송석구 장평면장의 안내와 도움이 있어서 강영순翁과의 만남이 있었고 그 후에 2016년 세 번째 만나는 자리에는 靑陽문화관광해설사 문명근 선생과 鄕土史交感을 나누는 자리가 이어졌다. 이후에 고대사회 교통망에 대하여 고찰한 논고를 필자에게 보내와서 본고에 참고하는 계기가 되었다.

三國史記 武烈王 7년 9월 3일 條에는(660년)
郎將劉仁願 以兵一萬人留鎭泗沘城
王子仁泰 與沙湌日原 級湌吉那 以兵七千副之

랑장 유인원에게 군사 1만 명으로써 사비성을 지키게 하고 신라 왕자 인태와 사찬 일원과 급찬 길나와 함께 군사 7천으로 그들을 도왔다.

定方以百濟王 及王族臣寮 九十三人 百姓一萬二千人

自泗沘乘船廻唐

정방은 백제왕 및 왕족, 신료 93명, 백성 1만 2천 명을 데리고 사비성으로부터 배를 타고 당나라로 돌아갔다. (註/金庾信 傳/9월 3일 자)

동년 9월 23일

百濟餘賊入泗沘 謀掠生降人 留守仁願出唐羅人 擊走之

백제의 남은 적들이 사비로 들어와서 항복한 사람들을 모략하므로 유수 유인원이 唐군과 新羅군을 출동시켜 쳐 쫓았는데

賊退上泗沘南嶺 竪四五柵 屯聚伺隙 抄掠城邑

百濟人叛而應者二十餘城

唐皇帝遣左衛中郎將王文度 爲熊津都督

적들이 후퇴하여 사비의 남령에 올라가 네댓 군데에 목책을 세우고 모여서 기회를 노려 성읍을 초략하니, 백제인들이 배반하여 이에 호응하니 이십여 성이었다. 唐 황제가 좌위중랑장 왕문도(王文度)를 보내어 웅진도독으로 삼았다.

10월 30일

攻泗沘南嶺軍柵 斬首一千五百人

사비 남령에서 백제군(百濟軍)을 공격하여 1천5백 인의 머리를
베었다.

이후에 기록은 고구려와의 국지전으로 들어가게 되고 백제 관련
기사는 사비성의 유인궤 포위 관련 기사 등이 보이고 661년으로
넘어가면서 '두량윤성 전투'와 사비성 호위기사가 보이나 이때 즈
음부터는 웅진의 唐軍으로 하여금 백제군을 묶어놓고 당나라의
요구(백제 지배권)를 미루는 동시에 당나라의 高句麗 출병요구를
지원하는 신라의 이중 전략으로 볼 수 있다.

661년 6월부터 文武王 집권기로 넘어간다.

4) 사비성 패망 시 백제기

三國史記 백제기 義慈王 부분을 살펴보면 백제패망 시의 개략
을 전하고 있는데 상당 부분이 舊唐書를 근거해서 서술되었으며
몇몇 부분에서는 다르게 나타나고 있다.

新譯 三國史記 弘新文化史출판 백제기 제6

백제본기 제6 義慈왕 중점 탐구

의자왕은 무왕의 원자로서 빼어나게 용맹스럽고 담력과 결단력
이 있었다. 무왕 재위 33년에 태자로 책봉되었다. 어버이를 효도
로서 섬기고 형제와 더불어 우애가 있었으므로 당시에 해동증자
로 불리었다.

무왕이 돌아가자 태자가 왕위를 이었다.

唐 태종이 사부낭중(鄭文表)를 보내어 勅命주국대방군왕 백제
왕이라 하였다. 가을 8월에 사신을 당에 보내어 감사의 표를 올리
고 토산물을 바쳤다. 이하 중략

義慈王 3년

봄 정월에 당에 사신을 보내어 조공하였다.

겨울 11월에 왕이 고구려와 더불어 화친하고 신라가 당에 입조
하는 길을 막으려고 군사를 일으켜서 당항성(黨項城)을 빼앗았다.

하지만 신라는 당에 사신을 보내어 구원을 청하니 唐태종이 상
리현장(相里玄奬)을 보내와 양국을 호위하므로 왕은 표를 올려 사
죄하였다.

그런 후에 백제는 당항성을 신라에 돌려주게 되나 이 또한 백제
의 기운이 쇠하게 되는 시발점이다.

이후에 의자왕은 윤충(允忠/成忠.의 아우)을 보내어 신라의 대

야성(大耶城, 또는 미후성/獼猴城)을 침공하여 임나가야(任那加羅)의 고토대부분을 차지하게 되니 이때 김춘추의 사위 金品釋과 딸 소낭(炤娘)이 참사를 당하였으므로 신라는 백제와 원한이 깊게 쌓이게 되었고 김춘추 김인문 김법민이 당나라 태종과 고종에게 차례로 외교하여 백제를 멸할 계책을 구하게 되는데 이때에 당항성을 경유하여 당나라에 출입하였던 것이다.

화성시 서신면 구봉산 당항성

百濟 때에는 黨項城으로 불리었다는 것을 알 수 있고 新羅 때에는 唐城으로 칭했는데 이곳은 현재의 華城市 서신면 상안리에 있는 구봉산(185.5m) 산정에 있는 석성이 당성(唐城)으로 추정된다. (백제초기 漢山과 負兒嶽 이해에서 일부 서술하였음)

16년(656년)봄 3월에 王이 궁인과 더불어 음황, 남틱히어 술을 마시며 그칠 줄을 모르므로 좌평成忠(부여 성충)이 극히 간하였으나 王이 노하여 성충을 옥에 가두었다. 이로 말미암아 감히 말하는 자가 없었다.

성충이 죽기 전 옥에서 글을 올려 말하길 "충신은 죽어도 임금을 잊지 않는다 하였으니 바라건대 한 말씀 올리고 죽겠습니다.

臣은 항상 時變을 관찰하였는데 반듯이 병혁의 일이 있을 것입니다. 무릇 군사를 쓸 때는 반듯이 그 지형을 택하여 살펴야 할 것이니 상류에 처하여 적을 맞아야만 보전할 수 있습니다.

만약 異國의 군사가 들어오거든 육로로는 침현(沈峴)을 지나지 못하게 하고 水軍은 기벌포(伎伐浦)의 언덕으로 들어오지 못하게 하며 그 험애한 언덕에 웅거하여 막은 후에야 이길 수 있습니다." 하였으나 그러나 王은 살피지 않았다. 중략

20년(660년) 春 2月에 왕도의 우물물이 핏빛 같았고 사비하의 물이 붉어 핏빛 같았다…

여름 4月에 개구리 수만 마리가 나무 위에 모여들었다. 왕도의 저자에서 사람들이 까닭 없이 놀라 달아나고 혼란하여 넘어져 죽은 자가 100여 명이나 되었고 잃어버린 재물은 헤아릴 수 없었다.

5월에 폭풍우가 쏟아지고 천왕(天王), 도양(道讓) 두 절(寺)의 탑에 낙뢰가 있었으며 또 백석사(白石寺)에 낙뢰가 있었다.

검은 구름이 龍과 같이 東과 西의 공중에서 서로 싸웠다.

6月에 왕흥사에 많은 승려가 모두 보았는데 마치 돛배가 큰 물결 따라 절 문안으로 들어오는 것 같았다. 중략

혼란 징후 계속 이어짐, 이하 줄임

이어서 唐과 신라의 출병 사실이 사비왕도에 전해진다.

사비성에서는 왕과 여러 신하들의 의논이 있었으나 계책이 없었고… 이어서 고마미지 고을로 죄를 짓고 유배되어 있던 흥수(興首)에게 사람을 보내어 묻기를 "사태가 급박하니 어찌하면 좋겠는가." 하니 興首가 말하기를 "당병은 이미 수효가 많고 군율이 엄하고 밝은데 하물며 신라와 함께 공모하여 기각이 되었으니 만약 평원광야에서 대진한다면 승패를 알 수 없습니다."

"백강(白江 혹은 伎伐浦와 탄현炭峴, 침현이라고도 함)은 우리나라의 요로입니다. 한 사람 한 자루의 창에라도 만인이 당하지 못할 것이니 마땅히 용사를 뽑고 가서 지키게 하여 당병으로 하여금 백강에 들어서지 못하게 하고 신라사람에게는 탄현을 지나지 못하게 하며, 대왕은 성문을 겹겹이 닫고 굳게 지키어 그들이 군량이 다하고 사졸이 지칠 때를 기다린 후에 분격한다면 반듯이 깨뜨릴 것입니다." 하였다.

하지만 이에 大臣 등이 믿지 않고 말하기를 "흥수가 오랫동안 감옥에 있어 임금을 원망하고 나라를 사랑하지 않으니 그의 말대로 할 수 없습니다. 만약 당병으로 하여금 白江에 들어오게 하더라도

흐르는 물 따라 내려오므로 배를 가지런히 하여 오지 못할 것이며 신라군을 탄현에 오르게 하더라도 좁은 길을 경유하므로 말(馬)을 나란히 하여 오지 못할 것이니 이때를 당하여 군사를 놓아 친다면 비유컨대 새장의 닭이나 그물의 고기를 죽이는 것과 같습니다." 대신들이 간하여 말하니 王은 그렇다고 하였다.

또 듣기를 唐·新羅 군사가 이미 백강과 탄현을 지났다고 하므로 장군 계백(堦伯)을 보내어 결사대 5,000명을 거느리고 黃山으로 나아가 신라의 군사와 더불어 싸우게 하였는데 네 번 부딪쳐서 모두 이겼으나 군사가 적고 힘이 꺾이니 마침내 패배하고 계백은 전사하였다. 이에 병력을 합하여 웅진의 어귀를 막고 강가에 군사를 주둔시켰으나 정방이 왼쪽 가장자리로 나아가 산을 타고 진을 치고 더불어 싸웠으므로 우리 군사가 대패하였다.

왕사(唐兵)는 潮水를 타고 배를 연이어 나아가며 북을 치며 고함을 질렀다.

정방은 보, 기병을 거느리고 곧장 도성으로 내달아 일사(一舍:30리쯤 거리)에서 정지하니 우리의 군사 모두가 나가 항거하였으나 또 패하여 죽은 자가 萬여 명이었다.

당의 군사가 승세를 타서 성을 육박하니 王은 벗어나지 못할 것을 알고 탄식하기를 성충의 말을 듣지 않고 이에 이른 것을 후회한다 하고 드디어 太子 孝와 더불어 북쪽 변경으로 달아났다.

遂與太子孝走北鄙 定方圍其城

王次子泰自立爲王 率衆固守

이에 왕은 태자 '효와 더불어 북쪽 변경으로 도주하였다.

소정방이 그 성을 포위하자 왕의 둘째 아들 태가 스스로 왕이 되어 남은 군사를 거느리고 굳게 지켰다.

太子子文思 謂王子隆曰 王與太子出而叔擅爲王

若唐兵解去 我等安得全

遂率左右縋而出 民皆從之 泰不能止

태자 아들 문사가 왕의 아들 융에게 말하기를 왕께서는 태자를 데리고 밖으로 나가셨는데 숙부는 왕 노릇을 하고 있으니 만일 당나라 군사가 포위를 풀고 가버리면 우리가 어떻게 안전할 수 있겠습니까! 하고 이어서 좌우를 거느리고 밧줄을 매달려 성을 빠져나가니 백성들도 그들을 따르므로 태가 이를 만류하지 못하였다.

定方令士超堞 立唐旗幟.

泰窘迫開門請命. 於是 王及太子孝與諸城開皆降

정방은 군사로 하여금 성곽에 올라 당나라 깃발을 세우게 하니 태는 급박하여 성문을 열고 명을 청하였다.

이때에 왕과 태자 효가 더불어 여러 성이 모두 항복하였다.

定方以王及太子孝王子泰隆演 及大臣將士八十八人

百姓一萬二千八百七人 送京師

정방이 왕과 태자 효, 왕자 태, 융, 연 및 대신과 장사 팔십팔 명과 백성 1만2천8백7인을 당나라 서울로 압송하였다. 이날은 660년 9월 3일이다.

　國本有五部 三十七郡 二百城 七十六萬戶

　백제는 본래 5부 37군 200성 76만 호가 있었는데

　至是析置 熊津,馬韓,東明,金漣,德安 五都督府

　이때에 와서 지역을 나누어 웅진, 마한, 동명, 금련, 덕안 등 五도독부를 두어

　各統州縣 擢渠長爲都督 刺史縣令以理之

　命郎將劉仁願守都城

　각기 주 현들을 통솔하게 하고 거장을 뽑아서 도독, 자사, 현령으로 삼아 다스리게 하고 랑장 유인원에게 명령하여 도성을 지키게 하고

　又以 左衛郎將王文度 爲熊津都督 撫其餘衆

　또한 좌위낭장 '왕문도를 웅진도독으로 삼아 군중을 위무토록 하였다.

　定方以所俘見上 責而宥之

　王病死 贈金紫光祿大夫衛尉卿 許舊臣赴臨

　詔葬 孫皓陳叔寶墓側 幷爲竪碑

　授隆司稼卿 文度濟海卒 以劉仁軌代之

　소정방이 포로들을 상에게 바치니 제는 책망하고 용서하여 주었다.

義慈왕이 병으로 죽으니 그를 금자광록대부위위경으로 추증하고 옛 신하들의 조상을 허락하였으며 명하여 손호, 진숙보의 무덤 곁에 장사 지내고 그의 무덤에 비석을 세우게 하였다.

義慈王이 죽은 일자는 명확하지 않지만 9월 3일에 사비성에서 배(船)편으로 압송 唐의 서울(京師)도착이 25일 전후 즈음이고 도착하자 바로 죽었다 해도 10월 중순이라고 볼 수 있음이다. 이때를 첨하는 것은 당시의 모든 기록은 사건과 일자가 정확하지 않다는 것을 전하려는 것이다.

융에게 사가경으로 제수하였다.

왕문도가 바다를 건너와서 죽었으므로 유인궤로 그를 대직하게 하였다.

武王從子福信嘗將兵 乃與浮屠道琛據周留城叛

迎古王子扶餘豊 嘗質於倭國者 立之爲王

西北部皆應 引兵圍仁願於都城

무왕의 조카 복신이 일찍이 군사를 거느리고 승려 도침과 더불어 주류성을 거점으로 웅거하여 배반하고 옛 王子 부여풍을 왕으로 맞아들였는데 일찍이 왜국에 볼모로 가 있던 자다.

서북부에서 모두 향응하니 군사를 이끌고 도성에 가서 유인원을 포위하였으므로 이하 중략

위에 기사 중 오해의 소지가 있는 것이 주류성을 거점으로 웅거

하여 이 부분은 임존성을 말함이지만 주류성은 임존성 지근거리에 있다는 기록이다. 왜국에 가 있던 부여풍이 귀국한 시점도 662년 5월 즈음이니 기록의 순서대로 이해하면 전체를 탐독할 수 없음이다 舊唐書의 기록이니 부여豊을 볼모 운운하는 등 비하하여 기록에 나타난다.

주류성을 거점 관련 근거/武烈王 7년 8월 26일(660년)

攻任存大柵 兵多地嶮不能克 但攻破小柵

신라군이 임존성을 공격하였으나 적이 많고 지리가 험하여 이기지 못하였고 다만 소책을 공격하여 격파하였다는 기사와 대비하면 옳다.

新羅 軍이 어째서 8월 26일에 任存城을 공격하였을까?

소정방의 제2군이 백강으로 침입 사비성을 향하는 길목인데 이때에 당의 제2군이 지나가고 난 즈음 후에 임존성에 의병들의 자진 거병이 唐의 2군의 퇴로에 위협이 되었으니 신라군을 대항하게 하여서 싸우게 하였던 것이다.

義慈王이 항복하고 사비성에 갇혀있던 즈음이다.

본 연구서에서는 처음에 위에 기사를 접하였을 때에는 선뜻 이해할 수가 없어서 百濟 復興戰에 그리 중요함을 깨우치지를 못하였다가 본고증보(本考增補)에 이때의 상황 설명을 하는 것이다.

이때를 부연 설명하면 백강으로 진입한 蘇定方의 제2軍이 임존성 아래를 거쳐서 고량부리 牛山城을 지나치고 지금의 錦江支川을 따라서 進軍하는 상황을 사비성 건너편 규암으로 지목하였던 바 있으나 이에 보충설명이 가능하였다.

白江 위치解 연구 부분에 추가로 설명하였으니 주목해 보자.

계속해서 구당서 백제기 아래

詔起劉仁軌檢校帶方州刺史 將王文度之衆

便道發新羅兵 以救仁願

仁軌喜曰 天將富貴翁矣

나라에서는 조서를 내려 유인궤를 검교대방주자사로 기용하여 왕문도의 군사를 거느리고 지름길로 신라 군사를 보내 유인원을 구원하게 하였다. 인궤가 기뻐하며 "하늘이 장차 이 늙은이를 부귀케 하려나 보다"라고 말했다.

請唐曆及廟諱而行

曰吾欲掃平東夷 頒大唐正朔於海表

仁軌御軍嚴整轉鬪而前

그는 당나라 책력과 묘휘를 요청하여 가지고 떠나면서 "내가 동쪽 오랑캐를 평정하고 대당의 정삭을 해외에 반포코자 한다."라고 하였다.

"인궤가 군대를 엄히 정렬하고 싸우면서 나아가니"

福神等立兩柵 於熊津江口以拒之.

仁軌與新羅兵合擊之 我軍退走入柵

阻水橋狹 墮溺及戰死者萬餘人

①복신 등이 두 개의 목책을 세워 웅진강 어귀에 항거하였다.

②인궤가 신라 군사들과 협격하니 우리 군사가 퇴각하여 책으로 들어오는데 강물이 가로막히고 다리가 좁아 물에 떨어져 빠지거나 죽은 자가 만여 명이었다.

①웅진강 어귀에 항거하였다. 이때는 용삭 원년 2월 즈음이고 ②우리 군사가 퇴각하여 부분은 백제군의 입장에서 기록한 것이다.

福信等乃釋都城之圍 退保任存城.

新羅人以糧盡引還 時龍朔元年三月也

복신 등이 이에 도성의 포위를 풀고 물러가 임존성을 지켰는데 신라 군사들이 군량이 떨어져서 군사를 이끌고 돌아갔다.

때는 당나라 용삭(龍朔) 원년 3월이었다.

이때의 기록과 일치하는 삼국사기 文武王記 11年 조에 나타나는 신라군이 한때 주류성을 포위하였으나 산세가 험하고 강하여 되돌아왔다는 전투 현장을 말함이다.

계속해서 백제기

於是 道琛自稱領車將軍 福信自稱霜岑將軍.

이때 도침은 자칭 영거(領車)장군이라 하고 복신은 자칭 상잠(霜岑)장군이라 하며

招集徒衆 其勢益張 使告仁軌曰

聞大唐與新羅約誓 百濟無問老少 一切殺之

然後以國付新羅 與其受死 豈若戰亡 所以聚結自固守耳

군중을 불러 모으니 그 세력이 더욱 확장되자 사람을 보내어 인궤에게 말했다.

"듣자니 당나라가 신라와 더불어 약속하기를 백제사람은 노소를 묻지 않고 모두 죽이고 그 후에는 나라를 신라에 넘겨주기로 하였다 하니. 죽음을 기다리기보다는 차라리 싸우다가 죽는 편이 낫다고 생각하여 이렇게 모여 진지를 고수 하고 있을 뿐이다" 하니

仁軌作書具陳禍福 遣使諭之

인궤는 글을 지어 화복을 진술하고 사자를 보내 효유하였다.

이에 도침(道琛)등은 병력을 믿고 교만해져서 인궤의 사자를 외관에 두고 업신이 하여 답하기를 "사자는 소관이고 나는 한 나라의 대장이므로 함께 말할 수 없다." 하며 답서도 하지 않고 그냥 돌려보냈다.

仁軌以衆少 與仁願合軍 休息士卒 上表請合新羅圖之

인궤는 군사가 적었으므로 인원의 군사와 합군하고 군사들을 휴식을 시키면서 표를 올려 신라와 합쳐 공격하기를 요청하였다.

羅王春秋奉詔 遣其將金欽將兵 救仁軌等

신라왕 춘추가 조서를 받들어서 장수 심흠에게 군사를 거느리고 인궤 등을 구원하게 하여

至古泗 福信邀擊敗之

고사에 이르렀는데 복신이 요격하여 패하였다.

欽自葛嶺道遁還 新羅不敢復出

흠은 갈령도로 부터 도망하여 돌아왔고 신라는 감히 다시 나오지 못하였다.

尋而福信殺道琛 幷其衆 豊不能制 但主祭而已

얼마 안되어 복신이 도침(道琛)을 죽이고 그의 군사를 합병하니 豊은 이를 억제하지 못하고 제사만 주관할 뿐이었다.

福信等以仁願等孤城無援 遺使尉之曰

大使等何時西還 當遺相送

복신 등은 인원 등이 城이 고립되어 구원을 받을 수 없다고 생각하여 사람을 보내 위로하기를 "대사 등은 언제 서쪽으로 돌아가려 하는가? 우리가 사람을 보내 전송을 하겠소." 등 야유와 여유를 부리기도 하였다.

용삭 2년 7월 二年七月

仁願仁軌等 大破福信餘衆於熊津之東

拔支羅城及尹城 大山沙井等柵

殺獲甚衆 仍令分兵以鎭守之

인원, 인궤 등은 복신의 잔당을 웅진의 동쪽에서 크게 깨뜨렸는데 지라성 및 윤성, 대산, 사정 등의 목책을 빼앗고 살획이 많았다.

그리고 영으로써 군사를 나누어 지키게 하였다.

福信等以眞峴城 臨江高嶮堂衝要 加兵守之

복신 등은 진현성이 강가에 있으며 높고 험하여 요충지로 적당하다고 판단하여 군사를 증원하여 그곳을 지키게 하였는데 (眞峴城은 大田 서구 봉곡동 山26-1 흑석동 산성)

仁軌夜督新羅兵 薄城板堞

比明而入城斬殺八百人

遂通新羅饟道. 이하 중략

인궤는 밤에 신라 군사를 독려하여 城위에 육박하여 널판지 성첩을 세우고 있다가 밝은 후에 성안으로 들어가 8백 인의 목을 베어 죽이고 드디어 마침내 신라의 양도(饟道 군량수송로)를 개통하였다.

仁願奏請益兵 詔發淄靑萊海之兵七千人

遣左威衛將軍孫仁師 統衆浮海 以益仁願之衆

유인원이 군사를 더 보내줄 것을 주청하니 당에서 조서를 내려 치, 내, 청, 해주의 군사 7천 명을 징발하여 좌위위장군 손인사를 보내어 무리를 통솔하고 바다를 건너가서 인원의 군사를 늘려주게 하였다.

時福信旣專權 與扶餘豊寢相猜忌

福信稱疾臥於窟室 欲俟豊間疾執殺之

이때 복신은 이미 권력을 전제하여 부여豊과 서로 질투하고 시기하게 되었다.

福信은 병을 칭탁하여 깊숙한 방(굴실窟室)에 누어서 豊이 문병

오기를 기다려 잡아 죽이려고 하였는데

豊知之帥親信掩殺福信

遣使高句麗倭國乞師 以拒唐兵

풍이 이를 알고 심복들을 거느리고 급습하여 복신을 죽였다. 그리고 사자를 고구려와 왜국에 보내어 군사를 구걸하여 唐兵을 막았으나

孫仁師中路迎擊破之 遂與仁願之衆相合 士氣大振

於是 諸將議所向 或曰 加林城水陸之衝 合先擊之

손인사가 중로에서 맞아 쳐부수고 마침내 인원의 군사와 합세하니 군사의 사기가 크게 떨치었다. 이에 여러 장수들이 공격방향을 의논하자 누군가 말하기를 "가림성이 수륙의 요충지이니 먼저 치는 것이 합당하다." 하였다. (가림성은 현재 부여군 임천의 성흥산성이다)

가림성 내성

仁軌曰 兵法避實擊虛 加林嶮而固 攻則傷士 守則曠日

周留城百濟巢穴 群聚焉 若克之諸城自下

인궤는 말하기를 "병법에는 실한 곳을 피하고 허한 곳을 치라 하였는데 가림성은 험하고 튼튼하여 공격하자니 군사가 상하고 지키자면 날짜가 걸릴 것이다. 주류성은 백제의 소굴로서 무리들이 모여 있으니 만약 이기게 되면 여러 성이 저절로 항복할 것이다."

於是

仁師仁願及羅王金法敏帥陸軍進

劉仁軌及別帥杜爽 扶餘隆帥水軍及糧船

自熊津江往白江 以會陸軍 同趨周留城

이에 손인사는 유인원과 신라왕 김법민의 육군을 거느리고 나아가고 유인궤와 별수 두상과 부여융은 수군과 군량선을 거느리고 웅진강으로부터 백강으로 가서 육군과 합세하여 주류성으로 달려갔는데

遇倭人白江口 四戰皆克 焚其舟四百艘

煙炎灼天 海水爲丹

왜인들을 백강 어귀에서 만나 네 번 싸워서 모두 이기고 그들의 배 4백 척을 불태우니 연기와 불꽃이 하늘로 오르고 바닷물이 붉어졌다.

王扶餘豊脫身而走 不知所在

或云奔高句麗 獲其寶劍

왕 부여풍은 몸을 피해 달아났는데 간 곳을 알 수 없었으니 혹은 고구려로 도망하였다고도 한다. 그의 보검만을 노획하였다.

王子扶餘忠勝忠志等帥其衆 與倭人並降

獨遲受信據任存城未下

왕자, 부여충승과 충지 등이 부여풍의 군사를 거느리고 왜국 군사들과 함께 항복하였으나 지수신(遲受信)만이 임존성에서 웅거하여 항복하지 않았다.

이후의 백제기는 흑치상지의 부흥전쟁 초기행적과 663년 11월 4일 이후 임존성의 지수신의 최후 전투과정이 나타나 있으나 주제의 이해와 나열을 감안하여 이하 줄이기로 하고 후면에 이어서 간략하게 소개한다.

이렇게 史書의 기록을 통하여 백제패망과 부흥전의 대략을 살펴보았으며 이제부터는 당시의 未詳 地名 그중에도 660년의 白江을 우선하여 찾아야 하는바 이에는 기록과 일치되는 관련 지형의 분석과 기타자료를 근거하여 고증하는 데 있어서 설명이 가능한지에 달려있다.

2장. 백제의 白江을 찾아보자

참고 금강(錦江)이 과연 백강(白江)인가?

동국여지승람(東國輿地勝覽 1481年 관찬 지리지)의 기록에 의하면 현재의 금강(錦江)이 지역에 따라서 구분하여 불렸음을 볼 수 있다.

상류에서부터 나타나는 강줄기의 명칭을 찾아보면 적등진강(赤登津江) 차탄강(車灘江) 화인진강(化仁津江) 말흘탄강(末訖灘江) 형각진강(荊角津江) 웅진강(熊津江) 백마강(白馬江) 그리고 강경강(江景江) 하류 부근을 진강(津江) 등으로 불렸는데 백마강의 본류구간은 현재의 公州市 灘川面 분강리에서부터 扶餘邑을 지나 강경읍 황산나루터 부근까지를 백마강으로 불리고 있었다.

그렇다면 백마강 구간의 어디쯤을 白江이라 하였을까?

그동안 지도상에 적혀있지 않았고 역사기록에만 나타나 있는 백강이 과연 어디인가?

삼국사기 의자왕기와 구당서에 나타나는 백강은?

사비성의 義慈王이 660년 7월 18일 웅진성에서 항복한 후에 西

部의 신하 福信등 일부 호족과 백성들의 부흥항거전쟁은 663년 9월 7일 종말을 고하게 된다.

백마강 돛단배 1960년대 자료

하지만 이후 1352년이 지난 2015년까지 백제의 패망사 관련 地名인 백강 위치가 어디인가 찾지 못하고 있음은 국내사학계의 현실이다.

역사가나 관련 학회의 열성이 부족했던 것이 아니고 너무나 오래전의 이야기이니 역사의 중요성과 흥미가 적었고 어떻게 보면 방치하였다.

唐과 倭국이 참여하고 격전한 해전전투지 지명표기에 상이한 기록이 보이는 것은 딱히 한곳에서 전투한 것이 아니라는 증거이지만 백제국의 하천이나 江 또는 해역표시가 막연하였을까.

아니면 전쟁 격전지명을 표기하면서 한곳만을 기록하였을 수 있다는 추론이 되는 것이다. 당시 백제에 地圖와 行政 地名이 있었다 해도 都城의 상층부를 비롯한 극히 일부 관리자의 권한이었을 것이고 모든 백성이 文字를 사용하던 시대가 아니었고 행정력이 백성들의 이름을 표기할 시대가 또한 아니었다.

이때에 종이는 수입품에 근거한다고 보는 것이니 생산은 고구려 말기부터이고 사용은 대략 3~4世紀 즈음으로 보는 것에서 추론하는 것이다.

임금의 명령이나 기록 등 사건이나 행사의 요건과 형식에 참여자의 기여도에 따라서 이름이 기록되고 皮革과 織造物 竹簡에 글을 쓰고 木簡 등에 특수 지배층의 신분과 관직을 써서 사용하였다.

백제에는 당시 5부(방) 37郡 200여 城에 76만 호였다. 에서 나타나듯이 이에 숫자도 三國의 지배지가 겹쳐지는 부분이 있었고 행정지명의 표기 또한 ○○邦, ○○州, ○○城, ○○縣, ○○川, ○○浦로 부르고 사용하였음에서 보듯이 현재 錦江의 江본류 총칭은 없었다고 본다.

현재 공주에서 서해까지 금강(錦江)을 당시에는 곰나루, 熊津江, 熊津口, 北浦, 大王浦, 泗沘河, 熊浦, 任浦, 伎伐浦, 長岩등 관련지의 浦口지명으로 구분하여서 통칭하였는바 보다 큰 河川은 ○○河를 표시 사용하였으며 규모가 작은 河川은 ○○江이라 표시하고 불렀다.

이에 근거로서 백제가 한성에서 웅진으로 천도하였으니 제22대 문주왕 재위(475~477) 기사 중

원년 10월에 熊津으로 도읍을 옮겼다. (熊津遷都시 기사이나 매우 혼란기였음)

문주, 삼근, 동성, 무령, 성왕으로 5대조(475~538)가 도읍하였으니 웅진시대 63년간이었다. 이때에 熊津江, 熊津(고마나루)으로 칭하였음을 알 수 있다.

제26代 성왕(523~554)은 다시 사비성으로 천도하니 이때부터는 泗沘河로 칭하였다.

제30代 무왕 재위(600~641년)

37년 봄 2월에 사신을 당(唐)에 보내어 조공하였다.

3월에 왕이 좌우 신하를 거느리고 泗沘河 北浦에서 잔치하고 놀았다. 양쪽 언덕에 기암괴석이 어우리고 기화이초가 사이에 있어서 그림과 같았다.

왕은 술을 마시고 극한 즐거움으로 거문고를 타고 스스로 노래하였으며 시종들도 자주 춤을 추었다.

그때 사람들이 그 땅을 大王浦라 일컬었다.

三國遺事 卷第二 紀異第二

又泗沘河兩崖如畫屏 百濟王每遊宴歌舞 故至今稱爲大王浦

삼국유사 권제2 기이제2

또 사비하의 양쪽 언덕이 마치 그림 병풍같이 펼쳐져 있었는데 백제왕이 늘 잔치를 열고 노래하고 춤을 추었다. 그래서 지금도 대왕포(大王浦)라고 부른다.

三國史記 제31代 의자왕 17년 기사

五月 王都西南 泗沘河大魚出死 長三丈

오월에 왕도 西南의 사비하(泗沘河)에서 큰 고기가 죽어 나왔는데 길이가 3장이었다.

의자왕 20년 기사 아래에

二十年 春二月 王都井水血色 西海濱小魚出死

百姓食之不能盡 泗沘河水赤如血色

20년 봄 2월에 왕도의 우물물이 핏빛 같았고 西海 해변가에 작은 고기가 죽어 나와 백성이 먹어도 다 먹을 수 없을 정도였다. 사비하(泗沘河)의 물이 붉어 핏빛 같았다.

하지만 아래의 기사는 짚어보아야 한다.

三國史記 권26 제25代 武寧王 재위(501~523)

諱斯摩 或云隆 牟大王之第二子也

身長八尺 眉目如畫 仁慈寬厚 民心歸附

牟大在位二十三年薨 卽位

春正月 佐平苩加據加林城叛 王帥兵馬 至牛頭城

命扞率解明討之 苩加出降

王斬之 投於白江

무녕왕의 휘는 사마(斯摩) 혹은 융이라고도 하고 모대왕의 둘째 아들이다. 신장이 8척이요 눈썹과 눈이 그림과 같고 인자 관후하니 민심이 귀부(스스로 복종함)하였다.

모대왕이 재위 23년에 돌아가자 즉위하였다.

봄 정월에 佐平백가(苩加)가 가림성에서 웅거하여 배반하였으므로 왕이 병마를 거느리고 우두성에 이르러 한솔(扞率) 해명(解明)에게 명하여 토벌하게 하니 백가가 나와 항복하였다. 왕은 백가를 베어 백강에 던졌다.

위에서 나타나듯이 泗沘河로 불리었음을 알 수 있으나 武寧王기에 나타난 白江 관련 기사를 묵고할 수도 없음이니 가림성은 현재의 부여군 임천의 성흥산성이니 무령왕 원년이면 서기 501年이 되고 사비천도 26年 前 기사다.

백제 熊津시대의 기사이며 당시 泗沘河에 연결된 한 부분이 白江이란 명칭이 있었다고 볼 수 없음이다. 이론의 설명이 가능한 것은 三國史記 편찬 당시에 남아있던 武寧王기에 위의 사건을 정리하면서 "백가(苩加)를 베어서 강물에 던졌다"를 白江에 던졌다고 편집하였다고 볼 수도 있는 것에서 기인하는 것이고 武寧王기에 기록된 白江은 삼국사기 편찬과정에 변이되었다.

현재 부여에서 장항까지 부분적으로 白江이 있었으니 장항, 군산 앞바다 해역을 白江口라 볼 수 있다는 것은 부정확한 논리의

214

학술이고 아울러서 현재의 東津江과 錦江하구를 "白江"으로 칭하여서는 앞으로 1000年이 더 걸려도 白江, 白沙, 白江口~白村江의 지명위치를 찾아서 풀어낼 수 없음이 더욱 그러한 연유가 되겠다.

1) 백강(白江)과 기벌포(技伐浦)의 기사분석

2016년 현재까지 국내외의 모든 학술에서는 白江과 技伐浦의 위치를 금강하구(錦江河口) 또는 동진강(東津江)이라 하였다.

본고에서는 지금까지 발표된 학술과는 전혀 다른 곳으로 인식하고 연구하였으며 현지거주민들과 접촉하여 지역을 탐문하였고 史料를 분석하면서 자연현상(地球科學)을 인용하여 움직일 수 없는 확증을 제시하고자 한다.

이제부터 그 백강을 찾아보도록 하자.

白江을 찾는데 있어서 伎伐浦가 난제이다. 기벌포를 확실하게 찾으면 백강을 찾을 수 있고 백강을 찾으면 白村江, 白江口, 州柔, 周留城을 찾을 수 있다

먼저 기벌포(伎伐浦) 이해~白江을 찾아가는데 핵심 地名

三國史記및 三國遺事 외 관련 역사서 인용

三國史記 백제본기 제6 (弘新文化社, 崔虎)

義慈王 16년(656년) 봄

王이 궁인과 더불어 음황, 탐락하여 술을 마시며 그칠 줄을 모르므로 좌평 成忠이 극히 간하였으나 王이 노하여 성충을 옥에 가두었다. 이로 말미암아 감히 말하는 자가 없었다.

성충이 옥중에서 죽었는데 죽기 전 옥에서 글을 올려 말하길 "충신은 죽어도 임금을 잊지 않는다 하였으니 원컨대 한 말씀 올리고 죽겠습니다.

臣은 항상 시변(時變)을 관찰하였는데 반듯이 병혁의 일이 있을 것입니다. 무릇 군사를 쓸 때는 반듯이 그 지형을 택하여 살펴야 할 것이니 상류에 처하여 적을 맞아야만 보전할 수 있습니다.

만약 이국(異國)의 군사가 들어오거든 육로로는 침현(沈峴)을 지나지 못하게 하고 水軍은 기벌포(伎伐浦)의 언덕으로 들어오지 못하게 하여 그 험애한 곳에 웅거하여 막은 후에야 이길 수 있습니다." 그러나 王은 살피지 않았다.

三國遺事권1 太宗春秋公에는 이렇게 기록되어 있다.

若異國兵來 陸路不使過炭峴(一云沈峴)百濟要害之地

만약 적국의 군사가 오면 육로로는 탄현(炭峴)혹은 침현(沈峴)이라고도 하는데 百濟의 요해지(要害地)를 지나가지 못하게 하고

水軍不使入伎伐浦(卽長嵒, 又孫梁, 一作只火浦, 又白江)據其險隘以禦之

수군으로는 기벌포(伎伐浦 즉 長巖 또는 孫梁이라고도 하고 只 火浦라 하고 또는 白江이라고도 한다)로 들어가지 못하게 한 후 험한 요충지에 의지하여 적을 막아야 합니다. (三國遺事 을유문화사 刊 김원중 인용)

以上 656年 春 佐平 成忠의 銳智의 諫言 중 "기벌포(伎伐浦)" 記事部分으로서 本考는 독자들에게 아래와 같이 이해에 도움을 주고자 한다.

三國史記 저자 金富軾에는 "伎伐浦의 언덕 그 험애한 곳에 웅거하여 막은 후에야 이길 수 있다."라고 기록되어 있으니 三國遺事저자 一然禪師는 이를 인용하여 이때의 "伎伐浦"를(즉 장암. 손량. 지화포 또는 白江)이라 註釋을 달아 놓았으나 "伎伐浦로 들어가지 못하게 한 후 험한 요충지에 의지하여 적을 막아야 합니다."로서 험한 요충지에 웅거하여 적을 막아야 한다는 좌평 成忠의 忠言을 인용한 동일한 기록으로 볼 수 있다.

하지만 (즉 장암. 손량, 지화포. 또는 白江) 이라는 註釋은 잘못 인식한 것이다. 이때의 伎伐浦와 白江의 위치가 과연 동일한 장소인지 지금의 금강 어디를 말함인지 未詳地 지명 찾기의 난제의 中心에 있었다.

歷史學자들은 백강(白江)과 기벌포(技伐浦)를 같은 위치로 인식하고 錦江河口 또는 東津江을 白江이라고 하였다.

금강하구 서천장암 포구

一例로서 찾아보기는 丹齋 신채호 先生은 조선상고사(朝鮮上古
史)에서 이르기를 탄현(炭峴)은 후인들이 금(今)여산(礪山)의 탄현
이라 하고 백강(白江)은 부여(扶餘)의 백강이라 하나 백제가 패망
할 때에 新羅兵이 탄현을 넘고 唐兵이 백강을 지난 뒤에 계백(階
伯)이 황산(연산부근)에서 싸우고 의직(直義)이 부여(扶餘)의 전강
(全江)에서 싸웠은즉 탄현(炭峴)은 대개 금(今)보은(報恩)의 탄현
이요 백강(白江)은 대개 금(今)서천(舒川)백마강(白馬江) 입해구(入
海口)이니 흥수(興首)의 이른바 기벌포(技伐浦)니라고 論考하였더
라.

위에서 나타나듯이 백강과 관련하여서 오래전부터 신채호 先生
을 비롯한 조선의 역사학자들이 언급 하였으나 그 백강의 위치가
현재까지 명확하게 제시하지 못하고 있다.

當時 사비성의 패망과 관련되고 백제부흥전쟁에 나타나는 白江을 이해하려면 660년 의자왕기를 한 번 더 자세히 주목할 필요가 있다. 伎伐浦 과연 그 험애한 강가의 언덕은 어디인가?

伎伐浦와 白江은 서로 다른 지역으로서 이를 분류하여 탐구하였고 이해하였는바 실제 현장을 찾아서 후면에 설명하겠다.

계속해서 義慈王 20년(660년)春 2月

왕도의 우물물이 핏빛 같았고 사비하의 물이 붉어 핏빛 같았다.

여름 4月에 개구리 수만 마리가 나무 위에 모여들었다.

왕도의 저자에서 사람들이 까닭 없이 놀라 달아나고 혼란하여 넘어져 죽은 자가 100여 명이나 되었고 잃어버린 재물은 헤아릴 수 없었다. 등등 百濟末期 이상 징후를 위 기사에서 볼 수 있고 이어서 6月에 왕흥사에 많은 승려가 모두 보았는데… 등등 혼란 징후 이어짐. 이하 중략

이어서 唐과 新羅의 출병 사실이 사비왕도에 전해진다.

왕과 여러 신하들의 의논이 있었으나 계책이 없었고 그때 좌평 흥수(興首)가 죄를 짓고 고마미지(古馬彌知)의 고을로 유배되었는데 사람을 보내어 묻기를 "사태가 급박하니 어찌하면 좋겠는가." 하니 興首가 말하기를 당병은 이미 수효가 많고 군율이 엄하고 밝은데 하물며 신라와 함께 공모하여 기각이 되었으니 만약 평원광

야에서 대진한다면 승패를 알 수 없습니다.

백강(白江 혹은 伎伐浦)과 탄현(炭峴 혹은 沈峴)은 우리나라의 요로입니다. "한 사람 한 자루의 창이라도 만인이 당하지 못할 것이니 마땅히 용사를 뽑고 가서 지키게 하여 당병으로 하여금 백강에 들어서지 못하게 하고 신라사람에게는 탄현을 지나지 못하게 하며, 대왕은 성문을 겹겹이 닫고 굳게 지키어 그들이 군량이 다하고 사졸이 지칠 때를 기다린 후에 분격한다면 반듯이 깨뜨릴 것입니다." 하였다.

하지만 이에 大臣 등이 믿지 않고 말하기를 "흥수가 오랫동안 감옥에 있어 임금을 원망하고 나라를 사랑하지 않으니 그 말대로 할 수 없습니다.

만약 당병으로 하여금 白江에 들어오게 하더라도 흐르는 물 따라 내려오므로 배를 가지런히 하여 오지 못할 것이며 신라군을 탄현에 오르게 하더라도 좁은 길을 경유하므로 말(馬)을 나란히 하여 오지 못할 것이니 이때를 당하여 군사를 놓아 친다면 비유컨대 새장의 닭이나 그물의 고기를 죽이는 것과 같습니다."

대신들이 간하여 말하니 王은 "그렇다 하였다."

또 듣기를 唐, 新羅 군사가 이미 백강과 탄현을 지났다고 하므로 장군 계백(堦伯)을 보내어 결사대 5,000 명을 거느리고 黃山으로 나아가 신라의 군사와 더불어 싸우게 하였는데 네 번 부딪쳐서 모두 이겼으나 군사가 적고 힘이 꺾이니 마침내 패배하고 계백은 전사하였다. 이에 병력을 합하여 웅진의 어귀를 막고 강가에 군사를 주둔시켰으나 정방이 왼쪽 가장자리로 나아가 산을 타고 진을 치고 더불어 싸웠으므로 우리 군사가 대패하였다.

왕사(唐兵)는 潮水를 타고 배를 연이어 나아가며 북을 치며 고함을 질렀다. 정방은 보, 기병을 거느리고 곧장 도성으로 내달아 일사(一舍, 30리쯤 거리)에서 정지하니 우리의 군사 모두가 나가 항거하였으나 또 패하여 죽은 자가 萬여 명이었다. (註:一舍/당시 대군진의 하루간 이동 거리 12~13km를 말함)

당의 군사가 승세를 타서 성을 육박하니 王은 벗어나지 못할 것을 알고 탄식하기를 成忠의 말을 듣지 않고 이에 이른 것을 후회한다 하고 太子 孝와 더불어 북쪽 변경으로 달아났다.

이상은 사비성 패망 시 의자왕기를 일부 옮겨놓았다. 하지만 이때의 기록에는 날짜가 없다. 이는 곳 역사서의 기록 문맥에만 치중하면 착오를 범하는 실수가 있게 마련이다. 하여 본고에서는 기록에는 순서와 일정이 숨어있다는 것을 밝히고자 한다. 그 무엇 그러니까 기록과 연관되는 지형과 자연현상까지 설명할 수 있어야 한다.

기벌포(技伐浦)와 백강(白江)과 단현(炭峴)을 찾아보자.

2) 技伐浦와 白江 분리이해

이제부터 *표시된 記事 부분을 나누어서 분석하겠다.

또 듣기를 "唐·新羅 군사가 이미 백강과 탄현을 지났다 하므로 장군 계백(階伯)을 보내어 결사대 5,000 명을 거느리고 黃山으로 나아가 신라의 군사와 더불어 싸우게 하였는데 네 번 부딪쳐서 모두 이겼으나 군사가 적고 힘이 꺾이니 마침내 패배하고 계백은 전사하였다." 에 설명을 시작하면 炭峴으로 쳐들어온 신라군은 황산에서 계백 장군의 결사대 오천을 대파하고 하루 후에 소정방의 본진과 7월 10일에 만나는 기록이 나타나 있음을 주목해야 하는데 소정방의 제1군이다.

이때 신라군이 넘은 탄현은 충청북도 옥천군 郡北 고갯길을 지났다는 기사이니 탄현에서 사비성까지는 직선거리 60여km 이상이 되면서 약 6일간의 行軍이 소요된다. (大軍士의 하루 이동 거리 30리 內外 기준)

또한 현재의 금강하구가 白江이라면 이곳에서 사비성까지는 軍船으로 하루 남짓한 水路이기 때문에 "또 듣기를 唐, 新羅 군사가 이미 백강과 탄현을 지났다 하므로"는 같은 시간 때에 사비성에 보고되는 羅·唐軍의 침략정보로 나타나 있는바 백강을 지나는 唐의 제2軍과 탄현을 지나는 新羅 金庾信 軍으로 분류하였다.

① 唐 2군 백강 진입시점 7월 4일 예시
② 신라군 탄현을 지난 행군 시점 7월 4일 예시
③ 황산벌 전투 계백장군 전사 7월 9일
④ 소정방의 1군 기벌포 하선 7월 9일

탄현에서 사비성까지는 약 6일간의 군사이동 거리이니 이때에 금강하구가 백강이라면 기벌포까지는 한나절 거리이고 또한 금강하구에서 사비성까지는 군선과 또 육로를 통한 군사이동은 三日정도 거리의 지형으로서 전황보고 시간대와 대비하면 상이점이 확인된다. 백강과 탄현은 사비성까지 비슷한 거리의 국경지대이다.

이때 사비성에 전해진 羅·唐 침략군의 정보를 분석하면 金庾信이 황산에서 階伯장군과 네 차례 전투 후에 蘇定方을 만나는 상황을 깊숙하게 들여다보아야만 정확하게 집어낼 수 있는바 이렇게 되면 이미 唐군이 백강을 지나갔다는 정보는 나누어지게 된다.

그 연유는 蘇定方이 도착한 기벌포는 7월 9일 상황이고 金庾信이 탄현(炭峴)을 지나서 황산 전투를 치르는 狀況이 7월 9일 戰況으로 인식하게 되면 그 누군가는 머릿속이 깜깜해질 것이다.

백제 국경(炭峴)을 지나친 김유신이 황산벌(연산)에 오는 기간을 설명할 수 있어야 하나 그리 쉽게 설명할 수 없을 것이니 이르는 말이다.

신라군의 이동 간 날짜를 계산해보면 탄현을 지났다는 급보가 사비성에 보고되는 기간이 하루 간이고 신라군이 황산벌에 도착하는 기간이 4~5일 정도를 감안하면 역산(逆算)으로 탄현을 지나는 이동날짜 추산이 가능하니 이때가 7월 4일이고 7월 5일 사비성에서는 급히 서둘러서 이튿날 7월 6일 계백 장군의 백제군 황산배치는 사비성에서 이동, 황산벌에 도착, 군진전개 일시는 7월 8일 이전으로 규명이 된다.

또한 소정방이 기벌포에 상륙한 날짜가 7월 9일이니 이는 역산으로 추정하면 이전 5일 전에 백강을 지났다고 설명이 가능하나 5일 전에는 덕물도에서 출발 준비를 하는 것이다.

물론 소정방의 제2군은 7월4일 즈음 백강을 지났다.

신라군도 탄현에서 황산까지는 5일 정도 소요되는 것이고 소정방의 1군 군선의 항진은 금강 河口灣 群山市 玉島面 개야도(開也島) 즈음에서 기벌포(技伐浦)까지는 직선거리 35km 정도이니 한나절(4~5시간) 거리이다.

이때를 자세히 설명하면 군선이 1~2척만 움직인다면 4시간 정도 소요되는바 대규모 군선이 이동시에는 선단 대열간 거리유지로 인한 지체되는 것을 염두에 두어야 한다. 이때 1시간 이동거리 평균 5~6km 정도를 추산하였으나 밀물의 가속도가 있을 즈음에는 조금 더 빠르게 이동할 것이다.

이때의 군선을 300~400여 척으로 설정하고 西海군산 앞바다 개야도 즈음에서 潮水를 타기 위하여 대기하고 있던 군선 선단이 금강 입구로 진입 강줄기를 거슬러 올라가려면 선두에 1~2척씩 나란히 하고 이어서 3~4척씩 줄지어 올라간다고 하더라도 선두와 후미는 1~1.5km의 선단이 형성되면서 자연히 이동시간이 길어지게 되고 백제군의 저항이 있었다 해도 강줄기가 길기 때문에 하선하는 데 무리가 없다. 이때 시간을 추정하면 5~6시간으로 보는 것이다.

　이를 분석하여 부연설명을 하면 唐의 蘇定方은 大軍船을 나누어서 群山 방면에서 서해 潮水를 타고 사비로 올라가려면 밀물의 탄력을 받게 되는데 이때 밀물의 速度 대비 軍船의 浮力에 의한 저감 속도를 감안하면 기벌포까지 航進은 5시간 남짓 소요된다.

　풍속 풍향과 관련하여서 금강 운항은 편서풍(偏西風)영향으로 북으로 전진하는 데 크게는 도움이 되지 않는다. 또한 기벌포에 軍船이 도착하면 사비성 방향으로 계속하여 올라갈 수 없음을 인식하여야 이해에 도움이 된다.

　이때 즈음에는 서해 潮水의 干滿으로 사비하의 강물이 잠시 머물렀다가 바다로 다시 내려간다.

　그러하니 군선을 임시 정박할 수 있는 깅안(江岸)이 필요하나. 浦口 기슭이나 둔치가 필요하니 그곳 技伐浦의 江岸 하류와 상류에는 군선이 접안할 수 있는 펄을 이룬 모래둔치가 길게 드러나 있다. 그러니 군사가 하선할 수 있고 군선을 임시 정박한 다음 潮水를 이용하여 사비성으로 계속하여 진군할 수륙군의 재편성과 숙영을 위한 하선이니 전술적으로 꼭 필요한 지점이고 일부 군선은 해수면으로 내려가 바닷가 모처에 대기하고 이후 작전에 대비하였을 것이다.

곁들여 설명하면 기벌포에 군선이 정박하고 군사가 하선하는 이유는 潮水의 영향으로 강물이 서해로 다시 흐르기 때문에 이때부터는 군선이 계속 항진하기 어렵다.

강물을 헤치고 더 이상 진군할 경우 船團간에 하나라도 힘에 부칠 경우 엉키면서 자칫하면 자멸할 수 있기 때문에 당시 唐나라 軍船은 더 이상 자력 전진을 하지 않았다.

*蘇定方의 1軍이 도착한 지점이 技伐浦이다.

이곳을 찾으려면 백제 좌평 성충(成忠)의 간언을 또다시 한 번 더 주목해보라. "水軍은 기벌포(伎伐浦)의 언덕으로 들어오지 못하게 하며 그 험애한 곳에 웅거하여 막은 후에야 이길 수 있습니다." 하였으나 그러나 王은 살피지 않았다.

기벌포의 언덕 그 험애한 곳에 진을 치라는 성충이 간하여 말하였던 기벌포는 全北益山市 聖堂浦이다.

기벌포 험애한 언덕

사진을 설명하면 강변에 이어져 있는 산기슭은 크게 보면 세 곳의 골짜기가 이어져 있고 언덕의 표고는 약 50~70m이면서 경사가 가파른 언덕 언덕이 겹쳐져 있다. 건너편 泗沘河의 모래섬 둔덕으로 인하여 강폭이 좁다 당연히 물길을 타고 올라오는 적의 군선을 활(弓)이나 투석기로 대적하기 용이한 지점이다.

성충이 忠言한 대로 험애한 언덕에 진을 치라는 記事와 一致. 이에 분명한 답은 蘇定方이 왜 기벌포에 도착하였을까?

이에 궁금증은 소정방과 김유신이 만나는 장면이 적나라하게 기술되어있음을 武烈王 7년條와 김유신 傳은 전하고 있으니 이를 깊숙이 들려다 보면 이해가 되는 것이다.

수많은 韓日역사 지리학자들이 技伐浦와 白江을 同一한 지역으로 理解하였고 또 한편으로는 東津江을 白江이라고 주장하기도 하였는데 그렇다면 백제 사비성을 침략할 목적의 唐軍이 동진강으로 출진하였다는 이야기가 되는 것으로서 蘇定方이 동진강 어디쯤에서 下船하였다면 전라북도 정읍 근방에서 사비성을 찾아야 되는 것으로서 과연 그곳에 사비성이 있는가? 연결되지 않는다.

이때의 백강과 부흥전쟁 말미 백강은 서로 다른 곳이다! 는 학설이 있기도 하나 이는 잘못된 認識의 국사관이고 미흡하고 가설적인 學術이다.

佐平 성충(成忠)의 예지의 간언 기사, "水軍은 기벌포(伎伐浦)의 험애한 언덕으로 들어오지 못하게 하며" 이때의 기벌포는 益山市 聖堂浦이다.

이어서 백강(白江)을 찾아보자.

"백강(白江 혹은 伎伐浦)과 탄현(炭峴 혹은 沈峴)은 우리나라의 요로입니다. 한 사람 한 자루의 창이라도 만인이 당하지 못할 것이니 마땅히 용사를 뽑고 가서 지키게 하여 당병으로 하여금 백강에 들어서지 못하게 하고 신라사람에게는 탄현을 지나지 못하게 하며"…

고마미지에 유배되어 있던 흥수의 대응전략 간언이다. 대신들은 의논이 있었지만, 미리 대응하지 못하였다. 이어서 사비성에 국경의 급박한 상황이 전해진다.

*또 듣기를 唐, 新羅 군사가 이미 백강과 탄현을 지났다고 하므

로 장군 계백(堦伯)을 보내어 결사대 5,000 명을 거느리고 黃山으로 나아가…

의자왕기 660년 7월 기사의 탄현에 이어서 白江도 역시 사비성까지 약 6~7日 정도 소요되는 지점으로 보고 연구하였고 이를 풀이하여 설명하려는 것이다.

탄현과 백강은 사비성에서 직선거리 약 60~65km로서 동 시간대에 國境을 넘는 침략정보가 泗沘城에 들어왔던 것이다.

"만약 당병으로 하여금 백강에 들어오게 하더라도 흐르는 물 따라 내려오므로 배를 가지런히 하여 오지 못할 것이며" 이는 곳 揷橋湖~無限川과 錦江支川이 관련지이다.

삽교호 즈음을 지났다 하면 이곳에서 사비성까지는 직선거리 약 65km 정도로서 탄현과 비슷한 서해내륙 입구물길로 탐구하였다.

물론 "흐르는 물 따라 내려오므로"는 삽교호~무한천이 조수간만(潮水干滿)의 영향으로 강의 흐름이 역류할 때를 이야기하는 것이다. 본디 삽교천과 무한천은 南에서 北으로 흐르나 이를 다시 설명하면 潮水로 강물이 역류할 때 군선이 내려온다는 뜻으로 이해하는데 흐르는 물 따라 현재 선장 포구까지는 군선이 들어왔던 것이다.

이즈음에서 군비를 정비하고 계속해서 침공 금강지천을 따라서 내려오는데 이곳 또한 步兵과 騎兵이 물길 따라 내려오는 길이다.

　실제로 금강지천은 협곡이 이어져 있어서 防禦陣과 伏兵을 설치하기에 용이한 지점이 여러 곳이 나타나 있다.

　이때를 당하여 군사를 놓아 친다면 비유컨대 "새장의 닭이나 그물의 고기를 죽이는 것과 같습니다." 대신들이 간하여 말하니 "王은 그렇다" 하였다.

　대신들도 지형을 잘 알고 있었으나 누구도 선뜻 금강지천(관련부분 지명/九谷川)을 방비하려 하지 않았다.

　唐의 2軍이 계속하여 금강지천을 따라서 내려오다 장평면 화산리에서 좌측으로 방향을 돌려서 청남과 목면 사이 화양리 가마골에서 웅진구(여울)를 건너는 것이다.

　泗沘城에서 地形을 설명하는 戰況으로 인식하기 바란다.

금강지천(九谷川)

이를 짧게 정리하면 당나라의 제2군이 白江에서 사비성으로 침공하려면 熊津口를 지나야 하는데 전투 격전이 없다면 약 6일 정도 소요된다.

이때에 웅진구에서 백제군을 만나서 격전이 있었다.

~군사가 이미 白江을 지났다 하므로 이에 병력을 합하여 웅진의 어귀를 막고 강가에 군사를 주둔시켰으나 정방이 왼쪽 가장자리로 나가 산을 타서 진을 치고 싸웠으므로 우리 군사가 대패하였다.

이렇게 되면 기벌포와 백강은 서로 다른 곳에 위치하고 있다고 이해할 수 있는바 당시 唐軍은 백강과 기벌포 두 곳으로 침략하였다.

유배지에서 흥수(興首)가 제시한 백제의 요로, 백강(혹은 技伐浦)라는 기사에 (혹은 技伐浦)는 金富軾 선생이 현장을 살펴보지 않고 주석하였음이 분명하다.

文武王 16년條 아래

겨울 11월에 사찬 시득(施得)이 水軍을 거느리고 所夫里州 기벌포(技伐浦)에서 설인귀(薛仁貴)와 싸워 패하였는데 또 나가 大小 22戰에 드디어 승리하고 4,000여 명을 베었다. 인데 문무왕 16년條에 技伐浦가 어디에 있다고 하였는가? 所夫里州 강변에 있다고 오늘 우리에게 전해주는 것이다. 이로써 기벌포를 찾았음을 本考에서 제시한다.

技伐浦는 全北 益山市 聖堂浦이며 白江은 忠南 牙山市 無限川

하류 ~ 揷橋湖이고 炭峴은 忠北 沃川郡 郡北 고갯길이다.

이로써 백강의 위치를 설명하니 이에 누구든지 다른 이론을 제시할 수 있으면 제시하길 바란다.

이어서 매우 중요한 熊津口를 찾아서 설명하겠다.

3) 白江과 技伐浦 熊津口 연결 理解

의자왕기 : "군사(唐)가 이미 白江을 지났다 하므로 이에 병력을 합하여 웅진의 어귀를 막고 강가에 군사를 주둔시켰으나 정방이 왼쪽 가장자리로 나가 산을 타서 진을 치고 싸웠으므로 우리 군사가 대패하였다."

위에 기사 중 정방이 왼쪽 가장자리로의 「정방」은 唐군사를 포괄하여 칭한 것으로서 왼쪽 가장자리란 사비성에서 바라보는 지형이다. 웅진구 여울이 있어서 왼쪽의 산을 타고 병력을 길게 전개하여 건너편 백제군을 치는 것이었다.

이때가 7월 10일 즈음이고 7월 9일 기벌포에 도착한 蘇定方이 아직 熊津口에 전진하지 않았다고 이해하였고 7월 10일 에는 신라군과 연합작전 약속기일도착 문제로 작전회의(舌戰)를 하고 있다.

웅진의 어귀를 막았다는 것은 대치하였다는 것으로서 백제군이 웅진江을 건너서 대치하는 전술은 있을 수 없다. 그러니 왼쪽 가

장자리라 기록 되었다 7월 10일 熊津口에서 蘇定方의 제2군과의 싸움이었다.

　사비도성에서는 백강을 지났다는 唐나라 침략군의 정보를 보고 받고서 군사를 모아 7월 7~8일 즈음에 사비성에 들어오는 길목인 웅진여울에 진을 쳤다는 것으로 해석하면 唐軍이 기벌포에 도착한 1軍과 백강으로 들어오는 2軍으로 두 곳으로 침략한 것을 알 수 있다.

　이때의 熊津口를 재차 설명하려는 것은 技伐浦로 침공하는 蘇定方의 제1군과 白江으로 침공하는 제2군을 분리 이해하였고 技伐浦 연구와는 떼어낼 수 없는 중요한 침략군군사이동 경로이기 때문이다.

　이때 660년 7월 초(4日) 백강으로 들어오는 蘇定方의 제2군 좌위장군 유백영(劉佰英)과 좌효위장군 방효공(龐孝公)이 계속하여 錦江 지천을 따라 내려와 장평에서 동쪽 木面 방향으로 진군하여 10일 화양리 熊津口에 이르러서는 백제군의 건너편방어책을 부수려는 전투장면 기록으로 나타나 있었다.

　그리고 또한 熊津口는 백제군의 부흥항쟁 말미 663년 8월초 文武王의 行軍路(목적지:州柔, 周留城)가 겹쳐져 있음을 탐구하였다.

　계속하여 660년 6월 관련 기사와 함께 이어서 탄현, 백강, 기벌포, 웅진구의 전개상황을 포괄하여 설명하겠다.

三國史記 열전 제2 金庾信 관련 부분

武烈王 7년 6월(660년) 정확하게는 6월 21일

德物島에서 蘇定方과 신라 태자와 김유신의 전략회의에서 침략
행군로 등의 현지정보와 계획을 의논하였다.

덕물도에서 정방은 태자(후일 文武王을 말함)에게 말하기를 "나
는 바다로 가고 태자는 육지로 가서 7월 10일에 백제의 왕도 사비
성에서 만나자." 하였다. 태자가 와서 알리니 대왕은 장병을 거느
리고 사라정(沙羅停)에 이르렀다.

사라정 강변

武烈王 7년 條에는 이때 사라정을 금돌성(今突城)으로 기록되
어 있으니 이 또한 정확히 구분하여야 한다.

南川停(이천)에서 武烈王의 特命을 받은 金庾信은 급히 달려서
금돌성(今突城)아래 사라정 現狀주시 모동면 수봉리 벌판에 대기
하고 있던 5萬여 군사를 거느리고 660년 6월 28일 즈음에 百濟로
향해 出陣하게 하였던 것이다.

尙州市에서는 이곳 금돌성 海拔 약 850m 산정을 武烈王이 머물렀던 성이라고 알림판을 세워놓았는데 내성에는 대궐터(大闕址) 등의 안내판이 서 있고 또한 건물터가 여러 곳이 산재해 있으며 와편도 널려 있었다.

금돌성 복원 성곽

필자가 확인하기로 수봉리 백화산 안내판에서부터 산행하였는데 골짜기 하천을 여섯 번을 갈之 자로 건너 2.5km 정도를 올라서 성터를 확인하였는데 武烈王이 금돌성을 등정하기는 무리한 지점으로 청년 장정이 오르더라도 2시간여 코스로 매우 험한 요지이기 때문이다. 하지만 역사서의 기록이 우선이므로 이를 부정할 수는 없다.

沙羅停은 현재 尙州市 白華山(보성봉 933m) 동남향 약 3km 白玉亭 건너 신녁마을로 추정된다.

이때의 출진은 이곳(금돌성)에서 옥천의 탄현과 大田 가수원을 지나 黃山嶺에서 계백 장군과 전투 후에 7월 10일 소정방의 唐軍과 合流한 연후에 ～ 협공 7월 13일 泗沘城를 치는 것이다.

계속해서 이때의 '金庾信전 기벌포' 부분에 보면 장군 소정방, 김인문 등은 연해를 따라 의벌포(依伐浦)로 들어왔으나 해안이 진흙땅이 되어 빠져서 나아갈 수 없으므로 이내 버들자리를 펴고 군사를 나오게 하였다.

의벌포'로 기록되어있으나 기벌포가 타당하고 이어서 海岸이 진흙땅이 되어 빠져서 나아갈 수 없으므로 이내 버들자리를 펴고 군사를 나오게 하였다 인데 해안이라 표기되었으니 바닷가로 인식하는 學者들이 있는데 실수이다. 해안에는 버드나무가 자라지 않기에 버들자리를 펴놓기는 매우 어렵다.

武烈王 7년 7월 9일(660년 百濟 침략 시) 관련 부분

"이날 정방은 부총관 김인문 등과 기벌포(伎伐浦)에 도착하여 百濟군사를 만났는데 싸워서 대패시켰다" 중략

이때의 기사는 백강을 지났다는 국경 침략 정보가 사비성에 보고된 연후 5일 정도의 기간이 지났음을 알 수 있다.

계속해서 신라본기 武烈王

"11일에 당, 신라 군사가 의자왕의 도성을 포위하려고 소부리(所夫里) 들로 나아가니, 정방은 꺼리는 것이 있는지 멈추었다. 庾信이 달래어 양군이 네 길로 쳐들어갔다."

이때의 蘇定方은 백제의 의자왕이 어찌 나오는지 헤아려 보려는 속셈도 있었을 수도 있으나 우선 白江으로 진입한 제2군의 진격상황 情報가 중요하였다.

관련 記事 백제본기 의자왕 20년 아래
① "네 번 부딪쳐서 모두 이겼으나 군사가 적고 힘이 꺾이니 마침내 패배하고 계백은 전사하였다." (황산벌 전투를 말함이고)
② "이에 병력을 합하여 熊津의 어귀를 막고 강가에 군사를 주둔시켰으나 정방이 왼쪽 가장자리로 나가 산을 타서 진을 치고 더불어 싸웠으므로 우리 군사가 대패하였다."
白江으로 침략한 唐의 제2군과의 7월 10일 즈음 전투상황으로 熊津口 전투이다.
③ "왕사(당병)는 潮水를 타고 배를 연이어 나아가며 북을 치며 고함을 질렀다."
④ "정방은 步, 騎兵을 거느리고 곧장 도성으로 내달아 일사지에서 정지하니 우리 군사 모두가 항거하였으나 또 패하여서 죽은 자가 萬여 명이었다." (7월 11일 군사동향이다. 本考 필자 이해)

三國史記 열전 제4 金仁問에는 위에 전투지를 기록하기를 "唐의 군사가 熊津口에 이르자 적의 군사가 강가에 주둔하고 있으므로 싸워 깨뜨렸다."

7월 10~11일 즈음 정방의 제2군이 熊津口 渡江 당시 전황으로서 이때에 군사를 이동한 것은 서해 潮水 간만으로 웅진강의 수위가 중요한 요건으로서 웅진구의 水位가 낮아지는 때를 맞추어서 건너는 것인데 기병 및 보병군사가 선편(船便)이 없이도 도강할 수 있다.

이에 시간대를 표시하니 참고해보자.

일반적으로 인식하는 公州 웅진성(공산성) 아래 수심은 평균수위가 1.5~2m로서 潮水의 영향에 변화가 크지는 않다.

또한 이곳의 상류 反浦面 원봉리 강물이 해발표고(6.512m)인데 이곳까지 서해 조수의 영향이 미치는 곳이다.

660년 7월초 소정방의 제2군 웅진구 渡江시간대

潮汐海水位豫報 2016년 8월(陽曆) 군산지역 潮汐예보도표

보기: ▲고조 / ▼저조 (우측 陰曆표기 기준으로 설명)

	시	시 : 분(cm)	시 : 분(cm)	시 : 분(cm)	月/陰曆
11일	02:19(246)▼	08:11(549)▲	14:45(209)▼	21:00(531)▲	7/09일
12일	03:17(286)▼	09:07(507)▲	15:45(230)▼	22:17(516)▲	7/10일
13일	04:43(306)▼	10:27(482)▲	17:03(233)▼	23:44(529)▲	7/11일
14일	06:17(291)▼	11:53(488)▲	18:19(210)▼		7/12일

10일 이전과 15일 이후 생략

보기: 1929년 朝鮮 하천조사서中, 現공주시 반포면 원봉리 (651cm) ▲高潮인바 군산의 조수고조가 반포면 원봉리까지 해수위의 영향을 받고 있었다.

다음은 공주시 탄천 반여울은 1970년대(군산하구언공사 이전) 까지 하루에 두 번씩 조수의 영향을 받았다.

음력 7월 9일~10일~11일 이 고조가 높을 때 (한낮시간으로) 이전 이후 하루 종일토록 웅진구의 여울까지는 조수간만의 영향에 수위 변동이 없다. 그러니 이때 즈음 4~5일 동안에는 대군사가 상시 건 널 수 있다는 증거로서 熊津口의 항공사진으로 이를 증명한다.

위 시간대 예시: 음력 7월 10일에 웅진구를 건넜다면 潮水의 영 향이 미치더라도 오전 10시 반쯤부터 唐의 제2군이 도강을 하는 것이니 이로써 660년 7월 4일 즈음 소정방의 제2軍이 白江(삽교 호)을 지나서 예산~청양~적곡 이어서 청남과 목면 사이 가마골 에서 금강여울을 건너 百濟軍1萬 여를 물리치고 灘川面大鶴里로 침공하였다.

웅진구 여울

이렇듯이 웅진구는 피아(彼我)간 매우 중요한 전술(戰術) 요충지였음을 알 수 있음이다. 7월 9일 김인문은 소정방의 右將 동보량(董寶亮)과 우무위將 풍사귀(馮士貴)와 함께 기벌포로 상륙하고 이후 熊津口 전투를 목격하였다는 記事로 나타난다.

660년 7월 당시 주요전투기록을 나열해 보면
① 金庾信 軍의 황산벌 전투(7월 9일)
② 소정방의 제1군 기벌포 전투(7월 9일)
③ 소정방의 소부리 들판 전투(7월 11일)
④ 소정방의 제2군 웅진구 전투(7월 10일)
이후에 文武王도 그때의 戰況을 薛仁貴에게 설명하고 있다.

文武王 11년 기사 중에서 東西에서 호응하고 水陸양군이 함께 전진하였다. (4路)
"수군이 겨우 강어귀에 들어설 무렵에 육군은 이미 대규모의 적군을 격파하고 두 나라 군사가 함께 백제의 수도에 이르러 나라를 평정하였다."
위에 기사는 신라와 당나라 군사가 네 곳(4路)으로 사비성을 침공하였다고 이해하는 데 도움이 되는 결정적인 기사이다.
이때의 기록을 해석하면 동쪽에서는 신라군이 황산벌로 들어오던 상황으로 육군은 이미 대규모의 적군을 격파하고이고 서쪽에서는 唐의 2군이 백강(삽교호)으로 침공해 들어오던 상황을 기억 해서 전하는 것이고 唐의 水軍이 기벌포에 蘇定方의 1군을 하선시 키고 일부 군선은 물때를 이용하여 사비하를 계속 올라가서 보니 (제2군의 웅진강 渡江 지원엄호作戰) 백강으로 들어온 당의 제2 군이 熊津口에서 百濟軍을 격파하였다는 기사로서 이때의 전황은 唐의 水軍과 함께 사비하에 들어온 김인문도 웅진구 전투를 목격 하였던 것으로 金仁問傳에 나타나고 있다.

熊津口 위치정리

熊津口 = 사비하의 상류지로서 지금의 靑陽郡 木面 앵봉산 아 래 화양리 가마골 근접 錦江邊에서 건너편 公州市 灘川面 大鶴里 반여울이 관련지이다.

앞서 기술한 웅진구 기사를 중요하게 재해석하는 이유는 唐軍의 주요 공격로가 2곳이었다는 것을 본 연구서는 이해하고 계속하여 설명하고자 하는 것이다. 이러한 확증에 답은 唐, 軍은 무려 13萬 이 출진하였다.

아무리 미련하고 우매한 將帥라 해도 당시 泗沘河(錦江) 한 곳 으로 13萬(그중에서 약 10萬) 대군을 이끌고 들어가지는 않았을 것이다. 당시에 金仁問이 唐의 1軍에 동참하여 기벌포로 들어왔고 太子 김법민이 덕물도에서 蘇定方을 만날 때 白江으로 진군하는 唐軍의 進路에 현지어 通譯 등 길 안내 將帥와 軍士를 보냈다고 추정하면 이해가 빠르다.

첫 번째 이때를 재차 설명하면 唐군의 세 갈래 침공루트 중 하나는 (서쪽)白江으로 진입한 주력 2군이 예산, 비봉, 청양, 장평, 목면을 거쳐서 熊津口(반탄진)으로 渡江 하였는데 이에는 앞에서 설명한 바와 같이 熊津江 水位와도 관련이 있으니 660년 7월 9~10일 즈음 熊津口에 도달하였던 것이다.

두 번째는 (동쪽)金庾信의 신라군으로 볼 수 있고

세 번째는 伎伐浦에 도착한 蘇定方의 1군이 있고

네 번째는 뱃길로 入城하는 唐, 羅 연합 水軍이다.

웅진강여울은 서해 조수에 의한 밀물로 인하여 해수 강물이 역류해 泗沘河를 거쳐서 熊津江에 들어오는 초입이고 海水位 물때에 따라서 수심이 변하니 얕을 때 騎馬와 步兵軍士가 船便이 없이도 건널 수 있는 곳이다. 또한 復興戰爭 개전초기에 웅진구 전투 기사가 있다.

福神等立兩柵 於熊津江口以拒之

仁軌與新羅兵合擊之 我軍退走入柵

阻水橋狹 墮溺及戰死者萬餘人

"복신 등이 두 개의 목책을 세워 웅진강 어귀에 항거하였다. 인궤가 신라 군사들과 합하여 공격하니 우리 군사가 퇴각하여 책(柵)으로 들어오는데 강물이 가로막히고 다리가 좁아 물에 떨어져 빠지거나 죽은 자가 萬여 명이었다."

좌평정무장군과 도침, 복신, 등이 웅진구의 전략적 요충지에 두 개의 목책을 세우고 웅진과 사비성을 괴롭게 하였다는 현장이다.

이곳은 현재의 청양군 목면 화양리 앵봉산과 건너편 골짜기를 이용하여 목책을 세우고 의병전쟁을 하였던 것이다.

福信等乃釋都城之圍 退保任存城

新羅人以糧盡引還 時龍朔元年三月也

"복신 등이 이에 도성의 포위를 풀고 물러나서 임존성을 지켰는 데 신라 군사들이 군량이 떨어져서 군사를 이끌고 돌아갔다. 때는 당나라 용삭 원년 3월이었다."

"다리가 좁아 물에 떨어져 빠지거나 죽은 자가 萬여 명이었다." 에서 나타나 있듯이 당시 熊津口에는 통나무 등과 나뭇가지 섶으로 역어서 부설(敷設)된 좁은 다리가 있었다는 기록이다. 추정해 보건대 웅진구에는 다리가 놓여있었고 필요(軍船 이동)에 따라서 부분철거하기도 하였을 것이다. 이를 근거하는 기사를 옮겨보자.

24代 동성왕(東城王) 479~501

"19년 여름 5월에 병관좌평 진로(眞老)가 죽었으므로 달솔(達率) 연돌(燕突)을 병관좌평으로 삼았다. 여름 유월에 큰비가 내려 민가가 무너지고 떠내려갔다. 20年에 웅진교(熊津橋)를 설치했다."

위에 동성왕 20년條에 나타난 웅진교 위치는 웅진나루일 것이나 수심이 깊어서 그곳에 과연 교량을 설치하였을지 위치의 설명에 부합하지는 않는다.

현재의 공산성 아래 웅진강 하류 3십 리쯤 지역으로 보아야 마땅하다. 이유인즉 웅진강의 江東과 江西의 취락 구조 형태를 분석할 필요가 있는데 江西지역인 청양군 목면 지곡리 두량윤성의 서남향 백곡리와 인근에는 고대인의 취락과 관련하여 수많은 유물과 유적이 분포 표출되어 조사한 바 있음이고 江東지역 그러니까 公州市 이인과 탄천면에도 수많은 유적이 분포되어 나타나 있음이 이를 반증하는 것이다.

660~661년 당시에 웅진강 여울에 다리가 설치되어 있었음을 표시하는바 이에는 계속하여 백제부흥의병 전쟁지역과 궁성지가 어디인가 찾아서 설명하려는 것이다.

백강과 기벌포 웅진구 연결 이해

기벌포(伎伐浦)는 현재의 익산시 성당면 성당포리이다.

이상은 기벌포'의 위치를 백강과 분리하면서 660년 7월 蘇定方의 제1~2군이 백강과 기벌포(技伐浦)로 차례로 진입하였는바 소정방은 7월 9일 기벌포에 상륙하였고 정방의 第2軍은 7월3~4일 즈음 白江에 진입 사비성을 침공하였다는 것을 三國史記의 여러 기사를 추슬러서 정리하였다.

아울러서 663년 8월, 백제復興戰爭 말기 白江 기사도 역시 동일 지역으로서 百濟의 西部 기름진 평야를 적시는 그 무한천이 관련지인데 여기에서 백강은 百濟의 八族인 苩氏의 호족이 관장하던 지역으로도 유추할 수 있음이니 이곳을 白江이라 불리었을 수도 있다.

관련 근거

隋書 卷81-列傳第46-百濟 國中大姓有八族

나라에 큰 성씨인 8족이 있는데 沙氏, 燕氏, 俠氏, 解氏, 貞氏, 國氏, 木氏, 苩氏, 사씨, 연씨, 협씨, 해씨, 정씨, 국씨, 목씨, 백씨이다.

또 하나의 사료를 살펴보자. 임존성(任存城) 동쪽 아래 無限川과 新陽川이 합류하는 지점 3km 하류에는 기이한 유적(遺蹟) 하나가 나타나 있다.

세종실록지리지 149 충청도/대흥현

대흥현(大興縣)은 본래 백제의 임존성(任存城)인데 신라에서 임성군(任城郡)으로 고쳤고 고려에서 지금의 이름으로 고치어 현종(顯宗) 9년에 운주(雲州) 임내에 붙였다가 명종(明宗) 2년에 비로써 감무(監務)를 두었다.

본조에서도 그대로 따랐는데 태종(太宗) 13년 癸巳에 예(例)에 의하여 현감으로 고쳤다. 딸린 소(所)가 1이니 거변(居邊)이다. (전

에는 것물금소(居叱勿金所/거질물금소)라 하였다) 중략

읍 석성은 둘레가 2백 44보이고 우물이나 샘은 없다. 역(驛)은 1
이니 광세(光世)이다. (세속에서 잘못하여 光時라 한다)
당나라 소정방의 사당(祠堂)이 대잠도(大岑島)에 있다.

高麗 때에는 봄가을로 사신(使臣)을 보내어 향축(香祝)을 내려
제사를 지냈는데 지금은 다만 소재관(所在官)으로 하여금 제사를
지내게 한다. 위와 같이 「조선왕조실록 세종지리지149」 충청도 대
흥현(大興縣)에 실존하고 있었다는 기록인데 蘇定方 관련 유적이
그때까지 남아있었다면 이 또한 660년 7월 초 소정방과 唐軍의 행
적이 이곳에 있었음이 분명하다.

백강(무한천)을 따라서 침투한 소정방의 군대가 임존성 아래에
머물렀을 것으로 미루어 짐작케 하는 것이니 고대의 전쟁전술에
도 대규모의 군사가 이동할 시도 병력병참을 지원하기 위한 중간
에 군진을 두었다.

이후에 唐의 지배하에 들어간 백제 땅에는 소정방의 흔적을 대
흥에 세웠던 것으로서 이를 찾아서 열거하는 연유는 唐나라의 사
비성 침공행로가 두 곳(2路)이었다는 것을 실증케 하는 사료(史
料)인 것이다.

하지만 대잠도(大岑島)의 위치와 흔적은 1962년에 완공된 예당
(禮唐)저수지로 인하여 수몰된 관계로 실재를 확인하기는 불가하

246

나 古地圖로 유추할 수 있다. 이에 660년 7월 소정방(蘇定方)이 사비성 침략 당시 기벌포 관련 기사와 이미 백강과 탄현을 지났다는 기사의 白江은 1~2군으로 나뉘어서 침공하였던 것임을 재차 설명하노니 누구든지 이론(異論)를 제시(提示)할 수 있으면 공개 토론하자.

三國史記 편찬자의 白江(혹은 기벌포)와 三國遺事」의 伎伐浦(또는 백강) 기사는 불행하게도 주석(註釋)을 잘못 기재한 결과로서 본고(本考)에서는 이를 나누어서 연구하였다.

技伐浦 : 益山市 성당 포구

白江 : 無限川 하류 ~ 삽교호

熊津口 : 공주시 탄천면 대학리~청양군 목면 화양리간 錦江

4) 熊津口 탐사 = (半灘津)~반여울 나루

2016년 2월 초 미궁속의 技伐浦와 熊津口를 탐사하였지만, 웅진구의 추가 자료(航空사진)를 확인하면서 취재소재를 찾다가 灘川面의 도움으로 대학2리 이장과의 전화가 몇 차례 있었고 지난 6월7일 本會월례회참석 후 오후에 未完의 熊津口를 재차 탐사하기로 작정하고 관련지로 달려갔다

지금까지 확인해오던 百濟復興戰 주요 관련 지역 중에서 大尾

의 探査手順이다. 이전에 전화로 만났던 大鶴1리 김정식(1949년~) 이장을 만나 이야기 도중 마침 농지에 다녀오던 동리마을 정운채 (1951년~)씨도 동참해 주었는바 반여울(半灘津) 나루 위치를 확인하면서 1970년대 末까지 반여울에서 나룻배를 운영하던 박태규 氏의 이야기가 나오면서 댁에 계신지 전화 확인하면서 대화가 계속 이어졌고 이야기 도중 버스로 외지에 출타하고 돌아오던 박태규(1931~) 어른과의 만남이 이어지게 되었다.

朴翁曰 先親께서 생전에 대물림하여 주어 오십 즈음까지 半灘津(반여울)에서 나룻배를 운영하던 이야기를 들려주어 청취하였고 1980년 대청댐건설로 강물이 줄어서이기도 하지만 또 한편으로는 도로와 교통의 발달과 더불어서 나루터 일을 접었노라고 나룻배를 타고 오가던 이들의 생활상도 접하게 되었다
학교에 가는 학생에서 상인 농사인 할 것 없이 하루에 많게는 100여 명에 이를 때도 있었다고 한다.
公州에서 扶餘 방면을 오가던 범선(큰배) 이야기도 있었는데 수심이 얕을 때는 운항을 하지 못하지만 어쩌다 배(船) 밑창이 모래에 걸리면 모랫바닥을 파헤치며 인력으로 밀면서 배가 오르내렸다고 한다.
지금은 4대강 유역 錦江개발로 인하여 나루터에 접하여 거주하던 주택도 내어주고 새로이 집을 짓고 이사하였다. 마을 주민들의

대부분은 그런저런 이야기를 들려주었고 江건너 마을 이야기도 이어졌다.

이곳 그러니까 반여울 양쪽 강바닥에 쌓여있던 모래는 금화산업(골재채취업)에서 십여 年간 퍼내어서 흔적이 없어졌다는 이야기도 있었다.

매우 중요한 취재는 반여울 上流 약 1.5km 구간은 강물의 수심 그러니까 밀물이 빠지고 강물 깊이가 얕을 때는 바지를 걷고 강을 건너다녔다는 소회를 들려주는 것이다.

반여울에서 상류 1.5km 지점에서부터는 수심이 약간 깊어지면서 놋점나루가 지금의 운암리에 접하고 있었다고 분창나루는 반여울에서 약 10리 정도 下流에 있으며 수심이 깊으므로 나룻배가 상시 운행하였다. 반여울에서 상류(약 1.5km 구간)부분이 웅진구(熊津口)로 확인하였는바 나루터(半灘津) 위치를 고지도와 1976년도 항공사진을 보여주면서 필자와의 만남이 있었던 것이다 .

현지인 취재

마을 분들과의 이야기를 정리하면 '반여울에서 上流 놋점나루'간 약 2km가 西海조수간만으로 최저 수위 0.8m ~ 만 수위 1.8m로 하루에 두 차례씩 변하는데 이곳 구간 강바닥에는 모래가 쌓여 솟아있으니 강물이 넘나드는 현상으로 비쳐 보였을 것이다. 하지만 가까이 접하고 생활하는 입장에서는 이러한 자연현상을 무의식하고 지내었으니 기묘한 물길의 변형을 모르고 살았다.

一名 물(水)고개 錦江 여울 약 1.5km 구간이 熊津口이다.

다시 설명하면 금강 水位는 西海의 群山과 公州市 反浦面 원봉리는 하루에 두 번씩(二回) 水位 표고가 비슷한 지점이다.

반포면(反浦面) 이해 (되돌릴反' 개포浦') 反浦의 어원은 潮水의 영향이 미치는 곳 또는 강물이 높아졌다가 다시 되돌아가는 원점으로 이해하면 된다.

660년 7월 10~11일 蘇定方의 第2軍이 熊津口를 도강하면서 百濟軍 1萬여 명을 물리치는 지점이기도 하거니와 663년 8月 9日~10日 즈음 文武王이 羅,唐연합육군을 이끌고 周留城으로 행군하는 제1 관문이며 전술 전략지인 熊津江渡江 작전지이다. 하지만 이때의 도강작전은 웅진구의 水位변화를 감안하여 1차로 야간시간을 활용해 도강하여 행군 진로 탐색의 일부 군진을 전개해놓고 대낮 시간 9일~10일 양일간에 군사를 나누어 도강하였을 것이다.

熊津口는 반여울 상류 놋점나루 간(약 1.5km 구간)이다.

참고 : 錦江 熊津口 주변 나루분포

창강나루 上流 2km-분창나루 4km-반여울 3km-놋점나루

참고 : 公州市 反浦面 원봉리 錦江 水位(해발 6.512m) 위치

(국토해양부 1929년 朝鮮河川 조사서 인용)

이렇게 660년 百濟 패망과 663년 復興戰에 나타나는 白江은 豊王의 宮城 주류성과 연결되고 熊津口渡江까지를 여러 古書와 古地圖 항공사진 등 기타 자료를 근거로 요약하였다.

하지만 그 역사의 기록들을 분석하고 열거해놓은 해당 地名은 지형의 설명이 일치하여 부합되는지 관련학자들의 확인하는 考證이 필요하겠다.

白江 關聯 오해 참고기사

#舊唐書卷199上-列傳第149上-百濟國-12/09

麟德〉二年八月, 隆到熊津城, 與新羅王法敏 刑白馬而盟.

先祀神祇及川谷之神, 而後歃血. 其盟文曰

인덕 2년(665년) 8월에 부여융이 웅진성에 이르러 신라왕 法敏과 白馬를 잡아 놓고 맹약하였다. 먼저 천신, 지신 및 산천의 신에게 제사를 올리고 나서 피를 마셨다. 그 맹세문은 이러하다. 이하 줄임

위에 기사에서 나타나듯이 "백마를 잡아놓고 맹약하였다."

이에 관련하여 전해지는 비슷한 전설이 있으니 그 하나는 백제를 침략하던 蘇定方이 泗沘河에서 급한 물살을 만나 百濟를 지키던 龍이 방해하는 것으로 알고 소정방이 백마를 잡아 그 머리를 미끼로 용을 낚았다는 그 유명한 전설을 말함이다. 그러한 전설이 전해진 관계도 있었거니와 백마를 잡아놓고 맹약하였다에서 보듯이 사비하는 백제의 멸망 후 백마강이라고 불리였던 것이고 이 후 1145년 편찬된 삼국사기에 金富軾은 소정방이 도착한 기벌포와 唐의 제2군이 들어오는 白江을 동일한 장소로 보았고 그 중요한 백강을(혹은 기벌포)로 註釋해놓아서 천 년을 이어오는 國史의 난제가 되었던 것이다.

1287년 편찬 三國遺事에 一然선사 또한 거들었는바 기벌포를(또는 백강)으로 다르게 註釋하였으므로 現世에 이르러 古代史를 이해하고 정리함에 있어서 추슬러지지 않는 과제가 되었던 것이다.

伎伐浦는 현재의 益山市 聖堂面 聖堂浦(군산~부여 중간 지점)이고 白江은 청양화성에서 발원하여 대흥 예산평야를 거쳐 당진과 아산 사이를 흐르는 無限川 하류~揷橋湖이다.

각기 다른 지역에 위치함을 탐구 이해하였고 伎伐浦와 白江을 위와 같이 분리하고 660년 7월 唐의 제2군과 백제 간의 熊津口 전투를 함께 정리하였다.

3장 인류역사상 최초 4개국 海戰史

660년 7월~663년 8월 羅, 唐, 倭, 百濟부흥군의 전쟁터

663년 8월 초, 일본은 百濟부흥군을 도우려 2만 5천여의 군사와 일천여 척의 戰船을 준비하여 후쿠오카를 거처 南海를 지나 백제의 白村江까지 진입하였으나 이후 8월 27일~28일 당의 수군을 맞아 두 차례의 전투에서(唐기록 4회) 신라군과 당의 수군에 참패, 남은 군선이 절반이고 군사가 수천에 불과하였다.

이에 신라, 당, 왜, 백제의 기사를 근거하여 白村江=白江을 찾아야 하는바 관련 史書의 그 단문의 기록들은 문맥이 기이하고 난해하여 이제까지 남아있는 고대 한국사 숙원의 과제이다.

하지만 앞에서 해석(解釋)하여 찾아놓은 白江을 인식하고 관련 기사를 연결하여 풀어 가보자.

1) 웅진강 이동 ~ 백강, 백강구 주류성 기사

용삭 3년(663년)

① 於是 仁師仁願及 新羅王金法敏 帥陸軍進

이에 손인사, 유인원 및 신라왕 김법민은 육군을 이끌고 진군하고(8월 8일~9일 즈음 웅진 출발)

② 仁軌及別帥杜爽 扶餘隆率水軍及糧船 自熊津江往白江

유인궤 및 별수두상 부여융은 수군 및 군량선을 이끌고 웅진강으로부터 백강으로 가서 (663년 8월 15일~16일 즈음 웅진 출발)

③ 以會陸軍同趣周留城

육군과 회합하여 함께 주류성으로 달려갔는데(663년 9월 2일~3일 즈음 白江 출발)

④ 仁軌遇扶餘豐之衆於白江之口

인궤가 백강 어귀에서 부여풍의 무리를 만나(663년 8월 27일 白江口 海戰 첫째 날을 말함)

⑤ 四戰皆捷 焚其舟四百艘

네 번 싸워 모두 이기고 그들의 배 四白 척을 불사르니

⑥ 賊衆大潰, 扶餘豐脫身而走

적들은 크게 붕괴하고 부여豐은 몸만 빠져 달아났다. (663년 8월 28일까지 양일간 백강구戰鬪 기사)

이상이 舊唐書의 白江口戰 기록이나 원문의 순서대로 이해하면 뜻이 풀리지 않는다.

1, 2, 4, 5, 6. 3 순으로 이해하자. 괄호 안의 관련 일자를 참고하여 이해하기 바란다.

⑥에서 위에 밑줄 ③을 다시 연결하면 주류성으로 진군하니 항복 일자가 연결된다.

③ 以會陸軍同趣周留城

육군과 회합하여 함께 주류성으로 향하였다. (663년 9월 2일~3일 즈음 白江 출발하였다)

日本書紀 권27 천지천황 2년 관련 부분에 보면 이때의 상황이 날짜별로 기록되어 있다.

8월 27~28일 白村江~백강구 전투 후에 나타나는 부분 아래 백제왕 풍장은 몇 사람과 함께 배를 타고 고구려로 도망갔다.

9월 7일에 百濟의 州柔城이 마침내 당에 항복하였다.

舊唐書 卷84 유인궤 傳(참고 기사)

상기에 옮겨놓은 구당서와 대동소이하나 한 줄 기사에 상이점이 나타나 있으니 살펴보자.

王扶餘豊脫身而走 不知所在 或云奔高句麗 獲其寶劍

이때 왕 부여풍은 탈출하여 도주하였으므로 거처를 알지 못하게 되었는데 어떤 사람은 고구려로 달아났다고 말하기도 한다. 唐나라 군사들이 그의 보검을 노획하였다.

딩시 당나라읙 記事 중에서 위에 부분은 특이하게도 백제 부흥군의 王부여풍을 거명한 것으로서 유일하게 豊王을 언급하여 기록하였다.

(1) 구당서 권199 열전 제149 백제기

인원이 군사를 더 보내 줄 것을 주청하니 조서를 내려 치주(淄州) 청주(靑州) 내주(萊州) 해주(海州) 등의 군사 7천 명을 징발하여 좌위위장군 손인사(孫仁師)를 보내되 무리를 통솔하고 바다를 건너가서 인원(仁願)의 무리를 도와주게 하였다. (663년 唐의 증파軍 소집을 이야기하는 기사이다)

이때 福信이 이미 권세를 전횡하니 점차 扶餘豊과 서로 시기하고 차츰 의심하게 되었다. 복신은 병을 칭탁하며 깊숙한 굴실에 들인 방에 누워있으면서 부여풍이 문병 올 때를 기다렸다가 그를 살해할 계책을 세웠다.

부여풍이 이를 알고 그가 심복들을 거느리고 갑자기 들이쳐 복신을 죽였다. 그리고 사신을 고구려와 왜국에 보내어 군사를 구걸하여 당병을 막았으나 손인사가 중로에서 맞아 쳐서 부수고 드디어 유인원의 무리와 서로 합치니 군사의 사기가 크게 떨치었다.

손인사가 熊津의 유인원 군사와 합류하였다는 기사이고 이때에 신라 文武王과 金庾信의 5만 대군도 웅진에 합류. 註 : 기사 하단에 이동 일자와 관련 부분을 찾아서 표시하였다.

⑵ 三國史記 권7 文武王 11년條 관련 부분

웅진강 출발 주류성 도착, 백강 이동 기사

至龍朔三年 摠管孫仁師領兵 來救府城 新羅兵馬 亦發同征

용삭 3년(서기 663)에 이르러 총관 손인사(孫仁師)가 병사를 거느리고 와서 부성을 구원할 때, 신라의 병마도 역시 정벌에 참여하였다.

① 行至周留城下 此時 倭國船兵 來助百濟

행군이 주류성 아래에 이르렀을 때 왜국의 수군이 와서 백제를 도우려 하였다. (8월 17일 주류성 포위)

② 倭船千艘 停在白沙

왜선 일천 척이 白沙(江)에 머물러 있었고(8월 24일 즈음)

③ 百濟精騎 岸上守船

백제의 정예 기병들이 언덕에서 배를 지키고 있었는데

④ 新羅驍騎爲漢前鋒 先破岸陣

신라의 정예 기병들이 중국 군대의 선봉이 되어 먼저 언덕의 진지를 쳐부수고 나니(8월 25일 즈음)

⑤ 周留失膽 遂卽降下

주류성은 대적할 용기를 잃고 곧바로 항복하였다. (9월 7일 항복 일지 상황, 이때에 白江口 전투는 기록에서 누락되었다)

(3) 三國史記 金庾信전 관련 부분

龍朔三年癸亥 百濟諸城 潛圖興復

용삭 3년 계해에 백제의 여러 성에서 비밀리에 부흥을 도모하였다.

其渠帥據豆率城 乞師於倭爲援助

그 두목은 두솔성(豆率城)에 웅거하면서 왜(倭)에게 군사를 요청하여 싸우려고 하였다.

위에 부분은 百濟부흥군 초기를 개략으로 기술한 것으로서 그 두목이 두솔성에 웅거하였다는 기사를 주목할 필요가 있다.

大王親率 庾信仁問天存竹旨等將軍 以七月十七日征討

대왕이 직접 유신·인문·천존·죽지 등 장군들을 거느리고 7월 17일에 토벌 길에 올랐다.

次熊津州 與鎭守劉仁願合兵 八月十三日 至于豆率城

그들은 웅진주(熊津州)에 가서 진수관(鎭守官) 유인원의 군사와 합세하여 8월 13일 두솔성에 이르렀다.

百濟人與倭人出陣 我軍力戰大敗之 百濟與倭人皆降

백제인들이 倭人과 함께 진을 쳤는데 우리 군사들이 힘껏 싸워 크게 깨뜨리니 그들이 모두 항복하였다.

(4) 日本書紀 권27 천지천황 3年 관련 부분

秋 八月壬午朔甲午

新羅以百濟王斬己良將 謀直入國先取州柔.

가을 8월 13일, 신라는 백제왕이 자기의 훌륭한 장수를 죽인 것을 알고서 이때다 싶어서 쳐들어가 주유(州柔)를 빼앗으려고 하였다.

"그러자 백제왕이 적의 계략을 알고 장군들에게 말하였다. 지금 들으니 대일본국의 구원군 장수 노원군신이 건아 일만여 명을 거느리고 바다를 건너오고 있다. 장군들은 미리 준비하도록 하라"

我欲自王 待饗白村.

나는 백촌(白村)에 가서 기다리고 있다가 그들을 접대하리라.

戊戌 賊將至於 州柔繞其王城.

무술(17일)에 적장이 주유에 이르러 그 왕성을 에워쌌다.

大唐軍將 率戰船一百七十艘 陣烈於白村江.

대당의 장군이 전함 170척을 이끌고 백촌강에 진을 쳤다.

戊申 日本船師初至者 與大唐船師合戰 日本不利而退.

무신(27일)에 일본의 수군 중 처음에 온 사람들이 대당의 수군과 싸웠다. 그러나 일본이 패해서 물러났다.

대당은 전열을 굳게 지켰다.

28일에 일본의 장군들과 백제왕은 기상을 잘살피지 않고 우리가 선수를 친다면 저쪽은 스스로 물러갈 것이다, 그리하여 대오가 굳건하지 못한 일본 중군은 병졸을 이끌고 나아가 대당의 군진을 공격하였다. 그러자 대당이 곧바로 좌우에서 배를 둘러싸고 싸웠다, 눈 깜짝할 사이에 관군이 패배하였다. 이때에 물속으로 빠져 익사한 자가 많았다, 또한 뱃머리와 고물을 돌릴 수가 없었다.

박시전래진(豊王 호위장수)은 분노함을 하늘에 토하고 수십人을 죽이고 마침내 전사하였다. 백제왕 풍장은 몇 사람과 함께 배를 타고 고구려로 도망갔다.

9월 7일에 백제의 주유성이 마침내 당에 항복하였다.

이때 국인들이 "주유가 항복하였다. 사태를 어찌할 수 없다. 백제의 이름은 오늘로 끊어졌다."

이제 조상의 분묘가 있는 곳을 어떻게 갈 수 있겠는가?

但可往於弓禮城會日本軍將等 相謀事機所要

호례성에 가서 일본 장군들과 만나 무엇을 어떻게 해야 할지 의논하자.

遂教本在枕服岐城之妻子等 令知去國之心

그리고 침복기성(枕服岐城)에 가 있던 처와 아이들에게 나라를 떠나려 한다는 마음을 알렸다. 중략

이상이 663년 8월 4개국 관련 기사이다.

2) 白江, 白江口, 白村江의 전쟁기록 취합분석

당시의 史實記에 기록자는 日程과 地名 기입 과정에서 먼저와 나중이 바뀌었던 부분이 있었고 지명이 누락되어 후세에 독자로 하여금 혼란을 가중케 하였다.

舊唐書는 모든 일정 및 전투과정을 용삭 3년으로 되어있어서 분별하기가 쉽지 않았다 문단 및 소절을 나누어서 날짜가 표기되어 있었으면 이렇게 논란의 난제가 없었을 것이나 三國史記와 日本書紀에서는 단락의 몇 소절에는 이동과정의 날짜가 기록되어있어서 해결하는 데 도움이 되었고. 당시의 군사이동 날짜 추정근거는 바다와 연결되는 河口와 干滿의 水位변화에 일자별로 현대의 潮水측정수위예보를 찾아볼 수 있어서 江水 위 변화과정과 시간대를 측정하고 역사서를 판독하는 데 활용하였다.

당시 4개국의 기록에 조금씩 상이한 부분도 있었지만, 각국의 기사를 조각으로 하여 일정과 현장을 비교하면서 날짜와 군사이동현장이 일치하는 기사를 조합하여 맞추고 戰場의 狀況과 지형의 분석을 통해서 地名을 찾는 데 도움과 이해가 되었던 것이다.

663년 8월 초 文武王 행군일짜 시간대

潮汐海水位豫報는 국립해양조사원에서 예보한다. 바다 해수면의 변화원리를 잠깐 설명을 하자면 태양(sun)을 바라보고 1년에 한 바퀴 도는 地球가 하루가 지나는 과정에 1일 1회 自轉으로 일정한 거리에 있는 달(moon)과는 자연히 거리의 변동이 생긴다. 달에서 보이는 지구의 전면과 후면의 거리 引力의 差等으로 인해서 바닷물이 밀물과 썰물이 派生되는 것을 말하는바 하루에 두 번 해수면이 변화와 더불어 연안(沿岸)에 접한 강수위도 이에 준한다. 해서 본고에서는 錦江과 관련한 군산지역의 해수면을 참고하였고 음력의 기준으로 도표를 보자.

潮汐海水位豫報 2016년 9월 (陽曆)군산 지역 潮汐 예보도표
9월 시 : 분(cm)   8月/日陰曆

	시	시 : 분(cm)	시 : 분(cm)	시 : 분(cm)	月/陰曆
01일	03:11(695)▲	09:53(105)▼	15:21(653)▲	21:59(62)▼	8/01日
08일	이전은 생략				
09일	01:44(228)▼	07:25(545)▲	13:56(191)▼	20:07(550)▲	8/09日
10일	02:34(269)▼	08:14(501)▲	14:48(222)▼	21:14(521)▲	8/10日

文武王 행군로 ~ 8월 9일 熊津출발 8월 9일~10일 한낮시간으로 ▲고조가 높을 때 이후지만 이때 熊津口 여울은 조수의 영향이 크게 미치지 않는다, 약 1시간 이후 09시~10시 즈음부터 8~9시간여에 걸쳐 熊津口 여울을 渡江 할 수 있다.

이후 8월 13일 두솔城을 항복시키고 8월 17일 長谷山城 群包圍 이후에 8월 21일 신라군은 白江(白沙)로 이동하여 24~25일 즈음 백제기병을 물리침 8월 27~28일 白江口 海戰 이후 주류성으로 달려가 9월 7일 주유항복(州柔降伏)을 이끌어낸다.

663년 8월 文武王의 웅진구 渡江 관련 行軍路를 열거하면 663년 7월17일 경주출발 8월 초 웅진에서 손인사의 唐,軍과 합류 전략회의를 거치고 난 연후에 웅진을 출발한 羅,唐연합육군 六萬여명은 半灘津(반여울)을 건너서면 청양군 지역으로서 牧面 화양2리 가마골을 지나게 되고 아가천을 따라서 이동하는데 여기에서 나·당 연합군은 본진을 나누어 지곡리(두량윤성)을 공격 항복시키고 文武王은 본진을 이끌고 角山두솔성으로 진군하는 것이다.

방죽골을 지나면 長坪面 美堂里에 다다르고 이어서 두 갈래 길을 선택하여 하나는 군량병참(軍糧兵站)을 운용하는 수레 등의 이동을 고려하여 평지인 長坪 화산리 방향으로 돌아서 행군하였을 것이다.

또 한길은 도림리 낙지川을 건너 豆率城(8월 13일 항복시키고) 죽림리에서 본진과 합류를 하게 되고 大峙面 까치내(鵲川)와 구치리를 지나고 南陽 금징리(쇠핀길)을 지나게 되고 청양(牛山城)을 거쳐 비봉을 지나면 8월 17일 長谷山城群(州柔, 周留城)을 포위하였던 것인데 이때 와서 주류성 부흥군의 정황을 파악해보니 왜군이 백강으로 향하고 있다는 정보를 입수하게 되었던 것이다.

이에 연합육군은 주류성을 포위한 군진을 남기고 일부 군사를 白沙(白江, 삽교호 하구)로 군대를 이동하였다.

8월 27일 유인궤의 수군이 倭에서 먼저 건너와 있던 백제지원군과의 백강구 전투 후 이튿날 왜군 본진과의 28일 大戰 양일간의 海戰을 치르고 육군과 회합하여 9월 2~3일 즈음 주류성(長谷山城群)으로 다시 진군하니 9월 7일 州柔 항복 백제 부흥전쟁은 종말에 이르는 것이었다.

關聯史書의 군사이동과정 지명 일자 연결조합 이해
1, 舊唐書 용삭 3년(663) 백제기 기사에 @本文 표기
2, 三國史記 문무왕 11년 조 기사에 #文武王 표기
3, 三國史記 金庾信전 관련 부분기사에 金庾信전 표기
4, 日本書紀 권27천지천황 2년 기사에 日本書紀 표기

舊唐書 卷199上 열전 제149 백제기 本文으로 설정
本文 : 웅진강 이동~백강 주류성 백강구 전투상황을
註解 : 웅진강 이동~주류성 포위, 백강으로 이동, 백강구 전투 후, 주류성 항복으로 기사를 정리하여야 함은 백제기 本文 軍士이

동상황에 관련일자를 찾아서 맞추어야 이해가 되기 때문이다.

本文1, 인사, 인원 및 신라왕 김법민은 육군을 이끌고 진군하고, 이때의 진군은 어디로 향하였는지 목적지가 없다. 하지만 손인사와 문무왕 김유신과 28장군은 8월13일 각산의 두솔성에 도착하였다. 관련일자 金庾信전 : 그들은 웅진주(熊津州)에 가서 진수관(鎭守官) 유인원의 군사와 합세하여 8월 13일 두솔성에 이르렀다.

日本書紀 : 州留의 豊王은 白村으로 나가고

文武王 11년條

1, 행군이 주류성 아래에 이르렀을 때 왜국의 수군이 와서 백제를 도우려 하였다. (이때가 8월 17일) 관련 일자 日本書紀에 보면 아래에 무술(8월 17일)에 敵將이 州柔에 이르러 그 왕성을 에워쌌다. 羅·唐연합육군은 8월 17일 주류성/주유(州柔)를 포위하였다. 그런 후에 문무왕은 다시 일부 군사를 이끌고 白沙(江)으로 이동하였다.

本文 2, 유인궤 및 별수두상 부여융은 수군 및 군량선을 이끌고 웅진강에서 백강으로 가서는 아래에 문무왕기 기사가 연결된다.

文武王의 연합육군 이동 관련 기사

2, 왜선 일천 척이 백사(白沙)에 머물러 있었고,

3, 백제의 정예 기병들이 언덕에서 배를 지키고 있었는데,

4, 신라의 정예 기병들이 중국 군대의 선봉이 되어 먼저 언덕의 진지를 쳐부수었다.

本文4, 인궤가 백강 어귀에서 부여풍의 무리를 만나

本文5, 네 번 싸워 모두이기고 그들의 배 四百 척을 불사르니

本文6, 적들은 크게 붕괴하고 부여豐은 몸만 빠져 달아났다.

日本書紀 : 무신(8월 27일)에 일본의 수군 중 처음에 온 사람들이 대당의 수군과 싸웠다. 그러나 일본이 패해서 물러났다.

本文3, 육군과 회합하여 함께 주류성으로 진군하였다.

5, 주류성은 대적할 용기를 잃고 곧바로 항복하였다.

日本書紀에 이때 기사에 날짜가 있다.

9월 7일에 백제의 주유성이 마침내 당에 항복하였다.

이때 국인들이 "주유가 항복하였다. 사태를 어찌할 수 없다. 백제의 이름은 오늘로 끊어졌다."

舊唐書 본문 2, 4, 5, 6, 기사는 白江口 白江 기사로 그리고 3은 육군과 회합하여 함께 주류성으로 진군하였다는 주류성 기사로 9월 7일 항복 기사로 나누어서 해독하여야 알 수 있다.

백강구에서 倭 군선을 격파한 유인궤와 부여융은 내륙 白江으로 전진하여 문무왕의 연합육군과 회합하여 함께 주류성으로 진

군하였다. 그러니 백강은 蘇定方의 2軍이 쳐들어온 揷橋湖 無限
川으로 연결이 된다.

文武王은 웅진에서 출진하여 8월13일 두솔성 항복을 이끌어내
고 8월 17일 周留城(長谷山城群)을 포위하고 군사를 나누어 다시
이동하여 8월 24일~25일 즈음에 白沙(江)의 언덕 전투를 치르고
이어서 8월 27~28일 유인궤의 수군이 白江口에서 倭군선을 맞아
서 海戰에 승리하고 文武王의 陸軍과 합류 9월 7일 주류성 항복
을 이끌어내는 것이다.

문무왕기 중간에 백강구 전투기사가 나오지 않고 있으나 이를
기록하지 않은 것은 薛仁貴의 항의편지에 답신으로서 당나라의 白
江口 전투상황을 굳이 설명하지 않았다.

문무왕기에선 하나의 지명과 전투가 누락되었고 구당서에선 한
줄의 기사가 先後가 바뀐 것으로 해석하였다.

신라와 당나라의 기사가 당시 전황이 끝나고 난 후에 기록되었
음을 나타내는 문맥으로 보면 이해가 되고 기록을 검토 후 정리한
것과 그렇지 않은 것의 결과라고 볼 수 있다.

663년 8월 羅,唐,倭,百濟의 전투상황도

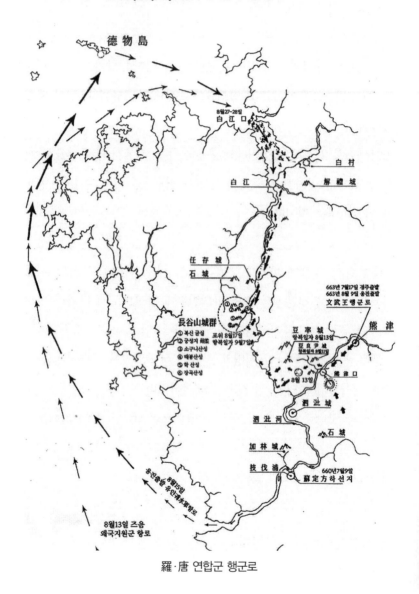

羅·唐 연합군 행군로

文武王의 이동 경로를 보면 8월 8일~9일 웅진출발, 8월 9일~10일 웅진구 渡江 8월 13일 두솔성 도착, 이어서 8월 17일 주류성 도착 포위, 다시 白江으로 가서 倭軍船을 호위하던 백제의 정예기병을 쳐부수고 나니 8월 27일~28일 유인궤의 수군이 백강구에서 倭군선을 맞아 싸워서 깨뜨리고 문무왕의 육군과 백강에서 회합하여 주류성으로 진군하였다.

9월 7일 주류성 항복이다.
해전전투지 지명의 이해를 두 가지로 풀어놓았는데 더 이상 설명이 필요하겠는가? 몇 차례의 전투에서 참패한 倭國의 백제 지원군은 사실상 아무런 전과 없이 패하여 흩어져 있었고 백강구 전투에서 승전한 羅·唐 연합군은 주류성으로 진군하였다.
9월 7일 주류성이 저항 없이 항복이다.
自治統監에서도 주류성 전투기사와 날짜가 나타난다.

자치통감 권201
九月, 戊午 熊津道行軍總管 右威衛將軍孫仁師等
破百濟餘衆及 倭兵於白江 拔其周留城
9월 무오(8일) 웅진도 행군총관 우위위장군 손인사 등이 백제의 남은 무리와 왜병을 백강에서 물리치고 그들의 주류성을 빼앗다의 기사는 日本書紀 9월 7일자와 하루가 다르게 나타나 있으나 주류성을 항복시켰다는 기사이나 이에는 연합육군이 9월 8일에 주류성에 도착 이튿날 항복으로 볼 수도 있는 것이다.

이렇게 나열하여 또 해석하여도 삽교호~무한천을 白江으로 연결하는 데에는 무리 없이 설명이 가능하고 아산만 삽교호 江口가 倭·唐 해전 전투지로 이해되는 것이다. 패전 후 일본군은 여자진의 전후협상과 문무왕의 배려로 남은 군사와 백제 유민들과 함께 9월 25일 일본으로 향하였다로 연결된다.

유인궤와 부여융의 수군항로 일자 시간대

潮汐海水位豫報 / 2016년 9월(陽曆) 군산지역 潮汐 예보도표

보기 : ▲ 고조 / ▼ 저조　　　　(우측 陰曆표기 기준으로 설명)

	시	시 : 분(cm)	시 : 분(cm)	시 : 분(cm)	月/陰曆
14일	01:11(595)▲	07:52(197)▼	13:23(556)▲	19:54(134)▼	8/14日
15일	01:56(643)▲	08:39(143)▼	114:09(611)▲	20:45(85)▼	8/15日
16일	02:37(684)▲	09:21(95)▼	14:51(661)▲	21:32(47)▼	8/16日

水軍지휘부 웅진 출발은 우측 陰曆 일자 ▲시간대 8월 15~16일 간만수가 들이차기는 오후 2時 즈음이지만 1시간 전부터 항진할 수 있다. 熊津 출발 서해~덕물도 경유 지휘부와 水軍본진은~8월 27~28일 왜군을 만나서 白江口海戰을 치르고 육군과 회합 9월 7일 州柔降伏을 이끌어낸다.

앞에서 표기한 白江, 白江口 주류성 전투의 상황 일자 표기에 이의를 제시하려면 할 수 있으면 공론화 과정에서 풀이하고자 한다.

현재의 東津江이 白江이라 주장할 수 있다면 먼저 현재 부여에서 장항까지 금강의 남쪽 지방에서 당시 663년 8월 이후 백제 부흥군의 마지막 戰績地 및 羅·唐 연합군의 이동기사를 찾아서 기술하고 논하여 주시길 바란다.

3) 백강, 백강구, 백촌강 위치정리

663년 8월 15일~16일 즈음 유인궤 및 별수두상 부여융은 수군 및 군량선을 이끌고 웅진강에서 덕물도를 거쳐서 白江으로 이동하던 중 8월 27일~28일 백강구에서 왜국의 지원군을 만나서 해전을 치르고 9월 2일 즈음 나·당 연합육군과 회합하여 주류성으로 진군하였다.

여기에서 중요한 지명 白江이 어디인가? 文武王이 가서 보니 왜선 일천 척이 白沙(江)에 머물러 있었고 이때의 舊唐書 기록

遇倭人白江口 四戰皆克 焚其舟四百艘 煙炎灼天 海水爲丹

백강 어귀에서 왜국군사를 만나 네 번 싸워서 모두이기고 그들의 배 4백 척을 불사르니 연기와 불꽃이 하늘로 오르고 바닷물도 붉은빛을 띠었다. 海水爲丹 바닷물도 붉은빛을 띠었다에서 나타나듯이 바다였다고 볼 수 있기도 하다.

唐에서도 아산만에 이르는 안성천 삽교천을 以前 그러니까 660

년 7월 蘇定方의 2군이 쳐들어왔을 때부터 잘 알고 있었고 그곳을 표현하기를 白江口라 표기하였고 그중 한곳을 전투지를 표기하였다.

白江口는 아산만~삽교호 사이의 강어귀의 해역으로서 당진시 송악면~평택시 포승면 사이 만폭(灣幅) 4~5km로서 바다이다.

日本書紀 白村, 白村江 기사의 이해

일본의 지원군이 대해를 건너 백제까지 진군하려면 풍랑을 헤치고 군량미 수급으로 인하여 쓰시마를 거쳐서 남해, 서해 아산만 白村江까지 약 보름(13일~17일) 정도 항해였는데 당시 軍선단을 이용한 항해는 풍향과 일계를 숙지할 수 있었고 그래도 8월은 군선 출항이 적절한 시기였으며 대오를 이룬 군선은 선발대가 앞장서고 중간지를 점검하고 활용하며 군선을 나누어서 보급을 고려하며 항해하였을 것이다.

관련 기록은 짧지만 倭의 기사를 세밀히 살펴보자.

왜에서는 662년 5월 1차로 豊王 호위군이 와서 白村에 일부 군선을 정박해 놓고 백제군과 상호결속하면서 가까이 위치하는 해례성의 보급과 보호를 받았을 것이다. 倭에서는 663년 8월 7~10일 즈음 출항 百濟부흥군을 구원하기 위하여 건너온 1,000여 척의 일본 전함이 도착하고 패한 곳이 白村, 白村江이니 삽교호 하구를 전쟁터로 보는 것이다.

日本書紀에 나타나는 백촌강을 보면 대당의 장군이 전선 170척을 이끌고 白村江에 진을 쳤다.

豊王과 함께 들어온 왜군의 군선 주둔地 白村(백석촌)이었으니 강어귀 해역에서 대격전이 있었으니 백촌강으로 표기하였고, 왜군선을 백석포~둔포까지 분산해 정박해 놓고 부흥군으로 하여금 합동 호위하게 하고 한편으로 풍왕을 도와서 부흥전을 지원하였던 것이다. (피성 위치 이해에서 일부 서술함)

현시대의 지명이 白石浦이고 豊王이 도착한 白村이었으니 일본서기에 白村江으로 표기된 것이다. 왜군의 기사 중 백촌강의 대격전지는 아산만 입구에서 백촌강까지 확대되니 몇 차례 해전의 전투 중 한 곳의 표기이며 십 수세기가 지난 지금에 이르러 해석하는 데 어려움이 있는 것으로 보는 것이다.

倭·唐 해전장의 地名을 구분하고 白江을 이해하기는 백강구(白江口)~구당서 관련書 삽교호 입구~아산만 백촌강(白村江)~삽교천에서 안성천 입구 白石浦까지 백강(白江)~ 굴이 나누면 삽교호~무한천이 백강이다.

白江口, 白村江, 白江은 하나의 지역에 포괄 표기다.

당시 위에 지명은 삽교호와 안성천 하류가 만나는 아산만 입구로 정리한다. 하지만 아쉽게도 이곳은 현재 서해대교가 건설되고 이어서 海灣 상당 부분이 둑을 막고 모래 채취와 산업지구로 변경시키고 있으니 하루속히 해저잔존유물을 확인하는 절차가 필요하겠다.

문무왕 11년 관련 부분 다시 보자.

亦發同征 行至周留城下 此時

행군이 주류성 아래 가까이 이르렀을 때

倭國船兵 來助百濟

왜국의 수군이 와서 백제를 도우려 하였다.

倭船千艘 停在白沙

왜선 일천 척이 白沙에 머물러 있었고 위에 기사 중 오해

~ 倭船千艘 停在白沙

행군이 주류성 아래 가까이 이르렀을 때 일시는 없지만 찾아보면 일본서기 권27에 기록된 豊王이 백촌으로 향하고 나흘이 지나서 주류성을 에워싸 포위하였을 시를 말함이니 그때가 8월 17일이며 8월 27일 이전이다.

倭군선 千여 척이 백사에 머물고 있었다는 기사에 추가 설명에는 문무왕이 주류성을 포위하고 군사를 나누어 백사로 이동하였는바 그렇다면 장곡산성(주류성)에서 임존성을 거쳐서 白沙(백강)으로 이동한 것으로 추정한다면 任存城의 부흥군 군사는 도대체

무엇을 했는지와 신라군의 행군대열을 그냥 지나치게 보고만 있었을까이다.

문무왕의 1만여 대군이 임존성 앞으로 지나갔을 것이니 반문할 수 있겠으나 임존성에서는 군사력의 여세가 기천여 명으로 대적할 수 없었으니 1만여 羅·唐軍이 지나는 것을 바라보고만 있었으며 문무왕의 연합군도 예전의 전적 과정을 상기하고 무시 회피하였다.

당시의 고대전투는 공성전(攻城戰)으로서 城을 지키고 빼앗는 古시대의 선형적인 땅따먹기 전투였지 평지에서 백병전은 彼·我軍 서로 피하였고 이곳(城)을 사수하느냐, 아니면 빼앗느냐 하나뿐이다.

바둑을 비유하면 이해가 정확하다.

문무왕이 白沙로 이동하여 백제 정예기병을 쳐부수었으니 倭와 唐의 해전장은 안성천과 삽교호 합류지 아산만이다. 白江口 바다와 白村江을 白江으로 기술한 것으로 정리된다.

백촌강은 갯물이 들고나는 바다에 가까운 넓은 하구이다.

해수 간만의 차이(6~7m)를 잘 파악하지 못한 일본 수군은 전술전략 훈련부족에 선단이 전진하고 치고 빠지며 돌아나가고 후미에서 대기하고 협공하는 전략에 잘 훈련되지 못했다. 왜 지원군의 일부는 백제계 유민 자원군이었고 해상전투의 훈련과정이 없이 왔기 때문에 해전에는 익숙하지 못했으며 唐 군선의 규모에 비해 선체의 규모가 작고 견고성에서 뒤졌으며 전술전략에서도 뒤처져 있었다.

백제에 도착한 왜국 구원군은 천지 2년(663년) 8월 27일~28일에 白村江~白江口에서 나·당 연합군에게 처참하게 궤멸하고 백제 부흥군지원은 실패로 돌아갔다.

4) 백강과 주류성 위치 연계분석

관련 기록 663년 7월 17일 文武王과 金庾信의 新羅軍 경주출발, 8月 초 웅진 도착, 8월 9~10일 羅·唐 육군의 공주(熊津)출발, 8월 13일 청양 장평(적곡) 豆率城 도착.

이곳에서는 신라 문무왕의 지략과 회유에 전투와 항쟁 없이 왜군과 부흥군이 항복하였음이 김유신 傳에 기록되어있고, 아래에

與鎭守劉仁願合兵 八月十三日 至于豆率城 百濟人與倭人出陣

我軍力戰大敗之 百濟與倭人皆降

그런 즈음에 日本書紀 권27의 기사

8월 13일 豊王 曰 "나는 지금 백촌에 가서 기다리고 있다가 倭의 구원군을 접대하리라."

이후 白村으로 이동하였음을 주목할 필요가 있다.

白村이 어디인가? 풍왕이 일본에서 주류성에 들어올 때 처음

하선한 항구이고 왜의 군선과 일부 병력이 백촌 부근의 해례성에 머물고 있었다. 그러한 연고로 豊王은 백촌을 기억하고 있었고 그 곳으로 이동하였던 것이다.

물론 당시의 전황을 살펴보면 대규모의 羅·唐 연합육군이 웅진을 출발해서 두솔성에 근접하던 상황정보가 있었으리라. 다급한 위기상황의 전술 전비가 부족하였고 일본지원군이 출항하여 서해 海上으로 백촌에 접근하고 있으니 나가서 마중하겠다는 것으로 볼 수 있으나 풍전등화 위기상황의 전황을 깊이 들여다보면 도망자의 모습이다.

백강구 전투가 8월 27~28일 상황이라면 8월 13일 주유, 주류성을 비우고 백촌으로 떠났으니 변명이 필요치 않다. 그때의 백촌이 어디인가? 지금 이 시대에 백석포로 불리는 영인면 백석포리이다.

앞에서 설명한 피성의 위치이해에서 자세히 설명하였듯이 백촌과 피성은 근거리에 접하여있고 비류의 정착지 미추홀의 해례성에 인접한 포구마을이고 현재 지명은 백석포로서 백석촌~ 백촌이라 불리었을 것이다.

당연히 주변을 일컬어서 白村江'이라 칭하였을 터이니 백촌강으로 접대하러 가는 것이 되나 백촌강 근처에 있는 백촌으로 달려가는 것이다.

실제로 이곳 백석포리 마을회관 근처가 포구이었으며 여러 선박

이 드나드는 항구였다고 한다. 포구 옆에 집채같이 하얀 바윗돌이 강가에 여러 곳에도 있었으므로 백석포리의 지명이 되었다고 한다.

하지만 아산만 방조제(牙山灣 防潮堤 1971~74년)공사로 인하여 농지 정리하면서 매몰되어 흔적이 없어졌다는 마을 주민들의 증언이다.

백석포 백석 바위

白江 주변 지형을 살펴보면 서해 아산만 당진의 당진포(唐津浦)리 후면에 교로리, 장고항 바닷길에는 당나라와 문물교류 교역항구로서 출입국 절차와 교역물 검사소로 연결되는 곳으로 통일신라의 富城郡이 관할하던 지역이었던바 崔致遠이 태수로 부임하였던 곳이기도 하다.

白村은 안성천과 삽교천, 무한천에 오르는 뱃길의 중심지이고 선장, 예산까지 작은 船泊이 왕래하였으니 바다이고 하천인 중심

포구이다.

古代부터 지역 토호들의 세가 크게 군거하였고 이른바 후세에 내포지역이라 일컫는 홍주 내포의 입구이니 고대문물 수입의 1차 관문지이고 내륙으로 연결되는 곳으로서 현재 삽교호~무한천이 白江이다.

참고 古代의 교통망 國路와 幹線路

문명근 1949~ 靑陽郡誌 집필위원, 청양문화관광해설사,

金井道의 本 驛 靑陽郡의 옛 驛과 院

본고의 요약을 설명하기는 古代국가에서 시설한 국로와 간선로가 어느 곳에 위치하였는지 혹은 어떻게 운영되었는지 알아보고 또한 삼국시대의 흥망사에도 국로(國路)가 있었을까 에 대비초점이 맞추어져 있다.

고대의 도로사정은 縣과 縣 사이 30~40여 리 내외의 거리구간에 驛馬 또는 牛 馬車이동로가 있었을 것이고 이는 곡물이나 산업물자를 浦口까지 또는 포구에서 목적지 또는 관청까지 운송하였을 것이다. 이로써 우선 기록에 나타난 驛과 院은 州, 郡 縣에 사설되어 있었으니 靑陽郡에도 驛址와 院址가 남아 있어서 往時에 驛制와 院制를 살펴보기로 한다.

모든 驛의 운용관리 임무는

①관청의 공문서를 전달하고

②官物을 운송하며

③외국 사신과 官員의 왕래에 필마(匹馬)를 제공하는 등 오늘날의 통신교통 등을 담당한 기관이다.

이 驛과 院의 始初는 그 어느 때인지 불명확하나 상당히 오래전 상고시대부터로 추정된다. 찾아보기는 三國史記 신라본기 武烈王 7년에 보면 남천정(南川停)과 金庾信傳에 나타나는 사라정(沙羅停) 등의 기록에 있듯이 당시에도 국가에서 운영하는 일종의 院(停)이 존재하였을 것으로 사료되는바 金井道 光世驛 南15리 홍성장곡의 천태리 무한천변에 古地名 연봉정(원문 불명)과 化城의 龍谷驛에 五里停이 있었는데 추정컨대 이에 준한다고 볼 수 있다.

또한 신라본기 文武王 8년 10월 25일條에 보면 〈註 이때 신라는 唐과 함께 고구려 평양을 항복시키고 서울로 돌아오던 때 기사이다.〉 "출진하였던 왕이 환국하여 욕돌역(褥突驛)에 머무니 국원(國原)의 사신(仕臣) 대아찬 용장(龍長)이 사사로이 잔치를 마련하고 王과 여러 시종들을 대접하였다."에서 나타나듯이 驛은 삼국시대부터 존재하였을 것으로 사료된다.

문헌상 驛이 제도화가 된 것은 고려시대이니 당시 전국에 22개 幹線驛路가 있었다. 그 가운데에서 忠淸州道가 本 郡과 관련되는 것으로 이 忠淸州道의 諸驛은 菁好(水原), 嘉川(陽城), 長池(淸

州), 堆粮(鎭川), 金沙(燕岐), 浦谷(全義), 成歡(天安), 新恩(天安), 長世(牙山), 理興(溫陽), 日興(禮山), 日新(公州), 銀山(扶餘), 楡楊(定山), 洪州(洪城), 光世(大興), 金井(靑陽), 夢熊(海美), 靈楡(林川), 非熊(鴻山), 등 34개 驛이었다.

　金井驛과 楡楊驛은 本 郡의 驛으로 이미 고려시대부터 존재하고 있어서 그 驛에는 역정(驛丁), 역마(驛馬)가 있어 역무를 담당하고 驛田(경작지)이 있어 驛의 경비를 충당하였다. 朝鮮王朝 初에 이르러서는 이 역제가 개편되어 金井驛은 金井道의 本 驛이 되어 금정도의 各역을 領率하였고 楡楊驛(定山)은 利仁道(公州이인)의 屬驛으로 있었다.

　院은 交通要路에 시설되었던 국립여관으로 출장하는 관원과 일반 여행자가 이용할 수 있도록 하였고, 또 民家가 희소(稀少)한 곳에도 설치하였던 여인숙으로 여행자의 편의를 도모하던 시설이다. 이 院制의 始는 朝鮮初 世祖代에 완성을 보고 그 실시에 주력하였으며 院主를 두어 院의 임무를 담당케 하였고, 院田을 반급(班給)하여 院의 경비를 쓰도록 하였다. 당시 전국 院 數가 1,220개소에 달하였다. 本 郡에 해당하는 院은 7개소인데 그 명칭은 다음과 같다.

　靑陽縣：馬養院, 仁旅院, 乾川院, 加亭子院

　定山縣：彌勒院, 長壽院, 修德院

⑴ 금정역(金井驛) ~ 驛址, 現)남양면 금정리

南陽面 金井里 역말(驛村)이 바로 金井驛址이니 상술한 바와 같이 고려시대의 忠淸州道 諸驛의 하나로 朝鮮初에 이르러서 金井道의 本 驛이 되어 여러 屬驛을 領率하고 있다.

「東國輿地勝覽」卷之十九 靑陽縣 驛院條에 '金井驛 在南十里 丞本道 屬驛 光世, 海門, 靑淵, 世川, 龍谷, 夢熊, 下川, 豊田, 丞 一人'이라 하였다.

본문을 해석하면 청양현의 남쪽 십리에 본도 金井驛은 속역으로 광세, 해문, 청연, 세천, 용곡, 몽웅, 하천, 풍전, 등이 있는데 승(丞) 1인을 두었다.

朝鮮初에 역장, 역승, 역정, 역졸 등이 있어 역무를 담당하고 역마(驛馬)가 있어 공문서와 官物, 官員의 운송에 이용하였으며 驛田이 있어 驛의 경비를 충당하였다.

金井驛에는 驛丞을 두어 金井道 諸驛을 領率하고 역시 他 驛에 준하여 驛丁, 驛卒, 驛馬, 驛田 등의 시설이 있었으며, 그 屬驛이 8개로 다음과 같다.

　①(光世)(大興縣)(今 禮山郡 光時面 光時里)

　②(海門)(結城縣)(今 洪城郡 結城面 驛村)

　③(靑淵)(保寧縣)(今 保寧郡 周浦面 驛村)

　④(夢熊)(海美縣)(今 瑞山 海美面 驛村)

⑤ (下川) (泰安現) (今 瑞山郡 泰安面 仁坪里 驛村)

⑥ (豊田) (瑞山郡) (今 瑞山郡 仁旨面 豊田里 驛村)

⑦ (世川) (洪州牧) (今 洪城郡 洪東面 元川里 驛村)

⑧ (龍谷) (洪州牧) (今 靑陽郡 化城面 龍堂里)

후대에 이르러서는 時興道가 廢止되고 金井道에 移屬되었으니 원래 金井道 8개 驛에 時興道에 屬하여 있는 7개 역을 합하여 총 15개 역을 영속(領屬)하고 있었다.

「大典會通」卷之一忠淸道條에 '察訪員 從六品(原三員) (續)加二員, 利仁道, 金井道 以驛丞陞 (增)栗峰道, 屬承文參外'라 하였다.

金井驛은 곧 忠淸道의 五個 道(5개 도로)인 연원도(連原道), 성환도(成歡道), 이인도(利仁道), 금정도(金井道), 율봉도(栗峰道) 등의 하나로 同書同條에는 '金井道 屬驛....中略....時興道, 驛丞, 屬驛 則 昌德, 日興, 汲泉, 巡城, 興世, 長時, 花天 (續)罷屬本道'라 하였는즉 본시 前記 忠淸道 5개 驛道에 溫陽郡의 始興驛道를 합한 6개 驛道이었으나 후대에 時興道가 廢止되어 그 時興道의 昌德, 日興, 汲泉, 順城, 興世, 長時, 花川 등 諸驛이 金井道에 移屬되었던 것이다.

곧 金井道는 忠淸道 五個 道의 하나로 十五個 諸驛을 領屬하게 된 것이니 후에 增屬된 諸驛은 다음과 같다.

- 昌德(新昌縣)(今 牙山郡 新昌面 驛村)

 - 日興(禮山縣)(今 禮山郡 吾可面 驛塔里)

 - 汲泉(德山縣)(今 禮山郡 揷橋面 驛里)

 - 巡城(沔川郡)(今 唐津郡 順城面 驛村)

 - 興世(唐津縣)(今 唐津郡 唐津邑 驛村)

 - 長時(牙山縣)(今 牙山郡 靈仁面 驛洞里)

 - 花川(平澤縣)(今 京畿道 平澤郡 平澤邑 驛村)

그리고 金井道의 本 驛이 지금 南陽面 金井里인 金井驛이던 앞
의 時興道가 廢止되고 그 時興道의 7개 驛이 金井道에 移屬되는
시기에 이르러서는 金井道의 本 驛이 지금 化城面 龍堂里인 龍谷
驛이 되고 察訪을 두어 驛務를 관장케 하였다.

(2) 용곡역(龍谷驛)

①용곡역의 稱과 연혁

龍谷驛은 化城面 龍堂里로서 舊 洪城郡 化城面 金井里인 바
「東國興地勝覽」에 의하면 '洪州牧 龍谷驛이며 靑陽縣의 金井驛의
屬驛이었는데 후대에 金井道의 本 驛이 되었다'라고 하였다.

洪州牧邑誌, 韓國地理志叢書 邑誌8, 忠淸道2(亞細亞文化史),
金井驛條 그리고 洪城郡誌(1925)에 '金井道 卽 龍谷驛 所在地 初
치승(置丞/從九品) 승위찰방사장(陞爲察訪使掌) 光時, 海門, 靑
淵, 世川, 龍谷, 夢熊, 下川, 豊田, 昌德, 日興, 汲泉, 順城, 興世,

長時, 花川 15개 驛'이라 하였다. 이들 기록에 의하면 그 金井驛의 역명 유래와 더불어 이 金井驛의 연혁을 말하고 있다.

이에 舊 金井驛(靑陽縣)인 南陽面의 金井里에는 용금청렬(湧金淸冽)하는 우물(泉井)이 있는데 이는 百濟 때 왕의 어공용(御供用)이었다는 전설적인 설화가 있다. 이 泉水(마을에 현존)를 金井이라 하고 이 金井에 의하여 驛名을 金井驛이라 하였다고 전해졌다고 한다.

그리고 1614년(光海主 6年) 甲寅에 時興道가 廢止되고 그 소속 諸驛을 金井道에 移屬케 하여 15個 驛을 領率하였다. 다시 말하면 舊 金井道의 光時, 海門, 靑淵, 夢熊, 下川, 豊田, 世川, 龍谷 등 8개 驛과 時興道의 廢止로 移屬된 昌德, 日興, 汲泉, 順城, 興世, 長時, 花川 등 7개 驛을 合한 15개 驛이 龍谷驛의 金井道에 속하는 諸驛이다.

龍谷驛에는 從九品의 驛丞을 두어 驛務를 담당케 하더니 후에 從六品의 察訪을 두어 各 驛의 馬政을 檢察하고 所屬吏員을 黜陟하였다. 察訪都의 官制는 중앙의 六曹의 例에 의하여 이룩된 道, 州, 郡, 縣의 六房制와 같이 吏, 戶, 禮, 兵, 刑, 工 등 六房吏屬이 있어 察訪의 行政事務를 임무케 하였다.

吏房 : 人事, 祕書, 其他 事務를 관장한다.

戶房 : 戶口, 土地, 貢賦 등에 관한 사무를 관장한다.

禮房 : 禮樂, 祭祀 宴享, 學校 등에 관한 사무를 관장한다.

兵房 : 法律, 訴訟 등에 관한 사무를 관장한다.

工房 : 栽植, 舟車, 工匠, 營繕 등에 관한 사무를 관장한다.

村老들의 말에 의하면 化城面 龍堂里에는 기왕에 察訪都의 東軒과 上記 六房의 吏屬官衙들이 있었고, 또 金井舍에는 駿馬 數10匹을 養畜하였으며 驛卒이 있어 驛務를 담당하고, 驛田 數百斗落이 있어 驛의 경비를 충당하였다는 바 이것으로 往時 察訪의 성세를 짐작할 수 있다.

化城 용곡찰방 善政, 事績碑

이 龍谷察訪으로는 현재 善政碑 3基가 있어서 이에 따르면 乙酉年頃에 尹趾慶 등이 察訪으로 재임하고 있었다. 또 龍谷驛 館舍의 「一言堂記」에 보이는 察訪 金廷望이 있다.

그리고 「茶山年譜」에 '乙卯 7月廿六日 金井道察訪除授外補也云云'이라 한 바와 같이 1795년(正祖 19年) 乙卯에 茶山 丁若鏞이 龍谷察訪으로 있었다. 이에 근거하여 郡에서는 근래에 이르러서 茶

山의 사적비를 세워서 공적을 기리고 있다. (사진 좌측)

그리고 또 말기의 察訪으로는 구전되는 바에 의하면 金興柱, 李浩德, 劉漢翼, 皮炳侃 등이 있었다 한다.

②역마와 역전(驛馬와 驛田)

용곡역에도 驛馬와 驛田 등이 있어 이 驛務를 수행하고 驛費를 충당하여 그 驛을 경영하였다. 이에 대하여 「洪州牧邑誌」 金井驛 事例條에 다음과 같이 기록하고 있다.

本 驛 上等馬二匹 中等馬四匹 下等馬五匹,

馬位田結 六十結, 六十六負一束,

內田十六石十五斗落內十七斗落成川, 二十一斗落割八民田

畓二十八石七斗落內一斗五升落伏沙七斗落成川六斗五升落割八民田

본 역에는 상등馬2필, 중등馬4필, 하등馬5필이 있었고, 驛은 馬位田結이 60結 66負1束이었다.

그 안에 田이 16石15斗落이었는데 17斗落이 成川에 해당되고, 21斗落이 민전(民田)으로 나뉘어 있었다. 그리고 畓 28石7斗落이었는데 1斗5升落이 伏沙에 해당하고, 7斗落은 成川이며 6斗5升落은 민전(民田)으로 나뉘어 있었다.

③역기와 역관(驛基와 驛館)

化城面 龍堂里의 金井道의 龍谷驛의 驛址와 館舍가 있었던 遺址가 남아 있다.

첫째 종전의 洪州의 化城面 龍谷으로 지금 龍堂里에 龍谷驛의 基址가 있다. 이 基址에 대하여 「洪州牧邑誌」 金井驛基址條에 다음과 같이 기록하고 있다.

'(註) 館舍建在 洪州地 化城面 龍谷驛 開基辛坐之向 西距本州四十五里東距靑陽二十里 南距保寧水營四十里 北距大興四十里 自大興之北 抵京城 計程路爲九息二十里 自靑陽之東距公州 計程路爲三息間 東北距 淸州兵營爲六息二十里'라 하였다.

곧 龍谷驛의 館舍는 舊 洪州地 化城面 龍堂里에 있는데, 곧 지금 本 郡의 化城面 龍堂里 化城마을에 있었고, 그 遺址가 전한다. 그 館舍는 辛坐之向이었다 하니 거의 서쪽에서 동쪽을 향한 위치이었던 모양이다. 그리고 서로 洪州, 東으로 靑陽, 남으로 保寧, 북으로 大興과 인접하여 있고, 또 大興을 거쳐 서울, 靑陽을 거쳐 公州 동으로 淸州 등에 연결되고 있다. 지금 龍堂里 化城마을에 民家가 있고 이곳이 곧 驛址이다.

이 마을 입구 산기슭에 察訪, 崔文興, 李梯寬, 尹趾慶 등의 善政碑가 서 있다. 그리고 용머리 마을 서북쪽 길가에 느티나무 古巨木이 서 있어서 往時의 驛村 風景의 殘存이 보이고 있다.

둘째 龍谷驛의 基址에 관사가 있었고 관사에는 一言堂이 있었다.

一言堂에 대하여 李相公(景奭1595~1671)의 堂記가 있으니 『洪州牧誌』에 보이는 堂記와 「白軒集」의 堂記와는 약간 서로 달리 기록하고 있다. 그리하여 邑誌의 一言堂記를 인용하면 다음과 같다.

'(註)一言堂記曰 舊館歲久且頹 移闢基 加十數分許而堂之 樓堂之北李而房之 房之東而樓之樓與堂 皆檻之 檻外蒼蒼者山也 東則白月也 月出也 南則峨嵋夜 聖住也 西有烏棲 伽耶亘前而澄碧者川水也 盖烏棲爲本郵主山 而龍頭峯卽 靑龍也 烏峙九峯卽白虎也 迤于前而有 月山之水 繞于後而有烏棲之水 相會于 龍頭之外 合爲一帶長川 前臨有江之岸卽内案也 岸外層巒環拱于前 卽余峙之上峯 飛峯之南麓也'라 하였다.

一言堂記를 통하여 龍谷驛의 관사 일부 모습을 짐작할 수 있다. 그리고 이 관사가 있는 지형과 풍경도 알 수 있다.

察訪 金廷望은 舊館年久歲深하여 頹落하였다. 그리하여 머지않아 가까이 관사를 新營하였다. 곧 堂을 세우고 그 堂의 北에 房을 놓고, 房의 東에 일으키었는데 堂과 樓는 모두 欄干이 特設되었다고 한다.

이 관사를 둘러싼 산천이 아름답다. 檻外로 蒼蒼한 것은 산이다. 東은 白月山과 月出山이고 南은 峨眉山과 聖住山이며 西는 烏棲山과 伽倻山이 있다. 앞을 거쳐 흐르는 澄碧한 물은 川水인데

烏棲山 本 驛의 主山이고 龍頭峯은 곧 靑龍이며 烏峙九峯은 곧 白虎이다.

앞에 어정거리는 白月之水와 뒤에 감도는 烏棲之水가 서로 만나 용머리 마을 밖에서 합하여 한 가닥의 長川을 이루었다. 앞에 임하여 있는 江對岸은 內案이다. 對岸 밖의 앞에 層巒環拱 함은 곧 余峙의 上峯으로 飛峯의 南麓이다.

以上 말한 龍谷驛의 驛基와 館舍를 要約하여 보면 다음과 같다.

驛基는 烏棲山을 住山으로 하고 化城마을 안에 辛坐之向으로 자리 잡고, 龍頭峯을 靑龍으로 하고 烏峙九峯을 白虎로 삼았다. 이 驛基에 관사를 경영하였다. 곧 一言堂을 건립하였는데 이 堂을 세우고 堂의 北에는 房을 두고, 房의 東에는 樓를 일으키었다. 이 堂과 樓에는 欄干이 있어 마침내 欖外로 만나 용머리 마을(龍頭洞) 밖에서 합하여 一帶長川을 이룬다. 이 合水하는 곳 길가에 高古하고 巨大한 느티나무가 서 있어서 龍谷驛의 風霜을 말하고 있다. 이곳은 거리와 형세로 보아 察訪都의 五里亭의 위치에 해당하고 정자나무는 역시 五里亭의 古樹인 듯하다.

한때 성세를 떨치던 龍谷察訪도 1894년(高宗 31年) 갑오경쟁을 고비로 이후 察訪制가 廢址되고 荒涼한 遺址만 남았다가 현재 찰방지에는 민가가 들어서고 驛址는 주민의 田畓이 되어 있다.

(3) 유양역(楡楊驛)

定山驛村里가 바로 楡楊驛址인 바 이 楡楊驛은 高麗時代의 忠淸州道에 속하는 驛으로 朝鮮 末까지 定山縣의 驛이었다.

楡楊에 對한 옛 기록에 다음과 같다. '楡楊驛 在縣東五里'

「東國輿地勝覽」卷之18定山縣驛院條

'利仁驛古名利途在州南二十五里 ○丞本道屬驛九, 龍田, 恩山, 楡楊, 宿鴻, 藍田, 靑化, 豆谷, 新谷, 靈楡, ○, 丞一人'

「東國輿地勝覽」卷之17公州牧驛院條

'利仁道, 屬驛 則 龍田, 恩山, 楡楊, 宿鴻, 藍田, 靑化, 豆谷, 新谷, 靈楡'

「大典會通」卷之1〈忠淸道條〉 이상 기록에 의하면 楡楊驛은 忠淸道 公州牧 利仁驛에 속하여 있는 利仁道의 九個 驛中의 하나로 오래전부터 계속하는 것이다. 다시 말하면 금강유역 제군현의 各 驛인 龍田(扶餘縣), 恩山(扶餘縣), 藍田(藍浦), 靑化(庇仁縣), 豆谷(舒川郡), 新谷(韓山縣), 靈楡(林川郡) 등과 같이 利仁道의 屬驛이다. 楡楊驛도 他 驛과 같이 朝鮮末에 廢止되고 現今은 驛村이라는 名稱만이 전해오고 있다.

(4) 원지(院址)

靑陽縣에 數 個 院이 있었고 또 定山縣에도 數 個 院이 있었는데 現今은 院制의 廢止도 오래전 일이라 그 遺址 조차 자세하지 못하다, 靑陽縣에 속하는 院으로 상술한 바와 같이 馬養院, 乾川院, 加亭子院 등이 있다.

「東國輿地勝覽」卷之十九 靑陽縣 驛院條에 '馬養院在南三里 仁旅院在縣十七里 乾川院在縣四十九里 加亭子院在縣比二十里'라 하였다. 이것으로 기왕에 院의 소재를 대략 짐작할 수 있다.

馬養院은 靑陽面 碧泉里이고 仁旅院은 大峙面 上甲里 院洞, 乾川驛은 飛鳳面 新院里 院洞이며 加亭子院은 雲谷面 新垈里가 그 遺址로 추정된다. 馬養院과 乾川院 金井道 要路의 院으로 추정되며 乾川院과 加亭院은 人家 稀少한 곳의 特設院으로 추측된다.

그리고 「靑陽邑誌」 驛院條에 의하면 '牧場分養馬一匹八月受來四月上納己上竝廢'라 한 바 있으니 기왕에 목장이 있어 養馬하던 일이 있었음을 알 수 있다. 곧 이 養馬하던 목장이 馬養院이 있었다고 하나 확실한 곳은 미상이다. 定山縣에 속하는 원으로는 彌勒院, 長壽院, 修德院 등이 있었다.

「동국여지승람」 卷之十八 定山驛院條에 '彌勒院在縣西二十里 長壽院在西二十七里 修德院縣北七里'라 하였다. 이 기록에 의하여 院의 소재가 짐작은 되나 확실한 것은 미지이다. 혹 彌勒院은 長坪面 美堂里(彌勒院)인 것 같고, 長壽院은 長坪面 長壽坪 附近으로, 修德院은 定山面 新德里 德洞인 것으로 추측이 된다. 그렇다

면 長壽院과 彌勒院은 楡楊縣에서 恩山驛으로 통하는 要路의 院
인가 하며, 또 修德院은 定山 楡楊驛에서 維鴻驛으로 통하는 院
으로 추측하여 봄직하다.

이상 諸院은 現今 원골(院洞) 등 洞名만이 남았고 한낱 寒村이
되고 말았지만 往時에는 國立旅宿施設과 院倉施設이 있고 그곳
에는 院主가 있어 行旅人의 편의를 도모하였던 것이다. (충청남도
역사연구회 문명근 著 인용)

이로써 고대국가에서도 모름지기 도로를 이용한 관리체가 존재
하였음을 찾아볼 수 있고, 역사기록이 고려대로 나타나 있기는 하
지만 그 이전에도 당연히 도로가 있었다. 문헌상 나타난 관련 지
명의 국로를 연결하면 다음과 같다.

이인도(利仁道)

公州利仁驛인데 남쪽으로 논산과 연계이고 북으로는 公州이니
이인驛에서 서북으로 6km 즈음 錦江(웅진강 여울)을 건너면 定山
유양역(楡楊驛)과 연계선상에 있다. 이는 定山의 백곡리 고대유적
과 灘川面과 利仁面의 고대유적분포를 살펴볼 때 선사시대부터
중요한 주거지가 연계되어 있었음을 알 수 있다. 이어서 楡楊驛은
金井道와 연계하고 있다.

금정도(金井道)

장평, 彌勒院~청양, 金井驛~대흥, 光世驛~예산, 新禮院~신창, 昌德驛~아산시 영인면 驛洞里, 長時驛~평택읍역촌, 花川驛으로서 각 역과의 거리는 15km~18km 정도로 분포되어 있는바백제시대의 도로를 설명하기에 미흡하지 않음이니 무한천과 금강지천변을 이용한 도로가 있었고 이는 663년 8월 초 나·당 연합군6만여 군사와 文武王 행군로를 표기하면서 고대도로의 실제에 대하여 알아보았다.

4장 日本書紀의 百濟復興戰史

역주 日本書紀 동북아역사재단 2014년刊 이하 日本書紀

이제부터 일본서기를 통해서 이해하는 데 도움이고 백제부흥전에 나타나는 중요한 관련 지명과 관련 일자 지형을 찾아서 보충설명이 가능하니 살펴보자.

1) 제명황조와 백제

齊明 6년 기해삭 계묘(660년 9월 5일)에 달솔ㅇㅇㅇ, 사미각종(沙彌覺從) 등을 파견하여 백제의 난을 고하였다.

난을 당하여 일어난 실상을 고하고 아직 항복하지 않은 백제의 여러城 중에 西部의 은솔 귀실복신(鬼室福信)이 임사기산에서 달솔 여자진(餘自進)이 중부구마노리성에 웅거하였습니다.

각기 군영을 만들어 흩어진 병졸을 불러 모았습니다. 무기는 이전의 싸움에서 모두 다 씨비였습니다.

그래서 막대기를 손에 쥐고 싸웠습니다. 신라의 군사가 쓰러지면 그 무기를 빼앗았습니다. 이렇게 하여 백제의 무력이 늘어나서 唐,軍도 공격해오려고 하지 않습니다.

복신 등은 백제의 백성을 모아 함께 왕성을 지키고 있습니다.

국민이 존경하여 좌평福信~좌평自進이라고 말합니다. 오직 복신만이 영명하고 용맹한 위세를 발휘하여 이미 망한 나라를 다시 일으키고 있습니다.

이어서 "제명 6년 10월에 백제의 좌평 귀실복신이 좌평귀지(貴智) 등을 보내어 唐의 포로 1백여 명을 바쳤다."

일본서기 권26 관련 기사

그 자리에서 구원군 파병을 요청하였다. 이어서 왕자 여풍장(余豊璋)을 보내주길 청하면서 唐인이 우리나라에 적들을 이끌고 와서 우리의 국경을 어지럽히고 나라를 무너뜨리고 우리 임금과 여러 대신이 포로로 잡아갔습니다.

그래서 백제국은 멀리 천황의 가호를 의지하여 사람들을 모으고 다시 나라를 세웠습니다.

지금 바라옵기는 백제국에서 천황을 섬기라고 보낸 왕자 풍장 등을 맞아 국주로 삼고자 하니 이를 허락해 주십시오. 하니 제명 천황은 다음과 같은 조를 내렸다.

구원군을 청하는 것은 예전에도 있었다고 들었다. 위기에 빠진 사람을 돕고 끊어진 것을 이어주는 것은 고전에도 적혀 있다.

백제국이 망하고 곤궁하여 군사들이 창을 베고 자며 쓴맛을 보는 괴로움을 겪고 있으니 반듯이 구원해달라고 우리나라에 의지해 와서 표를 올렸다.

그 마음을 저버릴 수 없다. 이어서 장군들에게 준비하게 하고 명령하고 부여풍(豊)을 보낼 것을 지시하니 각기 맡은 소임을 명하니라. 그리고 유사들은 모두 잘 준비하여 예를 다하여 왕자를 출발시키도록 하라는 등 이후에 군선과 병기를 제조하고 661년 정월 6일에 제명천황이 배를 타고 출발하여 8일에 대백해(大伯海)에 도착 14일에 천황이 탄 배가 이예(伊豫)의 숙전진(熟田津) 석탄행궁에 정박. 3월 25일에 천황이 탄 배가 돌아와 나대진(娜大津) 반뢰행궁에 머물렀다.

이것은 구원군 모집과 파견을 독려하기 위한 통치의 일환이기도 하고 군선 제작 등의 확인과 응원의 항해였다.

실제로 백제계 이주민들의 선박 제작은 왜보다 선진기술이었고 백제 유민들의 구원군 참여가 많았던 것으로 나타난다.

제명 7년 4월에 백제의 복신이 또다시 사신을 보내 표를 올려 "계해(糺解풍장)를 맞이하고 싶다고 요청하였다." 하지만 제명천황은 노환으로 인하여 7월 24일 친황이 68세를 수하고 조창궁에서 죽었다.

8월 1일 황태자는 천황의 유해를 반뢰궁으로 옮겼다. 10월 7일 천황의 관을 배에 싣고 출항하여 11월 7일에 천황의 관을 비조천원에 안치하였다.

이날부터 애도 의식을 거행했으며 이때부터 中大兄황자 천지천황이 사실상 황제로 치국하였다. 9월에는 "장진궁에서 백제 왕자 풍장에게 직관을 주었다.

또 다신장부(多臣蔣敷)의 누이를 아내로 삼게 하였다. 그리고 대산하 협정련빈랑, 소산하 진조전래진을 보내 군사 5천을 거느리고 풍장이 본국에 돌아가는 길에 호위하게 했다. (이때의 기록은 제명천황의 칙령으로 볼 수 있다)

천지천황 원년 봄 1월 27일에 백제 좌평 귀실 복신에게 화살 십만 척, 실 5백 근, 솜 1천 근, 피륙 1천 단, 무두질한 가죽 1천 장, 종자용 벼 3천 석을 보냈다. 에서도 나타나듯이 "제명~"천지는 백제 우호세력의 중심이었고 백제와도 긴밀한 관계 이상의 왕조였다.

원년 5월에 대장군겸 대금중 아담비라부련(阿曇比邏夫連)이 수군 170척을 이끌고 풍장 등을 백제에 보내주고 풍장에게 왕위를 계승시키는 칙을 선포하였다. (662년 5월이니 천지천황의 칙령으로 귀국하게 된다)

2) 豊王 歸國 항구(포구)

"풍장이 나라에 돌아가자 福信이 마중 나와 절하고, 국정을 맡기면서 모든 것을 위임하였다"

복신에게 금책을 주고 칭찬하며 작록을 주었다. 그때 福信이 豊王과 마주하여 절하며 칙을 받자 백성들이 감격하여 눈물을 흘렸다. (일본서기 권27)

여기에서 풍왕이 귀국하여 도착한 港口~浦口=지명은?

倭國에서 출항하여 백제에 도착하려면 적군과의 대치가 적은 곳, 부흥군의 세력이 견고한 西部지역 西海에서 접근하여 들어오는 곳이어야 한다. 부흥군의 호위가 있었고 육지통로 또한 용이하여야 되니 지형으로 보아 지명이 유사하게 나타나는 한 곳이 있다. 그곳이 어디인가?

복신이 마중 나가서 절하고 국정을 맡긴 곳인데 그곳은 현재 지명으로 牙山市 靈仁面 白石浦里이며 필자가 탐사하고 연구한 바로는 白石浦=白村이다.

白石浦는 백제 서북부의 세입 곡물 운송괴 싱입 물류, 안성천, 삽교천, 港포구 이었으니 하천을 활용하는 어선, 거룻배, 돛배, 상선 등이 이동하는 해상교통의 요충지이었던 것이다.

갯물이 들고나는 나루이며 강수와 관련 없이 농토가 기름지고 수확량 또한 풍부하였으니 지리적으로 중국문화유입이 용이하고 빨랐던 관련이 있고 안성천(둔포), 삽교천(선장 포구)의 중간합류점인 관계로 선적물동량 상하선적을 대신하는 어업 및 농사인구가 많아서 활기가 있던 저잣거리이었다.

근접한 곳에 선장 포구는 초기 백제인 들이 도착한 지점이고 예산까지 깊숙이 들어오는 뱃길이 연결된다.

豊王이 작은 배를 갈아타고 오산~고산(예산)현 아래까지 들어왔을 것이고 임존성까지는 시오리 길이다. 豊王은 임존성을 거쳐 王城地인 沙尸良縣의 州柔에 도착하니 백제부흥군의 본영이 된다.

백석포 옛 모습

662년 5~6월? 주류성에서 백제 제32대 豊王 즉위, 이때 일본에서 함께 건너온 5,000여 군사와 장군이 있다.

지방의 일부 호족과 가병들의 합세로 부흥군의 재정비하고 얼마후 복신이 도침을 살해 제거하는 사태가 발생하니 부흥군의 1차

내분이 시작되었다.

도침을 따르던 칠악사(두솔성)군사는 복신의 독주에 불만, 전투력 와해로 豊王은 호위군사 倭軍 일부를 두솔성에 합류케 하는 조치가 이어지고. 부흥군의 내부 혼란기가 있었지만, 또다시 전열 정비가 있은 후에 倭의 호위군사 들을 지역방어에 투입되고 일부 兵船은 白村과 해례성에 대기하게 된다.

3) 豊王의 피성(避城) 천도(遷都) 이해

일본서기 권27 冬 丙戌朔(662년 12월 1일) 관련 부분

豊王의 전략회의 下命

백제왕 풍장은 복신과 일본장수 박시전래진 등이 있는 자리에서 의논하기를 "이 주유(州柔)는 논밭과 멀리 떨어져 있고 토지가 척박하다. 농사짓고 누에 칠 땅이 아니라 방어하고 싸울 장소다."

여기에 오래 있으면 백성이 굶게 될 것이다!

今可遷於 避城

"이제 피성 하자!"

避城者西北帶以 古蓮旦經之水

피성 서북쪽에는 띠를 두른 고련난성의 물이 흐르고

東南據 深泥巨堰之防

동남쪽에는 진흙 고랑이 깊고 넓게 방죽을 이루니 방어에 좋고

繚以周田 決渠降雨 華實之毛則 三韓之上腴焉

또한 논밭이 둘러있고 비가 많아서 도랑이 넘친다. 꽃피고 열매
맺는 것도 三韓 중에 기름진 곳이다.

衣食之源則 二儀之隩區矣

의식이 우선이고 지낼 곳도 굽이져서 막혀있으니 이제 옮길 것
인가 결정하자.

雖曰地卑 豈不遷歟

비록 낮은 곳에 있을지라도 어찌 옮기지 않겠는가.

위에 기사는 진지하면서 간략하나 문장이 빼어나다.

풍왕은 귀국길에 도착한 白村과 避城을 기억하고 있었다고 보아
야 할 것이나 성채의 지명은 기억하지 못한듯하다. 아니면 이야기
를 하였으나 기자의 기록 유실이거나, 풍왕이 백촌에 도착하여 백
성들과 복신의 마중을 받은 ○○城에서 얼마간 머물던 중 성곽 상
봉에 올라서 주변 전망을 살펴보았던 것을 자세하게 설명하고 있
는데 풍왕이 이전에 피성지에서 거소하지 않았다면 피성 주변을
이렇게 구체적으로 자세히 설명할 수 없을 것이고…

豊王은 지형분석과 입지설명이 가능하였다. 避城上峰에 올라서
바라볼 때 西北 우면의 설명이다. 서북쪽의 삽교천과 안성천을 古
連旦涇之水 고련단경의 물이 흐르고 동남쪽의 갯고랑을 이루는

곡교천 주변을 *深泥巨堰之防* 진흙 갯고랑이 넓게 방죽을 이루고 있어 방어하기에 좋고 지낼 곳도 굽어져서 막혀 있으니 이제 옮길 것인가 결정하자!

피성南 심니거언

실제로 위 건천리 피성 거소지 앞 우측 산등성이와 좌측 산등성이가 굽어 있어 외부에서 마을이 보이지 않는다.

풍王은 왜국에서 귀국할 당시에 잠시 머물렀던 기억을 더듬어 피성(避城) 주변의 지형을 설명하고 있는 것이었고 이에 倭軍장수 박시전래진은 이견을 표출하고 있다.

於是、朴市田來津 獨進而諫日

이때 박시전래진이 혼자 나아가 간하여 말하길

避城 與敵所在之間 一夜可行

"피싱은 敵에서 너무 가까워 하룻밤 거리입니다."라고 간언하는 장면이 있다. 이하 중략

피성내 호령바위

이때의 일본군 장수 박시전래진이 피성은 적에게 너무 가까워 하룻밤거리라 간언하는데 박시전래진도 피성을 이전부터 알고 있었다는 설명이 된다. 하지만 豊王은 피성(避城)하였고 이런 와중에 다른 곳에서 부흥군의 패전 소식이 급하게 전하여지고 이때의 여타 기록

삼국사기 文武王 3년 2월(663년) 기사

김흠순과 천존이 군사를 거느리고 백제의 거열성(거창)을 공격하여 빼앗고 7백여의 머리를 베었다. 또한 거물성(남원)과 사평성(당진)을 쳐서 항복하게 하였으며 덕안성(은진)을 쳐서 1천 70인의 머리를 베었다.

위 기록을 보건대 避城에서 그다지 멀지 않은 사평성이 함락되자 풍王은 663년 2월 周留城으로 돌아오게 된다.

沙平城은 피성 서쪽 삽교호 건너이니 직선거리 25리 남짓한 거리에 위치하고 있다. 이때의 신라군은 현재의 華城市 서신면 상안리 唐城(百濟中紀의 당항성)에서 쳐들어왔던 것으로 이해한다. (沙平城: 당진시 신평운정리/박성흥 선생, 地名考 인용)

"663년 二월 풍王은 피성에서 州柔로 돌아왔다."

피성의 명칭을 명확하게 기록하지 않아서 현세의 우리들로 하여금 미상의 유적지 보물찾기가 된 것이다. 이쯤에서 避城(해례성)을 한 번 더 소개하려고 한다.

牙山市 염치읍, 인주면, 영인면을 경계하고 있는 영인산 남측계곡을 껴안고 산등을 어깨하고 축성된 포곡식산성이다

해례성 원경

먼 옛날 백제초기 비류가 정착한 미추홀 牙山이니 후세에 영인산이라 하는데 "온조왕 43년에 아산에서 5일간 머물며 사냥을 하였다."는 기록의 本山이며 온조가 牙山의 兄 비류를 각별히 여기

고 방문하고 살피었던 00城으로 피성 하였는바 풍王은 그곳에서 한겨울 2달여를 보낸 천도 거소지이다.

"이곳 주변은 지금도 농토가 넓고 기름져서 소출이 많고 삼한에서 기름진 곳이다"고 말한 풍王의 설명이 대신한다.

어떠한 근거로 避城을 해례성이라고 주장 하는가?'라고 이론을 제기할 수 있으나 부연하건대 필자의 주장에 근거한 해석 부분은 앞에서 기술한 백제초기 미추홀 관련 기사를 주목할 필요가 있고 鄭寅普 선생의 오천 년간 조선의 얼 "처음 겪은 흥망"에 마한의 54국 구로국의 위치 해에 찾아보면 해례현(解禮縣)이 나타나 있으니 해례성이다.

혹시 독자들이 이해하기 부족하다면 위 백제성터를 답사해보고 난 연후에 논의해보자. 豊王의 遷都 피성址 또한 자세히 탐사하여 확인하자는 건의도 함께 기술하는 바이다.

이곳 해례현(解禮縣)이 감추어져 있던 부분을 짚어보자.

일본서기 권27 천지천황 3년(663년) "9월 부흥전이 패하고 9월 24일 일본 수군 및 좌평 여자진, 달솔 목소귀자, 곡나진수, 억례복류와 국민들이 데례성(弖禮城)에 이르렀다."

데례성(弖禮城)은 백강과 주류성을 찾는 데 매우 중요한 지명으로서 국내 학계에서는 이를 그동안 테례성으로 인식하고 참고하였는바 본고에서는 알만한 난제를 만나게 된 셈이다.

하여서 깊이 숙고한바 본 연구서에서는 테레성(弖禮城)을 해례성(解禮城)으로 수정한다.

日本書紀에 나타난 弖禮城은 데레성으로 번역되었다. 아래

① 성은구(成殷九 1906~1988)고려원출판 1987년 刊
「譯註 일본서기」 국역서 이해표기에 이르길 凡例에 "人名, 地名 및 난어구(難語句)의 훈음(訓音)은 일본인 특유의 독법(讀法)이 있으므로 독자의 편의를 위하여 한글로 표시하였다."

"한국어와 일본어와는 문법상 서로 다른 점이 있어 문절(文節)의 左右 접속사의 조사(助詞)는 左語의 音에 의하여 다르게 하였다."인데

百濟 부흥전 관련 부분

弖禮(데례)城에 가서 일본의 장군들과 논의하자에 나타나듯이 데레성이라 표기하였다. 弖禮城을~데레성이라? 독자의 편의를 위하여 일본인 발음을 한글로 표기하였다 한다면 그렇다면 백제 地名이 일본인 발음의 地名으로 둔갑하였다는 이야기가 성립이 된다.

왜 부득이 그리하였을까?

원문(漢字)을 당연이 한글로 번역했어야지 일본인의 발음으로 표기하였다고 한다면 그것은 어떤 의도가 내포하고 있지 않을까?

百濟부흥 전쟁에 나타난 내우 중요한 유적지를 成殷九 선생은 지명을 바꾸어 일본인 발음으로 표기한 셈이니 이후에 출간하는

학술과 번역서에도 이를 따라서 '테례성'이라 표기한다.

② 동북아역사재단(김학준)에서 2013년 출간한 역주일본서기에서도 弖禮城을 '테례성'이라 따르고 있다. 현재 국학의 학자들은 위의 번역서를 근거하여 관련 학술 論文 등에 인용하여 '弖禮城'은 테례성으로 굳혀져 있는 상태이다.

범례에서 말했듯이 "일본인 특유의 독법을 따르면서 독자의 편의를 위하여 한글로 표시하였다."

알 수 없는 영역이나 해례성으로 번역되면 부흥전쟁유적지를 찾는데 지역과 위치와 관련하여 扶安은 제외될 것을 염두에 두었다고 볼 수 있기 때문일 것이다.

1,350여 年 전 백제에 들어왔던 일본인들의 발음으로 일본서기에 한문으로 기록되었으면 이를 일본인 음역으로 한 기록이니 백제 地名이 아닌 셈이다.

성은구 先生은 역주번역을 독자들에게 고대 일본어를 배우면서 일본서기를 이해하라는 설명이니 모순이고 고대 일본어를 누가 어떻게 표현할 수 있단 말인가! 가장 큰 문제의 원인 원문 '弖'자는 국문번역 '호'자이니 弖禮城은 한글 음역 호례성이 맞다.

관련 근거는 한글워드(word) 한자변환 3획弖'字에 一劃을 첨하면 '弖'자가 되니 이를 번역하면 호字가 되고 뜻이 없이 사용된다고 하겠다.

그렇다면 百濟 지명이었던 호례성(ㅎ禮城)을 현세에서 찾을 수가 있을까! 애초에 데례성, 호례성은 없었다. 백제의 해례성을 왜인들이 이음으로 받아 호례성으로 발음하였다. 하나의 지명에 다른 언어 사용자의 이음에 의한 한자표기라고 필자는 이해하고 설명하는 것이다.

  백제인의 언어가 倭國人이 듣기에 이음으로 받아 말하고 倭國의 언어로 한자를 기록함에 이렇게 변화한 것이다.
  周留~츠누 발음에 州柔라 표기하듯이 城 ~ 사시라 하고. 石城~샤쿠사시 라 발음으로 부르기도 하는데 해례성~ 호례사시라 이음으로 받은 것이다.
  혹은 州柔를 백제인들이 주유라 말하고 기록하니 왜인들은 츠누~쓰누라 이음으로 말하고 州柔를 기록하였던 것으로 볼 수 있다. 그러니 해례성이라 부르는 백제인들의 발음을 倭의 종군기자는 호례사시라 따라서 칭하였고 해례성의 한자표기 과정에서 '解'를 'ㅎ' 호자를 사용하여 ㅎ禮城이라 표기하였다.

  해례성(어원)은 일본어 이음 '호례사시'로 변하였다. ㅎ(호)는 상용한자가 아니나 섬세한 기록으로 왜국에서 변형된 언어표기로써 정리하는데 많은 시간과 여러 과정에 논란이 있었다.
  해례성 또는 해례현이라 부르는 지명을 解禮城이라 칭하였을 것이나 백제인의 언어에 이를 일본인들이 호례사시라 따라 부르고 일본인의 이음 한자표기였다.

왜군 기자의 백제지명 한자표기의 이해와 발음의 차이가 있었을 것으로 사료 된다. 해례성의 解禮는 沸流 직계후손들이 백제기 동안 계속하여 주거하며 이어져 왔으니 解씨가 관장하던 지역이 해례현이 된 것이니. 온조의 위례성(慰禮城)과 비류의 해례성(解禮城)~이후 解禮縣은 백제초기인 들의 정착지로 이해하는 것이다.

牙山, 영인산으로 칭하는 해례성 정상에서 남측을 관망하면 갯고랑이 연결된 하천을 가리천(가야마을)이라 불리던 곳이고 근대에는 염치읍 곡교리에서 이름을 따서 '곡교천'이라 칭하는데 갯고랑 건너 아랫마을 고지명이 당곶(唐串), 가야(佳野), 금리(錦里)라 이름하였듯이 포구이며 아름다운 들판이요! 풍요로운 마을이다. 는 고대지명에서 살펴보듯이 오래전부터 중요한 지역이었음을 알 수 있고 西部 복신이 관장하던 영토지이었던 것이다.

가리천은 갯물이 들어오는 염하(鹽河)이며 갯벌이었다.

西海 여러 곳에서 갯고랑을 따라서 들어오던 상선 어선들이 들어와 해산물 교역을 1960년대 말까지 거래되기도 하였는데 생선과 새우젓이 들어오면 중간상인이 아산 지역 여러 장터에 옮겨서 위탁하고 물품대금으로 곡물을 거두어들이니 배에 실어주곤 하였다는 이야기는 현재 가덕리 노인회에서 채집하였는바 당곶포, 덜

머리포, 가야포에는 商船 돛단배가 철철이 들고나는 소규모선박 해상교통로이었다.

피성에서 바라본 가야들판

지역 이야기 한 토막

토정 李之菡(1517~1578) 선생이 영인산 아래 건천리에 영현을 세우려고 집중적으로 살피고 한때 계획을 세우기도 하였다고 하는데 전설도 전해지는 것에서 알 수 있듯이(강청리 박광서翁 1941~대화 중 채집) 이곳 건천리는 산록과 계곡으로 이어진 배산임수(背山臨水)의 남향으로써 명산의 명당에 속한다.

현재 염치읍 강청리이니 이곳에서 해례성에 들어가는 남문지가 있으며 본동에는 古代부터 領主가 기거하던 都邑址로 여겨지는 거물터가 있는데 강청리길 88번지 일대를 집중적으로 확인해 보자는 것이고 언제부터인지 이곳의 領主는 나라에서 받은 하폐지

(下幣地)를 근거하여 살았는데 근래까지 전주 李씨가 250여 년간 관리하던 700여 마지기 농토와 고옥이 전해지고 있다.

避城 위치 정리

662년 12월 풍왕과 倭군장수 복신 등이 州柔에서 피성(避城)하였는 바 군량 등을 제고하고 동절기를 대비하여 은신처 확보였고 기타 復興軍의 주요성을 순회 응원하는 차원이었다.

663년 2월 풍왕과 복신이 避城에서 州柔로 환도한 것으로 보아서 적군과 근접을 고려하였다. 이때 신라는 흠순과 천존을 보내어 백제지역의 거열성, 거물성 전투 그리고 避城과의 지근거리의 사평성(당진시 신평운정리)전투가 있었는바 부흥군이 패함으로 福信이 후퇴로 이어지니 박시전래진의 예측과 상통한다.

2015년 12월 살얼음이 어는 추운 날씨였지만 피성지를 확인하기 위해서 본회 회원들과도 재차 탐사하였는데 성곽의 형태는 대체로 남쪽을 향한 포곡식 성채로서 서쪽 그러니까 우측을 어깨로 한 성곽의 형세는 양호한 편으로 남아있고 동쪽 그러니까 좌측 성곽은 흔적만이 남아있으며 성채의 길이는 3백여m 이상으로 보인다. 건물터 몇 곳과 우물터도 북편 뒤쪽에 있었다.

避城의 위치는 현재 지명 아산시 염치읍 강청리 근계 영인산성이다. 이로써 정리한다.

4) 풍왕이 머문 石城의 위치 거론

663년 5월 일본군장수 견상(犬上)이 고구려에 출병을 알리고 돌아오는 길에 石城에서 풍王에게 고구려 사정을 알리는데 이 자리에서 풍왕은 복신의 謀反心을 알렸다.

관련 기록 663년 5월
夏五月癸丑朔 犬上君馳告兵事于高麗而還
5월 1일 견상군(犬上君)이 달려가 왜군이 출병한 사실을 고구려에 전하고 돌아왔다.
見糺解於石城
그리고 규해(糺解)를 석성(石城)에서 만났다.
糺解仍語 福信之罪
규해는 복신의 죄를 말하였다. (규해 豊王을 말함)

왜군의 무장 犬上君이 고구려에 다녀왔다는 기록이다. 위에 기술한 石城의 위치 또한 매우 중요한 기록으로 고구려에 다녀온 견상군이 석성에서 풍왕을 만났다. 어쩌면 석성은 임존성과 주류성이 근접하였으니 풍王이 드나들던 유숙처가 된다고 보는 것이다. 풍왕이 머물고 있는 石城으로 견상군이 찾아갔을 것이니…

이쯤에서 임존성 근접 石城을 소개하려고 한다.

임존성 서측의 구암석성(구례 퇴뫼산성)이다.

豊왕은 비정기적으로 유숙처를 옮기는 한편 부흥군을 독려하고 사기를 진작시키기 위한 군영방문을 자주하였으니 석성의 기사이 해에는 기록 이상의 의미가 있음을 나타내고 있다.

풍왕 자신의 신변안전을 고려한 전술이었지만 석성은 지형적으로도 임존성과의 연계지이고 임존성에서 저지대의 石城을 바라보면 十리 남짓한 거리이니 성채의 군사동향을 어느 정도 파악이 되리만큼 가까이에 위치한다.

견상군의 신분은 호위군장수 이거나 ~倭에서 특파된 사신일지 모르지만, 견상군의 신분은 필자가 보기로는 후자인 왜의 특사일 것으로 본다.

하지만 이후에 고구려에 통지한 왜의 출병 사실은 신라에 정보가 유출되었다고 볼 수도 있고 당나라에서 급파된 손인사의 7천 병력이 西海 덕물도에서 대기하였던 사실인즉슨 이는 곳 주류성을 궤멸시키기 위한 중간 숙영지인 것이다.

이에 증거로 손인사는 일부 병력과 지휘부를 이끌고 웅진으로 향하였음을 알 수 있다. 웅진으로 들어간 손인사는 유인궤에게 위임하여 부여융과 함께 수군과 군량선을 이끌고 주류성으로 출병

하게 하는데 날짜를 헤아려보니 유인궤가 덕물도를 거쳐서 백강
구에 들어오는 것이었다.

덕물도의 唐 수군이 백강구에서 합류하던 중 8월 27~28일 양
일간에 백강구, 백촌강에서 海戰을 치르는 것으로 연결이 된다.

이로써 견상군이 풍왕을 접견한 석성은 九岩石城이니 또한 여
자진이 기병한 구마노리성으로 추정된다.

이와 관련하는 근거는 古지명에서 着眼하였음을 기술하는바
1918년 일본총독부에서 작성한 고지도에 보면 석성리가 나타나
있고 구마노리성은 九岩里, 石城里, 구레테뫼산성, 구암에 연유한
다고 보는 것이다.

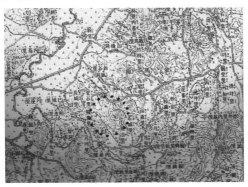

고지도복사본

5) 풍왕, 福信 참형 부흥군 2차 격변

663년 6월 모반심을 품은 복신을 제거하려고 豊王이 굴실(窟室)에 문병 가서 용장으로 하여금 福信을 살해하였다. (백제기)

위에 굴실 위치가 논란과 최대의 관심사이었으나 확인되지 못하고 있었다.

풍왕 福信 살해

舊唐書, 백제 권199 부분 나열

時福信既專其兵權, 與扶餘豊漸相猜貳.

이에 복신은 벌써 병권을 모두 장악하여 부여풍과 점점 서로 시기하여 사이가 나빠지고 있었는데

福信稱疾, 臥於窟室, 將候扶餘豊問疾, 謀襲殺之.

복신은 병을 핑계로 하며 굴실에 누워서 부여풍이 문병 오기를 기다려 죽일 것을 모의하였다.

扶餘豊覺 而率其親信 掩殺福信,

부여풍은 이를 알아차리고는 그의 심복들을 거느리고 가서 복신을 덮쳐 살해하였다. (이상 구당서 인용 삼국사기 백제기에도 옮겨져 있다)

日本書紀 권27 천지천황 2年 6월條 관련 부분 아래

百濟王豐璋嫌福信有謀反心

백제왕 풍장은 복신이 모반할 생각이 있다고 의심하고

以革穿掌而縛 時難自決 不知所爲 乃問諸臣曰

손바닥을 뚫어 가죽으로 묶었다. 하지만 어찌할지 혼자서 결정하지 못하고 신하들에게 묻기를

福信之罪 既如此焉 可斬以不

복신의 죄는 이와 같은데 참수해야 하는지 가부를 물었다.

於是 達率德執得曰 此惡逆人不合放捨

이때 달솔 덕집득(德執得)이 극악한 사람을 방면해서는 안 됩니다. 고 말하였다.

福信即唾於執得曰 腐狗癡奴

그러자 복신은 집득에게 침을 뱉고 '썩은 개 미친놈'이라고 하였다.

王勒健兒 斬而醢首

왕은 부하에게 참수를 명하여 그 머리를 젓갈에 절이는 형을 내렸다. (이상 일본서기 부분)

위에서 나타나듯이 663년 6월에 백제부흥군의 2차 내분이 일어나 풍王은 자신의 진장인 복신을 제거하는 사태가 이어지는 것이다. 이후에 흑치상지와 사타상여기 唐軍에 투항한다.

5장 福信 窟室과 州柔, 周留城은

1) 복신(福信) 굴실(窟室)을 찾아서

또 하나의 중요한 단서는 복신 굴실 현장이다.

역사의 현장인 복신 굴실을 그동안 왜 찾지 못하였을까? 역사서에 나오는 복신의 窟室이 위치하면 어디일까? 미궁 속의 굴실은 장곡산성이나 임존성에 있을 수 있다는 가능성을 가지고 우선 임존성의 동굴을 찾아보기로 하였다. 수년 전(2012년)에 임존성을 관심하고 탐방한 적이 있으나 구체적으로는 탐사하기는 2013년 12월 초이니 필자가 주류성 찾기에 참여하기는 이때 여기에서부터 시작된 것이다.

준비가 부족하고 무모하기도 하였는지 날씨 관계로 2시간여 헤매다가 봉수산에서 하산하였다. 자료를 찾아보면서 주류성 유적 찾기에 몰입하기에 이른다.

2014년 구정 연휴를 이용하여 2월 1~2일 임존성의 동굴 한곳을 확인하였고 2월 3일 三일 째 되는 날이다. 이전에 탐방하기로 예정하였던 숲北의 扶安으로 향하였고 수많은 학자들이 주류성이라 주장하는 우금산성(위금암산성)을 찾았다.

임존성 동굴

개암사 앞 공원주차장에 차를 세우니 관리소 직원 한 분이 밖으로 나오면서 반갑다는 듯이 인사를 건네었다.

"지난번에 한번 오셨지요!"

"아녜요, 오늘 처음하는 산행입니다."

한번 뵌 분 같다는 이야기로 재차 화답하여서 위금암산 봉우리 올라가는 코스를 질문하니

"저쪽에 안내판 보이시지요!"

저쪽 다리를 건너서 개암사 담장을 끼고 올라가면서 보시면 탐방로가 있다는 설명이다. 그러면서 오늘의 관심사인 우금암산성 이야기의 질문에 올라가시면 동굴이 나오는데 우측으로 가는 탐방로는 개방을 금하고 있으며 앞으로 성벽을 복원할 예정이라고

한다.

30분 정도의 가파른 등산로 산행 끝에는 위금암(바위봉우리)이 신비하게 서 있다. 이쪽저쪽 살펴보면서 사진도 담고 우금암산의 동굴이 3곳이 위치하는 것을 확인하였다. 한 곳은 직접 확인할 수 없는 곳에 있었으며 성벽도 확인하였다.

암벽과 연결하여 높게는 2~2.5m 정도이고 잔존의 성채가 20~30m 정도의 길이 몇 곳의 성곽을 확인하였다.

위금암산 동굴

답사한 바를 뒤에 정리하기로 하고 돌아왔다.

미궁의 福信 굴실 찾기에 우금암산을 탐사 확인하고 한발 더 나아가기로 작정하니 발걸음이 가벼운 느낌이다. 그런 후 재차 장곡에 일정을 내어서 임존성 근방의 초롱산(339m)를 2시간 정도 탐사하였다. 임존성 남쪽의 뾰족한 봉우리가 마주하고 있으니 군사적으로 살펴볼 때 요충지이기 때문에 탐사하였고 굴실이 있을까 하고 찾았던 것이다.

하산하여 월계리 거주 이수열 선배를 만났다.

전화도 가끔 하면서 지역의 관심사를 접하였지만, 수년 전에 이야기 도중 寶劍山 지명에 대해서 들은 바가 생각이 났다. 그래서 재차 들어보려 한다고 하니 자기 집에 같이 가기를 청한다.

댁에 이르니 차를 권하면서 淸州李氏 집안에 내려오는 족보 이야기를 하면서 청주 李氏는 조선조 초기부터 홍주에 터를 잡았고 화신리, 지정리, 월계리에는 400년 이상 전부터 선대들이 정착 거주하였노라고 족보에 보검산이 그려져 있는 묵서를 내어 놓는다 墓室 분묘위치와 관계지형을 표기하여 그림을 적어놓았음을 보니 寶劍山이 아니고 寶釼山이다.

족보에는 보인산(寶釼山)으로 적혀있으니 보배寶에 칼인 釼자를 인용하였음을 알 수 있었다.

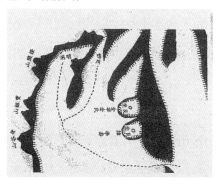

청주이씨 족보사본

그러면 보검산이 아니지 않으냐고 질문하니 30여 년 전에 만든

증보판으로서 옛날부터 보검산으로 부르고 있었고 모두가 그리 알고 있다고 한다. 이때에 변이되었는지 하면서 보인산(寶釼山)이라면 누가 무슨 뜻인지 알겠느냐며 오히려 반문이다.

그러면서 그 보검산에 전해 내려오는 전설을 들려주겠노라고 하며 어렸을 때 집안 어른들이 들려준 이야기라고 한다.

옛날에 어떤 장수가 큰일(전쟁)을 치르고 죽음에 이르렀는데 그때 차고 있던 칼을 함께 묻어서 매장하였다고 하여 그 후로 보검산이라 부르게 되었다는 설화와 구전이 전하였다고 한다.

실제로 보검산이 연결되는 깃대봉(272m)에는 말 타고 훈련하였는지 평평하게 닦여진 훈련장과 둘레길이 있다는 얘기이다. 본인이 마을 지도자로 오랫동안 마을 일을 하기도 하였지만 젊은 시절 땔감준비로 이산 저산 오르던 이야기를 곁들였는데 그러면서 그곳에는 동굴이 있는데 오래되어서 입구만 보인다고 하는 것이다.

그 이야기를 듣는 순간 그러면 혹시 '아 이런 일이 있긴 있구나.' 미로의 출구에 와 있는 듯 희열의 만감이 교차한다.

수열 씨가 무슨 영문인가 하였을지 모르지만 그러면서 일단 속내를 드러내지 않았다. 왜 그런 것 있지 않은가. 어떤 일이든지 짚어보고 먼저 확인하기 위하여 본심을 뒤로할 때도 있지 않은가?

이야기를 마치고 수열 氏의 안내로 보검산으로 이동하였다. 보검산에 이르러서 시간이 조금 흐른 후에 토굴을 발견하였는데 보검산(230m)의 토굴 위치는 9부 자락에 남쪽 전면에 한곳 후면에 한곳이 위치하는데 입구만 보이고 있으니 전·후면 1곳씩이 수평은 아니지만 관통할 것같이 등을 마주하는 동굴인데 현장을 발굴 조사를 해봐야만 실체가 확인될 것 같았다.

보검산 굴실

그 후 3월 초, 임존성을 다시 찾았고 토굴을 하나 더 발견하였다. 임존성 9부에 위치하는데 아마도 성채를 축성하던 당시 감독이거나 인부들이 임시거주 목적으로 조성되었음을 짐작게 하지만 토굴 한 곳은 동향으로서 앞에 군사가 도열 할 수 있는 넓은 마당이 두 개의 단으로 위치하니 任存城의 將帥가 거주하던 굴실로 여겨진다.

산세가 험하고 전략적으로 보아도 잘 축성된 군사 요새이다. 사진을 담고 하산했다. 물론 여기가 福信 굴실일 수도 있다.

이렇게 해서 주류성 찾기가 본격적으로 시작된다.

보검산 동굴을 재차 확인하고 金錚鉉(1932~2001)의 弟氏 김확현과 이상인 선배에게 1차로 답사과정을 설명하였다.

보검산에 접한 깃대봉 277m 능선에서 이쪽저쪽 100~50m 정도 이동하여 관망하면 烏棲山, 任存城, 長谷山城群이 가까이 관측된다고 설명을 이었고 쉽게 말해서 그곳이 천혜의 은신처이자 福信 窟室 유적지로 판단된다고 한다.

이러하니 長谷山城群의 잔존의 유적이 역사의 기록과 一致되는지 사실지의 개연성(蓋然性) 확인을 미룰 수 없는 책임이 되었노라고 한참을 얘기하고 헤어졌다.

지난날 그러니까 우리 마을(신동리)에서 동편으로 바라볼 때 보금산, 버금산이라 부르던 산이 깃대봉(277.2m)으로 불리었고 그 옆에 이어진 잘록하고 뾰족한 봉우리가 따로 있으니 보검산(보인산? 약 230m)이 따로 있었던 것이다. 이전에 알고 있던 산세(山勢)의 한 자락이 보검산으로 확인되는 것이었다.

하지만 깃대봉 능선의 산을 포함하여 총칭 보검산이라는 짐작이 되기도 하는 것이다. 이곳에서 장곡山城群이 위치하는 곳은 약 3km 정도이니(실제 거리 미확인) 이러한 지점에 寶劒山이라니 여러 생각이 교차된다.

본산의 명칭에서 풍기는 전래 의미를 다시 이어보자.

옛날에 어떤 將帥의 죽음에 장사를 치르며 애도하는 뜻에서 그 곳에 劒을 묻었다는 유래를 들어서 보검산으로 불리게 되었다는 구전 이야기가 청주이씨 문중 누대에 이어져서 왔으니 월계리 이 수열 선배가 1350年 전의 유적을 찾아내는데 결정적인 보탬이 되 었고 전래이야기를 들려준 것이다.

이후에 보검산 지명은 인근 주민들에게 재차 문의해서 확인하 였다. 구당서와 일본서기 삼국사기에 나타나 있는 福信 굴실 실재 위치는 앞에 설명한 대로 寶劒山에 있는 것이 맞을까?

이제까지 역사가들이 장곡山城群을 주목하고 있으면서도 주류성 으로 비정하는 데에는 관련 증거가 미흡하였던 것으로 볼 수 있다.

보검산에 福信 굴이라니 선뜻 이해가 안 되지만, 부연 설명하건 대 임존성에도 동굴 은신처가 몇 곳이 있고 주류성과 임존성의 중간지점에 굴실이 있다면 장수로서 전투를 지휘하기 위한 기타 장소로서 최고의 은신처가 된다는 설명이 가능하다. 하지만 위에 동굴은 인력으로 힘들여서 은신처를 조성하였다는데 주시하고 살 펴보니 전략적으로 아주 좋은 장소이다.

필자가 福信이라고 해도 다른 은신처를 마련하려고 하였을 것이다. 窟室 연대 측정 또한 미궁이나 남쪽의 窟室은 바위 아래에 공간을 만들었는바 바위에 의지하여서 나뭇가지나 잡초, 지푸라기를 이용한 지붕을 만들면 안락한 공간이 되었을 것이다.

입구 부분만 보이는 것이 살펴보건대 풍화작용에 의한 자연매몰 아니면 어떤 의미가 담겨 있는 것인가? 공들여서 메웠을 수도 있다. 이는 곳 복신을 이곳에 매장하였다고 볼 수도 있는 것이고 미궁속의 미로를 찾듯이 흥미 또한 깊어지는바 당시 역사의 현장이 될 것 같아서 자못 설렌다.

지형적으로 이곳은 여러 방면으로 지휘통신이 가능했다. 골짜기를 이루는 분지이면서 석성~임존성~초롱산~등경산~보검산~깃대봉~태봉산성~학산성~장곡산성은 십 리~십오 리 간격으로 연결되는 지점에 있음을 볼 수 있다.

당시 교통수단이 거마를 이용한 군사이동으로 보아도 피아식별을 뚜렷이 할 수 있는 거점으로 연결된 천혜의 요새이다. 이제까지의 향토사 및 학술논쟁 주류성 관련에서 주류성지 홍주에서 찾는다. 향토사학자 박성흥 선생의 업적과 전옥진, 김갑현 선생의 유업에 출향인으로서 보탬이 될지 한 발짝 더 다가가는 느낌에 이른다.

임존성에서 20리 간에 복신굴실이 있고 십 리쯤 거리에 장곡山城群이 연계하고 있음을 찾았다.

과연 福信 窟室이 맞을까?

2014년 2월과 3월에 당진시 석문면 교로리 외목과 장항리 근방을 답사한 후에 홍주향토문화연구회 복익채 전임부회장을 만나서 이제까지의 개요를 전하고 몇 차례 더 만나면서 여타 자료를 숙지하였고 이렇게 정리하기에 이르렀다.

2015년 7월 6일, 이때 1차로 함께 탐사한 金庚錫 회장 등 회원들의 견해는 대체로 굴실의 규모가 작아서 미심쩍다는 판단이라느는 얘기도 있었다.

보검산 窟室 답사 사진

2) 여타지역의 주류성 연구비교

많은 학자들이 한서, 삼국사기, 일본서기 등을 연구하고 백제 말기 유적구분 학술표시에 백제부흥운동의 근거지로 부안의 우금 암산城을 周留, 州柔城이다며 비정하고 있고 관련 학자, 저술가, 출판물 포함, 절대적 응원의 표시를 하고 있다. 이즈음에 관련 기록과 결과를 비교하여 펴놓고 확인해보자.

豊왕이 우금산성에 있었다는 가정으로 몇 가지의 전략상 입지 조건과 전쟁터를 살펴보자.

종래 연구된 주류성지 관련 학술 구분

A 부류설 ~ 즉 전북 변산반도의 우금산성(位金岩山城)

　　　　　 (국내 학계 관련 연구서 학술고착화단계)

B 부류설 ~ 즉 금강하구 韓山 건지산성(乾芝山城)

　　　　　 일부 발굴자료에 건지산성은 제외되고 있음

C 부류설 ~ 洪城의 長谷山城 박성흥(1917~2008) 연구서

　　　　　 (본고 편집자 후발 연구)

A측과 C측의 주장을 근거로 비교해서 접근해보면 1,350여 년 前 신라와 당나라 연합군의 침공으로 백제가 멸망하는 과정에 百濟復興軍이 3년 이상 항거한 주류성이 특별한 유적이 되었고 기

328

록만 남아 있었으니 그곳이 어디인가 묘연한 숙제가 되었다. 오래된 세월에 바뀐 지명을 현세에 찾기가 쉽지는 않을 것이다.

이유를 찾아보니 부안을 주장하는 학술은 명확히 내세울 근거가 취약하고 홍성을 주장하는 학술은 응원이 적으며 방치하였다. 누구라도 적극적으로 나서서 역사서와 현장을 비교하여 찾아보고 세밀히 연구하고 당시 전황을 분석하면 충분히 확인된다고 보는 것이다.

A 부류설의 扶安 주장에 일부 학자와 다수가 이야기하는 곳을 살펴보면 전북 부안의 우금산 332m 산성이 주류성이다.라고 비정하고 있는데 이에는 우금산에 석성을 쌓으려고 채석한 동굴형태의 공간을 복신굴이라고 주장하고 있다. 물론 위에 석성이 백제시대에 축성되었을 것으로 주장할 수 있지만 그 후일 수도 있다. 우금산성 복신굴의 주장에 본고에서는 동의할 수 없으니 이론을 제기하는 것이다.

異論을 列擧하면 풍왕이 귀국하여 백제부흥을 위하여 군대를 모으고 전투력을 증강하려면 군사와 식량을 모집해서 저장해야 하는데 우금산성에는 많은 군사와 유민이 집결하기에는 산세가 험하여 골짜기 골짜기가 막혀있어 비상대피가 용이하지 못하다. 한편은 大海로 한편은 평평한 들판과 하전이다.

우금산성에는 군사도열 포함 군창터를 세울만한 장소는 물론이며 우물터조차도 찾기가 어렵다. 우금암 동굴 앞마당이 있기는 하지만 1백여 명의 군사가 도열할 정도의 마당이다.

전략상으로 우금산성을 지원해줄 호위성이 근거리에 여러 곳이 있어야 하고 최소 5~10km 정도에 통신수단으로 봉수대, 봉화대가 있어서 통신이 가능해야 되는 데 월고리 봉대 외는 찾기가 어렵다. 무슨 이야기 인가 하면 임존성과의 연락이 어떠한 수단으로 가능하였을까 라는 숙제가 있기 때문이다.

또 하나는 과연 문무왕과 나·당 연합군이 위금암산을 포위하였을까? 이동 경로는 또한 있는가?

구당서 권199 百濟傳에 보면 부흥군의 세력은 서북부를 근거지로 기록하고 있다. 西部의 복신과 도침이 임존성에서 기병하고 그후 사비, 웅진, 두량윤성, 두솔성, 등 여러 곳에서 전투한 기록이 있음을 볼 때 서부의 복신은 이전에 서부를 관장하던 복신을 말한다. 지역적으로 扶安은 백제의 西部가 될 수 없다.

이때의 임존성은 복신의 초기 근거지를 말함이며 군사력 또한 막강하였다. 이곳과 연계되어 있는 長谷산성군은 부흥군의 은거지 이였으니 이때에 일본에 머물고 있던 풍장을 귀국게 하는 사신을 파견하였던 것이다.

임존성 중심 가까이(8~13km) 내에 연계된 백제산성이 10여 곳이 인접해있는 것을 주목할 필요가 여기에 있다.

부안의 위금암산이 주류성이라면 倭열도에 머물고 있던 풍장이 귀국하기 전에 복신이 부흥군 병영을 우금산성으로 옮겼다는 얘기가 되니 우금산성에서 기병하였다는 등 일련의 부흥군 전투지가 근접지역에서는 나타나지 않는다.

일본지원군이 豊王이 있는 우금산성을 도우려면 부안지역에서 가까운 동진강으로 진입하고 그곳에서 羅·唐군과 전투를 했다는 기록 등 지역의 증거가 있어야 하니 모호한 얘기가 된다.

또한 동진강이 백촌강이 될 수 없고 근접에 피성, 백촌, 침복기성 등의 유사한 지명과 현장이 나오지 않는다. 부안의 우금산성이 주류성이라면 663년 7월 17일 新羅軍 5만이 경주를 출발하여 8월 8~10일(본고 이해) 손인사와 문무왕의 羅·唐 연합육군은 주류성으로 진군하면서 8월 13일(김유신傳) 청양장평(赤谷) 두솔성(豆率城)을 함락 후 8월 17일(일본서기) 주류성에 근접해 에워쌌다.

또한 8월(15~16일) 즈음 웅진에서 유인궤의 唐 수군은 군량선을 이끌고 백강으로 항해하였고 기록을 보건대 그렇다면 신라군이 적곡(장평)에서 부안의 우금산성으로 내려갔다는 이야기인데 정상적인 군사이동으로 볼 수 없다.

위에 두솔성이 어디인가?

당시 문무왕은 두솔성에 진 치고 있던 왜군 신발내 일부와 부흥군을 투항하게 하여 무혈진압으로 倭병사에게 자비를 베풀어

귀국하게 한 연유로 인해 일명 자비성이라 칭하지 아니하였던가.

부안이 주류성이라면 두솔성에 일본군을 배치하였을까?

부흥군의 지도부가 졸렬하였더라도 설명이 되지 않는다.

혹시 일본군(왜)의 백제지원 계획이 사전에 신라에 정보 유출 여부와 관계없이 羅·唐군 이 주류성 공격계획을 세웠으면 애초에 경주에서 부안의 "우금산성 방향으로 진군했을 것이니 역사기록에 누락이 되지 않았을 것이고 신라군의 주류성 공격 진군을 찾아보면 부안 방향으로 출정한 기록이 없다.

풍왕을 호위하고 온 일본군이 남해에 정박해 있었다 할지라도 우금산성에서 남해까지는 열흘 정도 소요되는 거리이다.

부흥군의 거성이 서부의 임존성이고 아울러 福神과 도침이 사비성, 웅진성을 공격한 기록을 살펴볼 때 통상적 군사이동은 은밀하게 출동해야만 성공 확률이 크다고 하는 것이 일반적인 상식이다.

위금암산

부흥군의 지도부 복신이 어떤 연유로 豐王을 부안 우금산성에 거처를 정하고 王城과 부흥군의 州柔로 하였겠느냐는 상당한 의문점 하나 또한 그곳 우금암산성 굴실에 숨어있던 복신을 풍왕이 용장을 대동하고 찾아가 살해하였다.

우금암산성 구석 어디엔가? 모처에 머물고 지휘하던 豐王이 우금암산성의 굴실에 꾀병을 하고 숨어있던 福信을 풍왕이 용장을 대동하고 찾아가서 살해하였다. 그러하니 우금산성에 복신굴이 있으니 주류성이다.

그러면 豐왕이 머물던 장소는 있는가?

避城이 어디이고 白村이 동진강에 있었는데 농지로 바뀌었다? 어렵게 설명을 할 수는 있으나 누구도 이해하기 어려울 것이다.

복신굴이 우금산에 존재하니 우금암산성이 주류성이라고 부안 지역을 비정하는 연구가 오랫동안 응원이 있었고 사실상 굳히기에 들어갔지만, 누구도 확실하게 주장을 못 하고 있으니 무슨 연유인가 싶다. 부안의 우금암산성이 주류성이다이라고 주장하고 확신하기에는 무리수가 따르니 후일에 반전되는 상황이 없으면 어떻게든 되겠지 한 것이다. 國史 정리를 봄바람 時運에 따르려고 하고 있다.

고대 三國의 흥망사를 지명으로 확인하기는 한계가 있겠으나 전투상황, 이동 경로 등을 자세히 새섬토해 규정하자는 것에 이르는 것이다.

C, 부류설

長谷 학성산성이 백제부흥군의 요새이면서 周留城이다.

"향토사학가 박성흥 선생의 주류성지 내포에서 찾는다."에 절대
적 응원이었던 김갑현의 주류성 관련 연구서 일부를 옮겨보자.

豊王이 백제에 돌아와 즉위했으면 지역에 기존건물 등 왕궁터
등 특이한 지명이나 관련 성터가 존재하여야 하고 문헌상 살펴볼
때 白江口=白村江~周留=州柔~임존성은 근접해 있다.

古地名~㙂方(얼방)에 대해서

얼방면(㙂方面)~㙂方의 유래, 고려시대 행정지명

얼(㙂)자 해석: 백제의 주요 호족들은 왕을 어라하(eraha=於羅
瑕 몽골어)라고 불렀다. 近古代를 통해서 살펴볼 때 王이나 宮中
을 가리키는 漢字는 특수하게 얼(㙂)자로 조어(造語)되었다.

어라하의 축어縮語 = 어라於羅 = 㙂로 표기하였다.

방(方)자 해석: 신라 때 우두방(牛頭方)이라 하였는데 ○○方~○
○郡은 같은 치소의 이름의 고유어 'pol'의 같은 음역으로서 성읍
(城邑)의 의미로 사용되어 왔다. 성읍의 뜻 방方은 후에 도성과 그
행정구역을 의미하는 고을 ~고우리를 郡. 縣이라 쓰고 읽혀왔다.

얼방의 해석: 얼(㙂) '어라하'의 축약이고. 방(方)은 '성읍(城邑)이
있는 곳이라 해서 어른이 계신 성읍'이라는 뜻이다.

㙂方의 地名이 불려진 유래는 어라하 王이 머물던 곳, 요약해

말하면 백제 32代 풍왕이 자리했던 궁성지이다. 辳方이라는 古代 행정지명은 전국에 長谷 외에는 없음이고 임시 도읍을 세우고 왕이 통치하던 마을이기 때문이다.

백제 풍왕의 거성이 주유, 주류성이었으니 후에 얼방이라 불리었고 辳方面의 소재지로 있었으니 그곳을 辳方山城이라 불렸다. (중략)

기록으로 볼 때 임존성~주류성은 근접하고 西部의 복신이 기병하였다에서 서부를 찾아보자. 백제의 수도 웅진 또는 사비성에서 西部가 어디일까?

백강구 전투냐, 백촌강 전투냐? 의 명확한 근거가 없으나 白江口, 白村 등의 지명에 역사서의 근거로 몇 지역에서 이곳이 주류성이라고 비정하고 있는데 주류성이 어느 곳인지 혼재되어있는 상태이고 주류성은 하나의 성채가 아니다. 풍왕과 함께 들어온 일본(倭)의 호위군사들 일부가 머물던 지역을 말한다.

여기에서 가까운 角山의 두솔성에도 왜국군사가 머물지 않았던가. 이전까지 백제 유적은 扶餘를 중심으로 유물관리가 주로 있었지만, 최종 격전지 백제 부흥군의 전투지역은 정확한 위치를 확정하지 못하고 있다.

당시 부흥군은 지방 호족들의 사병으로서 낮에는 농사일에 밤낮 수일씩 교대로 성을 수비하는 형태였을 것이다. 그렇다면 주변에 호족의 군사를 대체할 농민이 거주하는 취락지와 농지가 주변에 있어야 되고 군량의 공급도 원활하여야 했을 것이다.

삼국사기, 일본서기에서 나타나 있듯이 "백제부흥군에 의한 저항이 서부에서 심하였다"

西部의 福信이 임존성에서 기병하였고 군사를 이끌고 당나라군의 지휘부 웅진과 사비를 괴롭게 하였으니 주류성은 근접에 있었다고 보아야 한다.

부안에 있는 위금암산성이 ○○이 있고, ○○이기 때문에 주류성이라고 여러 학자들이 주장하고 비정하였으나 관련 역사서 기록의 실존지라는 공간 3곳 중 하나를 福信 窟室로 주장하나 당시의 현장이 아니다. 이렇듯이 열거하면서 많은 노력을 하였으나 2001년 숙환으로 마무리를 하지 못하고 중단되었던 것이다.

필자는 2008년 여름에 선생의 弟氏 되는 김확현 선배로부터 남아있던 유고를 받아보게 되었고 이렇듯이 이어서 탐구하게 되었던 것이다. 열거한 異論과 유적지를 탐사 분석하여 주유~주류성의 정립에 복신 굴실 위치는 장곡면 지정리 보검산으로 추정하니 이를 발굴해보자.

관련 지명 백촌, 피성, 석성, 위치 이해에 이어서 정리한 福信 窟室 위치 탐사자료를 근거하여 長谷의 山城群이 州柔 주류성이다라고 접근하는 것이다.

3) 豊王의 궁성지 州柔, 주류성 위치 거론

물론 장곡산성 內城에 위치한 건물터의 지표조사 내력은 후면에 추가 설명하겠으나 이전에 김갑현 선생이 고시대 지명의 이해에서 기술한 장곡산성 건물터가 풍왕의 궁성지이다.'라고 한 견해를 저버릴 수 없는 바이다.

장곡산성 건물터는 이미 존재하고 있던 것으로 볼 수 있으니 과연 福信將軍은 풍장의 귀국을 준비하지 않고 있었을까?

복신은 군사조직과 전투지휘능력이 뛰어났다. 당나라에 사신으로 다녀오기도 하였으며 이전에 들어온 중국의 傳來 문물 바둑(위기위이치)에 능하였다. 무슨 이야기냐면 장수로서 당나라의 兵法書를 어느 정도 인지하였을 터 西部의 領主였다. 말년에 맞이한 백제패망을 몸으로 겪으면서 자신이 관장하는 서부의 중요한 영지가 외세에 의하여 패망하는 상황을 극복하기 힘들었을 것이다.

복신이 임존성에서 기병하고 왜국에 있는 풍장을 옹립하려고 사신을 보냈으니 임존성 근접에 궁성지를 마련하려고 찾아본 곳은 이때에 福信의 굴실과 관련이 있는 곳이다. 굴실이 먼저인지 궁성지가 먼저인지는 중요치 않으나 건물을 지으면서 지휘하기 용이한 지점에 거처를 마련한 것이다.

임존성과 근접하고 풍왕의 거처를 신변보호와 지휘통솔을 하기에 용이한 장소를 선택하였으니 長谷面 月溪里 용연마을(용못) 남서쪽 산마루(절골)이다.

홍성과 장곡에서는 아주 깊은 산골짜기이다 당연히 은신처의 조건이 맞는 지형이 되니 애초에 궁성을 건축한 것이 아니고 사찰을 위장하여 지휘소를 염두에 두고 豐왕의 거소지를 준비하였다고 보는 것이다. 지휘소를 겸한 풍왕의 거소지에서 북쪽을 관망하면 임존성 성채가 확연히 들어나 보이니 약 20리 간이요 중간에 등경산, 초롱산이 있어서 통신수단 또한 용이하다.

우연한 장소이거나 무리한 추정이라 단정하기 어렵다. 그러면서 복신은 지휘소 인근에 은신에 대비할 목적으로 굴실(窟室)을 조성하였으니 1km 남짓한 근접거리다.

위 건물지는 福信 굴실과 관련이 있는 곳이다.

임존성 관망

풍왕은 이곳에서 머물다 피성(避城)을 의논하였는바 日本書紀
권27 冬 병술 삭(662년 12월 1일) 부분 아래에

豊王의 전략회의 下命

백제왕 풍장은 福信과 일본장수 박시전래진 등이 있는 자리에
서 의논하기를 이 주유(州柔)는 논밭과 멀리 떨어져 있고 토지가
척박하다. 농사짓고 누에 칠 땅이 아니라 방어하고 싸울 장소다.
여기에 오래 있으면 백성이 굶게 될 것이다.

이제 피성 하자! 今可遷於避城.

궁성지 추정 고건물지 기단축대

본문 記事의 現場이다. 부흥군 유적지 중에서도 매우 중요한 성
채(城砦)로서 풍王의 거소지는 한곳만이 아니었음을 주목하여야
한다. 하지만 복신은 풍왕의 지도력에 실망이 누적되고 있었고 풍
王도 복신의 전횡을 역심으로 보고 있었으니 군신 관계가 멀어지
고 전비 전략의 혼란으로 인하여 사태는 악화일로에 들어서며 험

난했던 부흥전은 막바지에 이른다. 그로 인하여 서로 미워하고 죽임을 당하는 사태를 어찌 설명할 수 있는가? 당사자만이 아는 영원한 수수께끼이다.

그러던 중에 복신은 병을 핑계로 굴실에 드러누워서 부여豊이 문병 오기를 꾀하였다. 부여豊은 이를 알아차리고는 그의 심복들을 거느리고 가서 복신을 덮쳐 살해하였다.

구당서에서 나타나 있듯이 풍왕과 복신은 서로 가까운 곳에 있었다고 보는 것이다.

福信은 자기가 준비한 굴실(窟室)에 자신이 묻혔다. 복신 굴실과 위에 요새지는 기묘한 일련의 장소이다. '청주이씨 족보에는 이곳이 寺谷山으로 적혀있다' 福信이 부흥전 이전에 서부관장 거소지를 추정하기는 지금의 덕산 부근으로 보는데 이에는 백제기 초에 나타나는 이전의 馬韓왕의 거소지 또한 가야산과 인근 농경지와 관련이 있다고 보는 것이다.

이후에 통일신라 말기 崔致遠(857~?)의 부성군 태수 부임과도 관련이 이어지는 데 이에는 특별한 지역이기 때문이다. 당시 신라에서는 그래도 당나라와의 관계도 그렇고 唐의 사신이나 문물(상업)을 관장하는 지역이었으니 관리자로서 적임이었기 때문이다.

최치원은 모두 아는 바이지만 소싯적에 당나라에 들어가서 글을 배우고 이름을 알리게 되니 이때에 23세의 나이에 黃巢의 亂

사건에 관리로 임명을 받아 황소격문(黃巢檄文)을 남겼으니 격문으로서 난을 평정하는데 공적을 남기었다.

그러한 최치원이 신라에 돌아와 富城郡(서산) 태수로서 지내던 중 특별한 족적을 내포지역 여러 곳 특히 월계리(龍淵雙溪)에도 흔적을 남기게 된다.

부성태수 최치원은 가는 곳마다 마을 이름을 지어주고 산과 들의 이름을 지어 주었음을 볼 수 있는데 부성군 인근의 여러 지역을 방문하여 금석문을 남기기도 한다. 어찌하여 용연에 최치원이 머물렀을까? 孤雲은 신라의 진골품계에 밀려서 벼슬을 그만두고 말년에 전국을 유랑하던 중 용못에 돌아와 은거하였던 것으로 추정되고 있다.

위에 장소에 百濟 復興軍의 사찰로 위장한 지휘소 건물이 남아 있으니 이곳에서 은둔하여 지내면서 후학을 가르쳤던 것이 된다. 그의 증거물로서 이때 쌍계용연바윗돌 여러 곳에 남겨진 글귀와 詩文이 금석문으로 실존하는바 시문을 하나 소개해보자.

質凝雲彩 文折龍鱗(질응운채 문절용린)

坐待明月 醉留佳賓(좌대명월 취유가빈)

연달은 구름 빛은 용의 비늘처럼 찬란한데

앉아서 밝은 달 바라보니 도취되어 떠날 수가 없구나.

용은변서(龍隱別墅)기 새겨진 바윗돌에 남아있다.

고운선생 유적지

　자발적인 백제 부흥군이 기병한 군성본부가 임존성(任存城)이었고 근접한 곳에 장곡산성 群이 약 三十 리 거리 지점에 있으니 이곳이 백제 유민들과 일본군 일부가 함께 머물고 있던 州柔, 周留城이다.

　日本書紀에는 州柔, 三國史記, 舊唐書에 周留城이라 표기되었는바 부흥군의 왕성지에 대한 통칭으로 주류성으로 표기 되었다는 해석에 이르고 있으니 사시량현의 石城群의 지형을 살펴보면 장곡산성, 학산성, 소구니성, 태봉산성과 연계된 산봉우리 깃대봉(277m) 능선 서쪽에 寶劍山(230m) 복신굴이 있고 동쪽 1km 즈음에는 풍王 궁성지(宮城址) 등 주요 유적이 진 치고 있으며 옆에 등경산(燈檠山) 등 모든 산 정상에서 관망하면 임존성이 3~8km 정도의 거리에 연결되어 있고 상호관측이 되며 북으로 無限川界 直列 같으나 골짜기가 깊고 깊어서 성채가 가려져 있으니 산마루에서의 전망은 시계가 넓게 열린 전략적인 요새이다.

　신라군의 최종 공격 목표지가 周留城 任存城이었다. 이는 장곡의 山城群~임존성이 되니 사서에 나타나는 주 공격로의 지형분석을 통하여 기술하는 바와 일치한다. 주류성과 임존성은 하천과 산록으로 근접한 곳에 다른 모습으로 존재하고 있다.

　근래 전국 각지에는 고대 인명과 역사서 지명유래를 확증하여 옛적 인물과 문화유적을 도출해 내어 복원하고 지역과 향리의 상징으로 이어가려는 노력이 잦아지고 있는데 감추어져 있던 옛적의 지명 및 유적을 회복하여 보존하자는 데에는 이론이 있을 수 없다. 역사의 현장에는 오묘한 사실 부분과 미묘한 기록이 상충하는바 지금까지 기술한 설명이 부족하였을 수 있다.

　결론으로 백제 부흥전의 본영이고 최후 항거 전투지가 장곡의 山城群과 任存城이었음을 확인하였고 당나라 將帥 유인궤 傳에 나타난 기사 한 줄에는 "그들의 王 부여풍"이라 칭한 것을 보면 百濟의 마지막 왕은 32代 풍王이다.

　마지막에 복신 장군이 역신(逆臣)으로 희생되었으니 그의 窟室을 꼭 찾아서 칭송하고 더불어 명예를 회복해 주어야겠다.

　이로써 백제부흥군의 총본영은 옥계리~대현리~산성리~천태리,

백제山城群이 州留, 周留城이고 그곳에 위치한 龍淵 쌍계사 사곡산 고건물터가 豊王의 궁성지이니 총칭 주유~주류 주류성이라고 정리한다.

4) 백제부흥지원군 패전 후 일본에선

백강구 전투에서 패한 뒤, 나카노오에(天智天皇)는 나·당연합군의 침공에 대비하여 방비를 견고히 하기 위해 북큐슈의 쓰시마(対馬) 이키(壱岐)쓰쿠시에 사키모리(防人 변경수비대)와 봉수(烽燧)를 설치하고, 天智 3년 12월(664년) 다자이후의 서쪽-쓰쿠시에 평지성인 미즈키(水城)을 축조하였다.

665년 8월 나가토(長門)에 성을 쌓았다. 또 망명해온 백제 유민들인 억례복류(憶礼福留)와 사비복부(四比福夫)를 쓰쿠시에 파견하여 이들로 하여금 쓰시마, 북큐슈, 기나이의 왕도에 이르는 국방의 요새 오노(大野)와 기에(椽)에 백제식 산성을 축성하였다.
북큐슈에는 군정기관으로서 다자이후(大宰府)를 설치하였고, 관위도 19계에서 26계로 확대하는 등 행정기구를 정비했다.

천지 6년(667년) 음력 3월 19일에 오우미(近江)의 오오츠노미야

(大津宮, 지금의 오츠市)로 환도하고 11월, 쓰시마에 가네다城(金田城)을 축조케 하였다. 이듬해인 7년(668년) 1월 3일에 비로소 즉위식을 거행했다. 그리고 한 달 뒤인 2월 23일에 동모제 오오아마(大海人) 황자(훗날의 덴무天皇)를 황태제(皇太弟)로 삼았다.

천지천황 8년(668)에는 여자진, 귀실집사 등 7백여 인을 근강국 포생군(浦生郡)으로 이주하여 살도록 하였다. 또 백제인 4백여 인을 근강국 신전군(神前郡)에 살게 하였다. 그 전후에도 많은 백제인 들을 각지에서 살게 하였다. (근강국(近江國/오미~아후미)=現 시가현(滋賀縣/자하현)

시가현은 본토 중서부의 내륙으로서 중심에 비와호(琵琶湖비파호)가 중앙에 자리하고 서쪽 히라산맥을 동으로 이부키산을 안으로 오쓰(大津)市가 소재지로 하고 있다. 시가현은 고대에 오미국이었고 율령제 이전 왕도였다.

백제가 패망하고 663년 9월 25일 解禮城을 떠나 倭의 군선을 타고 열도에 건너간 5천여 유민 중 좌평 여자진, 등이 근강국 포생군(浦生郡)과 신전군(神前郡)으로 이전하여 관위와 경작지를 받았음을 일본서기에 나타나 있고 포생군에는 이전에 백제인들이 세운 서탑사와 百濟寺가 남아있음이 증명되고 있다.

현재의 시가현 비와호(琵琶湖) 東岸과 東南部이다.

좌평 여자진(대금하大錦下)은 이곳에서 목소귀자 등 함께 건너 온 백제 유민들과 결속 유대를 맺으면서 백제에서의 국란을 정리하여 학자를 통해서 이후에 기록을 부분적으로 남기게 되니 백제 부흥전의 상황이 묘사되고 있으며 열도에서의 망명생활상이 나타나고 있다.

당시 기록을 찾아보면 야철, 와공, 농잠, 직조술을 발전시켰고, 불교, 의박사 등이 일본의 문화에 상당 부분 영향을 끼쳤다.

백제 유민들의 실생활 상이 계속하여 나타나는 것을 보면 거주지가 근강국(近江國) 비와호(琵琶湖) 주변에 주거하였다.

百濟 유민 관련 근간자료기사(동아일보 1994년 1월 11일자)에 아래 기사에 나타나 있다.

"일본 滋賀縣浦生郡日野町의 大字寺터 野田道 유적에서 한국식 건축 양식의 잔존물 포함 돌로 된 연도와 아궁이가 발견되었다." 이고 또 하나 시가현 포생군에는 귀실신사가 현존하고 있으니 福信의 후예가 일본에 남겨놓은 흔적으로 보인다.

이로써 백제인들이 근강국에 이주하여 살았다는 일본서기의 기록이 사실로 나타나 있다.

5) 西紀 720年 日本書紀 편찬과 관련하여

백제부흥전 이후 오천여 명의 유민들이 일본으로 도해하여 지위를 인정받으며 살았다는 실생활 상이 나타나 있듯이 이때 건너간 유민들의 復興戰爭 관련 잔존기록이 남아있었고 후예들이 상류층을 이루면서 일본서기에 상당부분 역술되었을 것으로 사료된다는 것이 보편의 견해이다.

日本書紀는 백제계 후손 태안만려(太安万侶, 오오노야스마로)가 지었다. 이에 근거하는 자료를 옮기는 계기가 있는데 홍주향토문화연구회 회원들의 활동과 관련이 있다.

2000년 4월 12일~15일까지 3박 4일간 日本大阪市(오사카)의 백제유적 관련 연구회 탐사단(探査團)이 訪韓하기에 이른다.

이에 시작은 前)예산농업전문대학교수 윤규상(尹圭相) 德山 1924~2015은 선린상고 동창 관미청(關美晴) 氏를 만나러 일본 오사카 출입이 있었고 박성흥 선생의 홍주주류성 논고가 오사카에도 전하여졌으니 백제역사에 관심이 있던 염천경자(塩川慶子, 이오카와게이코) 외 10명의 백제유적지탐사단이 한국에 들어오게 되었던 것이다.

慶子女史 이하 名 게이코(作家 및 記者) 일행이 도착하자 박성흥

선생, 윤규상 선생 등의 설명과 함께 안내하여 관련 유적지를 탐사하였던 것인데 홍성군에서는 차량지원을 本會에서는 황성창, 복익채 회원 등이 안내를 주도하고 백제復興戰 관련 유적지를 찾았던 것이다.

禮山 任存城, 唐津석문면 白沙, 장고항 근역과 석문중학교 유물관람, 扶安 우금산성, 홍성 烏棲山 복신굴 장곡산성, 탐방이 그것이다.

게이코 여사는 일본으로 돌아간 후에 오사카 소재 '코리아 투데이社' 월간지에 3회에 걸쳐 기고하였는데 당시의 '코리아 투데이' 기고문 일부를 인용하는 것이다.

일본에 이주한 유민들은 왜국 황실의 내분을 치르면서도 渡來人으로 정착하고 고구려, 신라인들과 함께 일본에서 상위계층의 한 축을 담당하게 되었음을 알 수 있다.

게이코의 탐사기고문 중 일부를 옮겨보자.

「任存城, 당진시 避城, 扶安우금산성」 기사는 생략.

게이코 記者의 기고에는 日本書紀를 편찬한 太安万侶(오오노야스마로)로서 아버지는 多氏로서 多臣夫(오노토미오)였다. 太安万侶(태안만려)의 어머니 溫沙如(온사여)가 백제 사람이다. 多臣夫는 九州(큐우슈우)지역에 뿌리내린 豪族이니. 多씨는 바로 多臣蔣敷(다신장부)의 누이가 풍장(豊王)과 혼인gks 것이니 백제계통과 연결된다.

바로 그 多臣夫(다신부)의 아들 太安万侶(태안만려)가 일본서기를 편찬하였다.

太安万侶(오오노야스마로)가 썼다는 日本書紀와 古事記는 倭와 百濟의 공통어로 만들어진 한자역사서이다. 1971년 1월 23일에는 이를 뒷받침하는 흔적이 나양(奈良/나라)市 차나무밭에서 太安万侶의 墓誌가 발견되었다. 이하 줄임,

그럼 백제부흥전의 總本部였던 城은 일본서기에서는 州柔城(츠누사시) 舊唐書와 三國史記에서는 周留城, 豆率城 등으로 되어 있다. 과연 그 城의 위치는 어디인가? 검증해보자.

'충청남도 홍성군 지역 방문기사'를 보면 주류성과 福信窟에 가게 되었다. 홍성군에 들르니 李鍾乾 부군수를 비롯하여 문화공보실의 여러분이 만나주셨다. 洪城石城山城~建物址發掘調査報告書 라는 책자도 받았다. 1998년에 祥明大學校博物館이 발굴 조사한 그 기록이다.

①홍성의 福信窟 탐사

홍성군청의 공보계장 장의남 氏와 또 한 분이 차량(지프)을 맡아서 출발했다. 오늘의 일정은 산을 몇 번이나 올라야 하는 산성순회이다. 홍성군의 남단 광천에서 가까운 곳에 烏棲山(해발 791m)이 있다.

지프차를 타고 있었지만 무서웠다. 몇 번째 오른다고 하는 운전사의 기술을 의심하는 것은 아니지만, 급경사와 급커브 역시 무서

웠다. 중턱이라곤 해도 나에게는 山頂上에 가깝다고 느껴지는 곳에 동굴이 있었다.

이 동굴은 三 년쯤 전에 福信窟을 발견했다, 復興戰의 무대는 內浦라는 說의 유일한 약점은 福信이 은거하고 있었고, 扶余豊에게 살해당했다고 하는 그 동굴이 발견되지 않았다는 점이었다.

이것으로 내포설의 근거가 가깝게 접근하는 것이다. 그렇다고 해도 정비된 도로도, 지프차도 없었던 시대에 복신을 죽이기 위해, 이런 험한 산을 올라왔던 豊王의 집념도 대단하다. 신하들도 함께였다고 하지만 설마 가마를 타고 왔을 리는 없다.

邊山半島의 禹金山城 주류성 說의 경우도 福信窟까지 오르는 것은 힘든 일이었다. 그래도 여기는 더욱 힘들다.

옛사람들의 건각(健脚)은 상상을 초월할 정도이다.

②홍성의 백제성지 탐사

장곡산성 발굴사진

烏棲山에서 동북쪽으로 이어지는 산줄기에 두 개의 봉우리를 껴안듯이 石城山城은 축성되었다. 이른바 포곡식 석축산성이다.

해발 200~300m 정도의 봉우리인데 山林道가 있어서 거의 산 정상부까지 지프차로 오를 수 있었다.

그 뒤로는 걷기조차 어려운 길이라고 볼 수 없는 경사면을 미끄러지며 올랐다.

이 석성산성은 상명대학교가 발굴 조사하고 자세한 보고서를 작성했다. 성곽의 둘레는 1,353m로 비교적 대규모의 성곽이다. 붕괴된 석단의 성벽에 올라, 西門이 있었던 자리로 들어갔다.

이번엔 내려가서 중간에 있는 건물터에 도착했다. 건물터만으로도 이렇게 거대하게 보이는 것으로 보아 상당한 건물이었던 것 같다. 건평만으로 약 400㎡(약 120평)이라는 것이다.

백제의 서부에서 봉기했던 의용군이 三萬여 명이었고 주류성은 그 사령부였다는 것을 상기해볼 때 그리 넓다고만은 할 수 없다. 나란히 늘어선 礎石 주거 부분을 둘러싸고 또 한 둘레의 초석이 있는 것은 툇마루가 아니었을까? 설명문을 읽어도 어떤 건물인지 상상할 수 없었다. 부디 학자들의 지혜를 모아 건물이 복원되었으면 한다.

발굴 당시 여기에서 기와가 층을 이루어 발굴되었는데 '沙尸良'이라는 銘文이 있는 기와는 귀중하다. 이 주변은 백제시대에 沙尸良

縣이라고 불렸다.

任存城처럼 결정적인 증거라고 할 수 없지만 백제시대의 증거 유물이 맞는다고 볼 수 있다. 이 석성산성에 이어서 학성산성, 태봉산성, 소군산성, 천태산성 이렇게 다섯 개의 산성이 북쪽으로 늘어서 있다. 이 다섯 개의 산성의 총칭으로 주류성이라는 명칭이 사용되었다고 생각된다. 그리고 이곳 石城山城은 任存城에서 20km(실제 14km) 밖에 떨어지지 않은 것이다.

안내하시는 분이 산성의 위에서 지형을 보라고 했다. 산성에 나란히 늘어선 하얀 바위에서 城郭 밑을 내려 보니 아산만에 흘러가는 揷橋川 합류 無限川이 흐르고 있고… 이하 줄임

장곡면 민속자료실 방문

金正浩의 洪城城' 周留城說 등 大東輿地誌 卷五 洪州牧의 기록으로 古山子는 「洪州牧本百濟周留城唐改支潯州」라고 쓰고 있다.

이 說을 제대로 받아드린 연구는 지금까지 130년간 한 번도 없었다고 朴性興 씨는 고개를 저으며 말한다. 물론 홍주성은 평지의

석축성이고 주류성이라고는 할 수가 없다. 金正浩가 周留城이라고
한 것은 장곡의 石城山城일 것이라고 나 역시 생각한다.

또 한 가지 說, 邊山半島에서 周留城이라고 하는 位金山城은 둘
레 3,960m로 장곡의 石城山城 보다 크다. 건물터(寺院터)도 있
고 기와나 토기도 발굴되었다고 한다. 근처에 많은 산성도 있고 여
러 서적(학술지)에서 백제부흥전의 전장을 지도위에 그려 넣은 것
을 보면 상당히 설득력이 있다. 任存城과 이어져 있다는 점에 지
금의 나로서는 홍성군에 있는 石城山城 周留城 쪽이 일리가 있다
고 생각한다.

이상은 게이코 여사의 1차 탐사여행 기고의 일부이다.

그러면서 여분의 自評 세상만사論을 통해서 일본 어느 단체에서
는 韓山의 乾芝山城을 주류성이라고 하였는데 이에 따라서 한국
에서도 따르는 이가 있었고 한국에선 國費 등 42억을 들여서 지표
조사 발굴조사를 한 결과 백제시대의 유물은 아무것도 발견되지
않았고 건지산성은 이제는 인정되지 않는 說이라고 적고 있다.

게이코 여사는 이후에도 추가 방문이 있었고 이와 관련하여 오
사카에서 계속해서 활동이 있는 것으로 나타난다.

장곡산성

6) 文武王이 전하는 周留城 위치

문무왕 11년條 (671년) 관련 부분

한국인문고전연구소 출판 三國史記 신라본기 인용

가림성 남문 입구

6월, 장군 죽지(竹旨) 등을 보내어 병사를 이끌고 百濟 가림성(加林城)의 벼를 짓밟게 하였다. (가림성은 부여군 임천면 성흥산성)

마침내 당나라 병사와 석성(石城)에서 싸워 5천 3백 명의 목을 베고, 백제의 장군 두 명과 당나라의 과의(果毅) 여섯 명을 사로잡았다. (石城 ~ 부여군 석성면 석성산성)

위에서 나타나듯이 백제를 평정한 신라는 백제지역에서 唐과 추가적인 싸움을 계속하였던 것이다.

그러던 중에 唐 行軍總管 설인귀(薛仁貴)의 항의 서신(설인귀는 고구려와 백제지역 총관이었다)

가을 7월 26일, 당나라 총관 설인귀가 임윤법사(琳潤法師)를 시켜 글을 보내왔다.

행군총관 설인귀는 신라 임금께 글월을 드립니다.

맑은 바람 맞으며 萬里길, 큰 바다 삼천리를 지나 황제의 명령을 받잡고 이 땅에 왔습니다. 삼가 듣건대 임금께서 이기적인 마음이 움직여서 변경의 성에 무력(武力)을 쓴다고 하더이다. 이는 중유(仲由)의 한마디 말을 저버린 것이요, 후생(侯生)의 한번 약조를 잊으신 것입니다.

형은 역적의 우두머리가 되고 아우는 충신이 되었으니, 꽃과 꽃받침의 그늘이 크게 벌어진 격이요, 그리워하는 달빛이 헛되이 비추는 것과 같습니다. 중략

전에는 충의롭다가 지금은 역신이 되었으니, 처음엔 길하였으나

끝내 흥해진 것이 한스럽기만 하고, 근본은 같았는데 끝이 달라진 것이 원통합니다. 바람은 높고 날씨는 차가우며 잎이 떨어지고 세월은 서글픈데, 산에 기대어 멀리 바라보니 마음이 아파옵니다.

왕께서는 마음이 맑고 지혜로우시며 풍채가 빼어나신 분이니, 겸손한 뜻으로 돌아가 순리를 따르는 마음을 가지신다면, 제향을 제때에 받을 것이요 사직이 바뀌지 않게 될 것입니다.

좋은 운을 가려서 복을 받아들이는 것이 왕의 계책이 되어야 할 것입니다. 삼엄한 중에도 사신은 다니는 법이니, 왕의 신하 승려 임윤에게 편지를 가져가게 하여 한두 가지 생각을 말씀드렸습니다.

이상 설인귀의 항의 서신에 文武王은 답신을 보냈다.

대왕이 답서에서 말하였다.

선왕께서 정관(貞觀)22년(서기648)에 입조하여 태종문황제의 은혜로운 조칙을 직접 받았다.

그 조칙에서 '내가 지금 고구려를 치려는 것은 다른 이유가 아니라 신라가 두 나라 사이에 끼어 늘 침범을 당하여 평안한 날이 없는 것을 딱하게 여겼기 때문이다. 산천과 토지는 내가 탐하는 바가 아니며 재물과 사람은 내가 이미 가지고 있는 것들이니, 내가 두 나라를 평정하면, 평양(平壤) 이남의 백제 토지는 모두 너희 신라에게 주어 영원토록 평안하게 하리라.'고 하시고는 계획을 지시하고 군사를 낼 기일을 정하여 주셨다.

신라의 백성들이 이 은혜로운 조칙을 듣고서, 사람마다 힘을 기르고 집집마다 쓰임이 되기를 기다렸다. 큰일을 마치기도 전에 문제가 먼저 돌아가시고 지금 황제가 제위에 올라 선대황제의 은혜를 이었으며, 인자한 베푸심이 지난날보다 더하였다.

나의 형제와 아들이 금인(金印)을 품고 자주색 인끈을 달게 되니 영광스러운 총애는 지극함이 예전에 없던 일이었다. 그러므로 몸과 뼈가 가루가 되어 부서질지언정 쓸모를 다하려 하였으며, 비록 간과 뇌가 들판을 덮더라도 만분의 일이나마 은덕에 보답하려 하였다.

현경(顯慶) 5년(서기660)에 황제께서 선대황제의 뜻을 끝맺지 못한 것을 유감으로 여기어 남겨둔 사업을 완성하기 위하여 배를 띄우고 장수들에게 명령하여 대규모의 수군을 일으켰는데, 선왕(武烈王)은 늙어 쇠약해져서 행군을 견디기 어려웠으나, 전날의 은혜를 생각하여 억지로 국경까지 나와서 나에게 병사를 이끌고 황제의 군대를 영접하게 하시었다.

관련 기사 아래 武烈王 7년조 여름(夏) 5월 사비성 侵略 준비

당시 임금이 유신, 진주, 천존 등과 함께 병사를 거느리고 서울을 출발하여 6월 18일에 남천정(南川停=이천)에 머물렀다. 소정방은 내주(萊州)에서 출발하여 1,000리를 잇는 축로를 거느리고 동쪽을 향하여 물길을 따라서 내려왔다.

21일 임금이 태자 法敏을 보내어 兵船 100척(병선에는 신라군사와 군량이 실렸다)을 거느리고 덕물도(德物島)에서 정방을 맞이하게 하니 정방이 法敏에게 말하였다.

나는 7월 10일에 백제 남쪽에 이르러 대왕의 군대와 만나 義慈의 왕성을 무찔러 부수려고 합니다. 이하 중략

계속해서 7월 9일 기사 중에서 이날 정방은 부총관 김인문 등과 함께 기벌포(伎伐浦)에 도착하여 백제의 병사들과 마주쳐 싸워 크게 쳐부수었다. 이하 중략

계속해서 7월 12일 기사 중에서 당나라와 신라군이(원문에 3글자 빠졌음) 의자왕의 도성을 포위하려고 소부리 들판으로 나아갈 즈음에 정방이 마음에 꺼리는 바가 있어 진군하지 않고 있었다. 유신이 그를 달래어 두 나라 병사가 용감하게 네 길로 일제히 진군하였다. 이하 중략

계속해서 文武王 11년 기사
동서에서 호응하고 수륙 양군이 함께 전진하였다.

수군이 겨우 강어귀에 들어설 무렵에 육군은 이미 대규모의 적군을 격파하고 두 나라 군사가 함께 백제의 수도에 이르러 나라를 평정하였다. 평정 후에 선왕은 蘇大摠管과 함께 의논하여, 당나라 병사 1만을 머물게 하였고, 신라도 또한 아우 인태(仁泰)에게 병사 7천을 딸려서 함께 웅진을 지키게 하였다.

황제의 군대가 돌아간 후에 백제의 신하 福信이 起於江西 강의 서쪽에서 일어나 백제 유민을 모아 부성(사비성)을 포위하고 핍박하였는데 먼저 바깥 목책을 부수어 군수품을 빼앗고 다시 부성을 공격하여 거의 함락될 지경이었다.

또한 부성 근처 네 곳에 성을 쌓아 포위한 채 지키고 있어서 부성에 들고 나지도 못하고 있었다. 내가 병사를 이끌고 달려가 포위를 풀고 사면의 적성을 한꺼번에 깨뜨려서 우선 부성의 위급함을 구원하였고 다시 군량을 수송하여 마침내 1萬여 명 당나라 병사들이 범의 입안에 들어간 것 같은 어려움을 면하게 하였으며, 남아 수비하던 굶주린 병사들이 자식을 바꾸어 잡아먹는 지경이 되지 않도록 하였다.

현경(顯慶) 6년이 되자 복신의 무리가 점점 늘어나서 강의 동쪽 땅까지 침범하였으므로, 웅진의 중국 병사 1천 명이 가서 적을 공격하다가 오히려 적에게 져서 한 사람도 돌아오지 못하였다.

이 패배 이후로 웅진으로부터 오는 병사의 요청이 밤낮으로 계

속되었다. 이어서 아래에 주목되는 기사

日夕相繼 新羅多有疫病 不可徵發兵馬

苦請難違 遂發兵衆 往圍周留城

賊知兵小 遂卽來打 大損兵馬 失利而歸

당시 신라에는 전염병이 많이 돌아 병마를 징발할 수 없었으나 고통스런 요청을 거절하기 어려워 마침내 병사들을 일으켜 주류성(周留城)을 포위하였다. 적은 우리 병사가 적은 것을 알고 나와 공격하여 우리의 병마는 크게 손해를 입었고 이로움을 잃고 되돌아왔다.

위에 往圍周留城 주류성을 포위하였다는 기사는 舊唐書卷199上－列傳第149上－百濟國에 이렇게 기록되어 나타나 있다. 아래

道琛等於 熊津江口立兩柵 以拒官軍 仁軌與新羅兵四面夾擊之,

도침 등이 웅진강(熊進江)의 입구에서 두 개의 목책을 세우고 관군에 저항하자 유인궤가 신라의 군사와 더불어 사면에서 협공하니

賊衆退走入柵, 阻水橋狹, 墮水及戰死萬餘人.

적의 무리들이 패주하여 목책으로 들어가다가 물로 막혀 있고 다리는 좁아서 물에 떨어지거나 싸우다 죽은 자가 1만여 명이었다.

道琛等乃釋 仁願之圍, 退保任存城.

도침 등이 이에 유인원의 포위망을 풀고 임존성(任存城)으로 퇴각하여 수비하였다.

新羅兵士以糧盡引還, 時 龍朔元年三月也.

신라의 군사가 식량이 다하였다고 하여 돌아가니 이때가 용삭
원년 3월이다.

또한 백제기에도 임존성 전투와 관련하여

三國史記 百濟기

福信等乃釋都城止圍 退保任存城

新羅人以糧盡引還 時龍朔元年三月也

복신 등이 이에 도성의 포위를 풀고 물러나와 임존성을 지켰는
데 신라 사람이 양식이 다되어서 군사를 이끌고 돌아갔다.

이때가 당나라 용삭 원년 3월이었다.

이어서 두량윤성 전투 아래에 武烈王 8년 3월 12일 기사이다.

大軍來屯古沙比城外 進攻豆良尹城 一朔有六日 不克

대군이 고사비성 밖에 와서 진을 치고 있다가 두량윤성을 공격
하였으나 한 달 엿새가 되도록 승리하지 못하였다.

夏四月十九日 班師

4월 19일에 군사를 철수하면서

大幢誓幢先行 下州軍殿後 至賓骨壤 遇百濟軍 相鬪敗退

死者雖小 先失亡兵械輜重甚多

대당과 서당을 먼저 보내고 하주의 군사들을 뒤따라오게 하였

다. 그들이 빈골양에 이르렀을 때 백제 군사를 만나 싸웠으나 패하였다.

사망자는 비록 적었으나 병기와 군수품을 상당히 많이 잃었다이니 백제기에는 이때가 용삭 원년 3월이었다. 도성을 포위하였던 부흥군이 패하고 후퇴한 복신의 임존성 수비기사가 문무왕기 11년에 주류성을 포위하였다는 것과 일치하는 것이다.

그런 후에 신라군이 퇴각하면서 전투지 아래에

武烈王 8년 3월 12일 기사

두량윤성을 공격하였는바 한 달 엿새가 되도록 승리하지 못하였다. 이니 3월 신라군의 대격전지 두 곳 중에서 주류성이 언급되었고 임존성을 주류성이라 하였다. 여기에서 답을 전해주고 있다.

舊唐書에 나타나 있고 三國史記 백제기에는 당시 두량윤성 전투가 나타나지 않았지만, 이때의 전투상황에 文武王은 지명은 다르게 표기하였으나 주류성이 어느 지역에 있는지 주류성의 위치를 설명하고 있다.

往圍周留城 주류성을 포위하였다. (임존성을 일컬음)

해답은 여기에 있으니 任存城 근방에 周留城이 있다.

하지만 일편으로는 여타의 전투지를 주류성으로 오인하는 기사로 볼 수 있지만, 그때 당시 주류성을 포위한 전투가 있었다는 기록이고 江의 서쪽에 주류성이 있다는 문무왕의 설명이 있다.

아래에 "백제의 신하 福信이 강의 서쪽에서 일어나 백제 유민을 모아 부성(사비성)을 포위하고 핍박하였는데"에서 찾아볼 수 있다.

品一을 보내서 부성을 구원할 당시의 전장으로 확인되는 것이다. 이에 나타나듯이 당시 전장의 기록과 사실지 옛 지명을 정확하게 구분하기가 쉽지 않으나 매우 중요한 기사이다.

계속해서 문무왕기 11년 아래
南方諸城 一時摠叛 竝屬福信
福信乘勝 復圍府城 因卽熊津道斷 絕於鹽豉
卽募健兒 偸道送鹽 救其乏困
남쪽 지방의 여러 성들도 일시에 반란을 일으켜서 복신에게 복속하니 복신이 승세를 타고 또다시 부성을 포위하였다.

이에 따라 웅진으로 가는 길이 끊어져 소금과 된장까지 떨어졌으므로, 즉시 건장한 청년들을 모아 다른 길로 몰래 소금을 보내 궁핍해진 부성의 병사들을 구원하였다.

계속해서 아래 6월에 선왕이 돌아가셨다. 장례를 겨우 마치고, 상복도 미처 벗지 못했기에 병사를 보내지 못하고 있을 때에 황제가 조칙을 보내 병사를 일으켜 북쪽으로 보내라고 하였으니, 함자

도총관 유덕민(劉德敏)등이 와서 신라로 하여금 평양으로 군량을 운반하라는 황제의 칙명을 전하였다.

이때에 웅진에서 사람을 보내와 부성이 고립되어 위급함을 전해왔다. 유총관이 나와 함께 일을 상의하면서 스스로 "만약 먼저 평양으로 군량을 보낸다면, 웅진으로 가는 길이 끊어질 것이 걱정입니다. 웅진 길이 끊어지면 그곳에 남아있는 중국 병사가 곧바로 적의 손에 떨어질 것입니다." 라고 말했다.

유총관은 마침내 나와 동행하여 먼저 옹산성(甕山城:대전 대덕 계족산성)을 공격하였다. 옹산을 점령하고 이어 웅진에 성을 쌓아서 웅진 가는 길을 열어 통하게 하였다. 12월에 이르러 웅진의 군량이 떨어졌으나 먼저 웅진으로 군량을 보내면 칙령을 어기게 되어 걱정이고, 평양으로 군량을 보낸다면 웅진의 군량이 끊길 것이 걱정이었다.

이런 까닭으로 노약자를 시켜 웅진으로 운반하게 하고, 강건한 병사들은 평양으로 향하도록 하였는데 웅진으로 수송하던 도중에 눈을 만나서 사람과 말이 모두 죽어 백에 하나도 돌아오지 못하였다. 중략

계속해서 문무왕기 11년條 백제부흥 최후 전투

至龍朔三年 摠管孫仁師領兵 來救府城 新羅兵馬

용삭 3년(서기 663)에 이르러 총관 손인사(孫仁師)가 병사를 거

느리고 와서 부성을 구원할 때, 신라의 병마도 역시 정벌에 참여 하였다.

亦發同征 行至周留城下 此時
倭國船兵來助百濟 倭船千艘停在白沙

행군이 주류성 아래에 이르렀을 때 왜국의 수군이 와서 백제를 도우려 하였다. 왜선 一千 척이 백사(白沙)에 머물러 있었고

위에 기사 이해 ~ 倭船千艘 停在白沙

일시는 없지만, 관련 기록을 찾아보면 豊王이 백촌으로 향하고 나흘이 지나서 주류성을 에워싸고 포위하였을 때를 말함이니 그 때가 8월 17일이며 8월 27일 이전이다.

'왜군선 千여 척이 백사에 머물고 있었고'의 이해는 백강구 전투 지를 언급한 것이며 자세한 설명은 해전격전지 지명풀이 이해에서 기술하였다.

百濟精騎 岸上守船.
新羅驍騎爲漢前鋒 先破岸陣 周留失膽 遂即降下.

백제의 정예 기병들이 언덕에서 배를 지키고 있었는데, 신라의 정예 기병들이 중국 군대의 선봉이 되어 먼저 언덕의 진지를 쳐부 수고 나니, 주류성은 대적할 용기를 잃고 곧바로 항복하였다.

위에 이야기를 추가 설명하면 신라군은 선봉에서 白江口, 白村 江 언덕의 백제 기병들을 쳐부수고 이어서 8월 27일~28일 유인

궤의 唐수군이 白江口~白村江 전투에서 왜군을 물리치니 豊왕은 달아나고 이어서 羅·唐 연합육군이 연합하여 주류성으로 달려가니 9월 7일 왕성인 주류성은 항복한 것이 된다.

계속해서 문무왕기 11년 아래
南方已定 廻軍北伐 任存一城 執迷不降
남쪽 지방이 평정되자 군대를 돌려 북쪽 지방을 정벌했는데 임존성 한 곳이 고집스럽게 항복하지 않았다.

또한 위에 기사 중 오해의 여지는 '남쪽 지방이 평정되자 군대를 돌려 북쪽 지방을' 운운한 기록에 혹자(或者)는 주류성이 남쪽에 있었다고 주장할 수도 있다.

하지만 663년 9월 7일 주류성 항복 시 기사
僞王子 扶餘忠勝忠志等 率士女及倭衆並降 百濟諸城皆復歸順.
"거짓 왕자 부여충승, 충지 등이 남녀 및 왜의 무리를 이끌고 함께 항복하니, 백제의 모든 성이 다시 귀순하였다." 에 근거하면 주류성이 항복하자 모든 城이 평정되었다는 기사이고 泗沘城 남쪽 어디에서도 신라군이 관련한 전투기록이 없다.

신라군이 직접 남쪽을 공략했다고 볼 수 없다. 9월 7일 주류성이 함락되니 백제의 모든 城이 귀순하였다. 이후 문무왕은 군진(軍陣)을 정비하여 남아있는 임존성을 공략한다. 하지만 신라의 전술책략은 조금 느슨하게 공격하면서 전후를 걱정하게 되는 것인데 唐의 지배하에 들어가는 백제국토 처리가 고민이고 왜군의 歸國준비와 퇴로를 열어주고 차후를 대비하였던 것이다.

계속해서 문무왕 11년 任存城 기사

兩軍併力 共打一城 固守拒捍 不能打得

두 군대가 힘을 합하여 그 성을 함께 공격하였으나, 그들이 성을 굳게 지키며 강력히 저항하였기 때문에 깨뜨릴 수 없었다.

新羅卽欲廻還 杜大夫云 準勅 旣平已後 共相盟會

任存一城 雖未降下 卽可共相盟誓

"신라는 즉시 회군하고자 하였으나 두대부(杜大夫)가 칙명에 의하면 백제를 평정한 후에 모두가 모여 맹약을 맺으라 하였으니, 비록 임존성 하나가 항복하지 않았지만, 곧바로 모여 맹약을 해야 한다고 말하였다." 이하 줄임

7) 四個國 大戰史 '百濟復興戰' 역사 속으로

이렇게 하여 文武王 11년條 答 薛仁貴書의 기록에서 당시의 전황을 살펴보니 百濟부흥항쟁의 격전지가 백제의 서부지역으로 나타나 있고 전투상황이 어떠하였는지 이해와 추가설명이 가능하게

된다.

문무왕이 임존성을 주류성이라 거론하였으나 임존성과 근접한 곳을 주류성이라 기술하였다는 데 대하여 의식이 있는 독자라면 이해하는 데 무리가 없을 것이다. 그렇다면 倭軍과 唐軍의 백강구 ~백촌강 전투 역시 아산만~삽교호 부근에서 찾았어야 했다.

재차 주장하건대 百濟復興戰의 王城址 州柔, 周留城은 홍성군 장곡면 月溪里사곡산과 智井里 보검산을 연계한 長谷山城群이다.

663년 9월 7일 주류성이 항복하였지만, 이후에도 항복하지 않고 있는 임존성의 지수신(遲受信) 장군과 잔여군사가 끝까지 항거하였으므로 羅·唐軍이 포위하고 깨뜨리려고 하였으나 신라군은 慶州로 회군 물러나고 당나라에 항복한 흑치상지(黑齒常之)와 副將 사타상여(沙吒相如)가 선봉이 된 唐軍에 의하여 11월 4일 이후에 부흥항쟁의 최후전투가 끝이 난다.

흑치상지의 부흥전 戰功이 적지 않으나 복신이 죽고 난 이후 劉仁軌의 연이은 유혹에 끌려 唐軍에 투항한 것으로 보이고 이후 흑치상지는 당나라에 들어가 관직을 받고 중국 변방에서 전공을 세우게 되나 내분에 휩싸여서 모함과 의문의 죽음에 이른다.

그의 아들 흑치준(黑齒俊) 또한 唐에서의 활약이 나타나 있고 흑치상지 열전이 舊唐書백제기에 기술돼서 그의 부흥군 초기 전쟁기사와 함께 생애가 전해지게 되었다. 흑치준에 의하여 묘지(墓

誌)가 남겨졌으니 기이하게도 부흥항쟁의 백제인물 중 유일하게 기록과 함께 흔적이 남게 되었는데 그의 묘소가 중국河南省낙양의 북망산인대 근거하기는 1929년 10월 어느 날 邙山에서 아들인 흑치준의 墓誌와 함께 돌출되어 나타난바 이에는 누군가에게 무덤이 도굴되어 발견 이근원(李根源)이 소장하고 있다가 南京박물관으로 옮겨져 현재까지 보관하고 있다. 그의 묘지석이 흔적이다.

義慈王의 묘가 손호(孫皓)와 진숙보(陳淑寶)의 무덤 곁이고 그를 장례 지내고 아울러 비석을 세워 주었다. 이니 中國 河南省 洛陽의 北邙山이다.

孫皓 : 吳나라 마지막 황제 (재위 264~280)

陳淑寶 : 陳나라 마지막 황제 (재위 582~589)

낙양은 기원전 770년경부터 역대 9왕조가 도읍을 두었던 古都이며 後漢 말기에 위(魏)나라 건국기초를 세운. 조조(曹操 155~220)가 도읍했던 그곳에 북망산이 있다.

"낙양성 십 리 하에 높고 낮은 저 무덤은 영웅호걸이 몇몇이며 절세가인이 그 누구냐"의 그 북망산이다.

文武王은 倭 군사에 慈悲를 베풀어서 귀국하게 하였다.

日本書紀 : 권27 천지 二年 九月

沈服岐城 妻子等 今知去國之心

침복기성에 체류하는 처와 아이들에게 나라를 떠나려 한다는 마음을 알렸다. 주류성이 항복하자 누군가가 침복기성에 가서 위급한 상황을 설명하는 것인데 이때의 枕服岐城을 박성흥 선생은 이렇게 고증하였다.

沈服岐城 고대 일본식 발음 진부끼사시(チンブキサシ), 한국식 발음 침복기성, 인바 침복기성(一云 眞方)은 주류성 근접에 위치하였고 부흥군의 가족 또는 일본 구원군의 처자들이 거처할 수 있게 한 곳이 진부끼사시다.

여러 학자들이 주유(州柔, 周留)의 위치를 각기 주장하지만 진부끼사시(枕服岐城)가 어디인지 추정하지는 못하고 있었다.

박성흥 선생이 찾은 곳은 홍성군 장곡면 광성리 참뱅이(一云眞方里)다. 진방(眞方)은 三韓때의 目支國이 있었던 지방이고 後漢의 眞番郡이 있었던 지방으로 眞方이라 호칭(呼稱) 되어온 곳이라고 풀어 놓았다. 실제로 이곳 廣城里에는 성골과 성중이란 부락 명칭이 실존하고 있는바 설득력이 있는 고증이라고 본다.

당시 倭軍 귀국 현장 기록

663년 9월 24일 일본 수군 및 좌평 여자진, 달솔 목소귀자, 곡나진수, 억례복류와 국민들이 호례성(弖禮城)에 이르렀다.

明日 發船始向日本

이튿날에 배(船團)가 출발하여 일본으로 향하였다. 이니 백제건국 효시 沸流의 彌鄒忽은 牙山의 어느 갯고랑 옆에서 시작되었다.

하지만 이후의 역사는 미궁(迷宮) 속으로 사라진 것이고 溫祖는 직산 위례성과 한성백제를 이루었고 22代에 熊津時代를 거쳐 남부여 半島文化의 중흥을 이루었으나 서기 660년 7월 18일 泗沘 왕조는 몰락으로 이어졌다.

사비성 滅亡 후 義兵史 이야기는 百濟 西部의 일부 군장과 호족의 거병으로 신라와 당나라에 맞서서 싸운 3년 4개월여의 의병전쟁은 663년 9월 7일 주류성에서 항복한 군장들과 일부 유민들이 牙山의 해례성에서 木船을 타고 일본으로 떠나는 것이었으니 復興戰 당시 日本書紀에 나타나는 662년12월 풍왕의 피성(避城)은 해례성으로 인식하고 이해해서 풀어놓았음을 밝힌다. 그 최후의 격전지는 鳳首山 任存城에서 끝나는 것이었으니 백제의 개국과 패망사는 牙山市 영인산 아래 미추홀(彌鄒忽)에서 시작되어 영인산 해례성(解禮城)에서 마지막이 되었던 것이다.

三國이 하나가 된 연유는 唐태종 이세민의 사후에 唐 고종(李治)과 신라의 합작이다.

당나라는 이전부터 고구려를 멸(滅)할 계책을 세웠던 것이니 오랑캐로서 오랑캐를 견제한다는 以夷制夷인바 이것은 중국이 주변민족에 대한 책략으로, 어느 한 민족의 세력이 강해져 중국에 넘보지 못하게 하고 이민족끼리 서로 경쟁하게 함으로써 중국에 대항하지 못하게 하는 견제 정책으로서 당시 당나라는 신라로서 고구려를 견제하게 하고 고구려로서 신라를 견제하는 이간책을 의도하였던 것이다. 그러던 중 신라의 연이은 외교전으로 이에 唐에서는 薛仁貴의 군사를 요동에 진을 치게 하여 고구려 朝廷과 군사를 묶어놓고서 드디어 唐·羅 연합군은 660년 백제의 사비성을 멸하게 하고 이후 3년여간은 신라의 지연작전으로 백제에 부흥전쟁이 있었고 664년 이후에는 당나라의 비호(庇護)하에 백제지역 여러 곳에서는 구백제인들이 신라와 맞서는 사태가 또 6~8여 년간 산발적으로 이어져 왔다.

고구려 또한 이때에 연개소문(AD~665년)이 죽고 연남생, 남건, 남산 삼형제의 내분과 연정토(淵淨土)의 배반이 겹쳐져 당과 신라에 의해 668년 9월 21일 보장왕의 항복으로 결국 패망과 함께 三國이 하나 되었으나, 신라는 삼국을 하나로 한 것이긴 하나 高句麗 영토, 그러니까 평양 북쪽 만주벌판까지 당나라에 넘겨준 셈이니 진정한 삼국통일은 아니었던 것이다.

高麗의 등장으로 옛적 영토 일부 회복으로 이후 朝鮮반도의 지도가 형성되었던 것으로서 백두산을 포함한 삼천리금수강산이니 고대의 조선민족사, 그러니까 만주벌판에서 시작한 고려인의 古代 한국사 이야기는 끝이 없을 것이다.

百濟의 周留城은 충청남도 홍성장곡의 山城群이 분명하니 일본 서기와 구당서백제기에 나타나있는 羅·唐·倭·백제 4개국의 전쟁 유적지 그중에서 백제 32代 豊王의 宮城址로 추정되는 月溪里 寺谷山 건물터와 인근에 연계해 있는 福信窟室을 본 연구회와 함께 확인해보자.

2018년 2월 24일

편집 후기

금수(禽獸) 중에는 물수리(매)가 사냥을 잘한다. 50~60m 상공에서도 물속의 먹잇감을 확인하고 시속 200km로 수직 강하하여 물고기를 낚아챈다. 하지만 이를 방해하는 까치 떼가 나타나 먹이를 빼앗으려 격투하기도 하는데 먹잇감을 가지고 약자가 강자를 몰아치는 경쟁이 있기도 하다.

물고기 사냥은 매의 시야가 넓고 밝은 요인도 있으나 시내 물고기 움직임에 빛과 굴절되면서 반짝인다. 먹이를 쉽게 확인할 수 있는 것으로서 이른바 자연계 먹이사슬의 연계로서 서로의 종족 번식과도 관련이지만 철새의 생존본능이 인간사회와 비슷하다.

자연 생태계와 우리 인간사회의 차이점은 무엇일까?

필요한 만큼의 무소유와 필요 이상의 소유경쟁 과욕이 상반된다고 할 수 있으니 우리 사회에는 금수만도 못한 자들이 일어나곤 한다. 자아판단이 부족한 甲이라는 자들의 우월본능이 그것이다. 타인의 것을 내 것으로 만들고 내 것은 타인에게 양보가 없으며 주변 상대를 얕잡고 인정하려 하지 않는다.

필자가 여기에까지 이르는 데에는 분명히 어떤 이끌림이 있었다. 중요하다고 판단되어 가는 곳마다 만나는 분들과의 대화 속에는 긴요한 자료의 연결과 그곳의 지형과 지명을 파악하는 데 큰 도움이 있었으며 작은 실마리가 그때마다 나의 마음속을 늘 일깨워주곤 하였다.

그동안 필자를 도와주신 모든 분께 이번 탐구의 결과물로서 보답과 감사의 인사를 먼저 전합니다.

우연일까? 대한민국의 행정관리치법에 관한 일이다. 어느 단체나 누구든지 어떤 일이든지 법질서 안에서 무엇이든 할 수 있는 자유가 있고 선출경쟁을 통하여 우위에 서기도 한다.

몇 일전(3월 3일)에 국회에서 기존지명을 바꾸게 할 수 있다는 법률을 발의 개정하였다. 公力과 金力人力을 바탕으로 무언들 못할까 보지만 히지만 이것은 단단히 짚어보아야겠다.

부당하다는 민원을 제기하면서 1개월여가 지체되었다.

국회 地名 변경법률안 가결에 대한 이의서

수신 : 대한민국 정부

참고 : 청와대 국회법률 추인담당관 귀하

2018년 2월 28일 국회 地名 변경법률안이 심의가결로 인하여 현재 인천광역시 남구를 미추홀區로 변경하는 법률에 대하여 합당치 아니하다는 의견을 제기하는 바입니다.

1, 2000년 전에 인천의 모 지역이 미추홀로 불렸다는 것인바 이에 관련한 것은 三國史記 백제기 초기성립 과정의 始祖沸流와 始祖溫祖 설화 序文에 원인인데 대한민국 국내 역사학자 그 누구도 명쾌하게 고증한 바가 없음이다.

三國史記 백제본기 주요 부분을 하기에서 찾아보면 드디어 ①한산(漢山)에 이르러서 ②부아악(負兒嶽)에 올라 살만한 땅을 바라보았다. 비류가 해변에 살려고 하였으나 열 사람의 신하가 간하기를 이 하남(河南)의 땅은 북으로는 한수(漢水)를 띠고 동쪽으로는 높은 산에 의지하며 남으로는 옥택(沃澤)을 바라보고 있고 서쪽으로는 큰 바다가 막혔으므로 천험지리가 얻기 어려운 형세이므로

여기에 도읍을 정함이 역시 마땅하지 않겠습니까. 하였다.

그러나 비류는 듣지 않고 백성들을 나누어서 ③미추홀(彌雛忽)로 가서 살았으므로 온조는 하남위례성에 도읍을 정하고 열 명의 신하들에게 보필을 삼으며 나라 이름을 十濟라 하였다.

이때는 전한성제 홍가 3년(기원전 18년 온조왕 1년)이었다.

비류는 미추홀의 땅이 습하고 물이 짜서 안거할 수 없으므로 돌아와 ④위례성(慰禮城)을 보았는데 도읍이 안정되고 백성들이 평안히 지내는 것을 보고는 드디어 참회하고 죽으니 그 신민들이 모두 위례성으로 돌아왔다.

史書에 명기된 地名 중 주요쟁점은 한산(漢山), 부아악(負兒嶽), 미추홀(彌雛忽), 위례성(慰禮城) 부분으로서 "미추홀 今仁州 위례성未詳"이다.

지명의 분류 표기에는 고구려, 백제, 漢山州의 지지에 매소홀현(買召忽縣：一云彌鄒忽)이 나타나 있는바 金富軾의 찬(西紀 1145년)에 의하면 미추홀(彌鄒忽:今仁州)이다. 三國史記 본문 註釋에 나타나 있음.

이후에 백제초기를 집중적으로 해석한 이가 安鼎福(1721~1791)이 동사깅목을 통해서 미추홀이 인천 문학산 부근으로 논거 한 이후로 丁若鏞(1762~1836) 李丙燾(1896~1989) 선생의 조선 고대사 해석에서 동일하게 인천으로 분석하여 현재에 이르기까지 관련 학계의 정설로 굳혀가는 것이 사실이나 ①~④부분 지명을 기록과 지형의 조합 개연성까지 정확하게 설명한 이가 없는 것이 현실이기 때문이다.

그래서 인천에서 미추홀을 인용하여 미추홀구로 개칭하려고 국회발의를 한 것으로 나타나 있다 仁州의 지명유래는 高麗 17대 인종(仁宗 1122~1146)이 어머니 순덕왕후 이씨의 고향으로서 임금이 地名을 하사한 것으로도 유래한다.

이는 또한 인종의 御命으로 편찬된 삼국사기에 金富軾이 이때의 地名 仁州를 부각시켰는데 이후 역사가들이 미추홀, 인천으로 위례성을 서울 송파구 오륜동(몽촌토성)으로 연계하기 위한 연구가 주로 있었음이나 삼국사지리지에는 고구려 당시(西紀 500년경) 地名 매소홀현을 一云彌鄒忽로 하여 주석이 달려있으나 깊이 살펴보건대 "미추홀을 또는 ㅇㅇㅇ"이라 한다면 그리 볼 수도 있겠으나 金富軾의 가식을 첨하여 혼란을 초래한 一見이라고 보기 때문이기도 하다.

2, 仁州가 仁川으로 개칭된 것은 맞는 것이나 仁州는 1120년대에 칭한 것이고 이보다도 145년이나 앞서 高麗 성종 15년(西紀 975)에 현재의 牙山市에 속한 仁州面 지역을 仁州라 칭한 것으로 나타나 있는바 삼국사기 편찬 170년 전이다. 그러한바 아산을 연계하여 인주 미추홀과 직산 위례성 연결이 그것이다. 이러한 연구

가 일찍부터 나타나고 있었으나 이 또한 학계에서 주목하지 않음이 사실이다.

위에 미추홀을 구청 명칭 사용은 집중적인 사료고찰과 지형의 분석 고증이 되어야 할 고대 한국사의 정점에 있는 것이니 이를 국회법률 통과로 구청지명이 변경되어 그대로 사용된다면 고대사의 집중 연구가 허례 허실로 정지되고 학문적 정설 가치 또한 신뢰받지 못하는 채로 그대로 후세에 답습될 것이기 때문이기도 하다.

재정적인 것은 지방자치단체의 고유지분이겠으나 이에 따르는 학교 경찰서 지구대 구의회 보건소 국가지청 관련 단체 등 여러 모든 것이 관계되므로 이후 국민들은 우편물의 주소지가 오랫동안 혼재되어 사용될 것이다. 또한 이어서 발생하는 전국각지의 자치단체 지명 변경 요청을 어떻게 조정할 수 있을지 앞다투어 공적과 치적에 자기의 이름을 내세우기 위하여 날뛰는 생원들의 공명심을 국민들은 연유를 모르고 동의하며 말 한마디 못할 것이기 때문이기도 하니 정부에서는 본건의 국회입법안 추인 처리를 조금 더 고민을 해봐야 할 것이다.

3, 최고의 문제점은 한국 고대사의 遺蹟위치 地名정리가 되지 않았다는 것임이고 2000年 전의 고대사의 지명을 고증 없이 그대

로 사용되어서는 안 될 일이다. 그것도 매우 중요한 역사지명을 쉽고 간단하게 처리해서는 곤란하다는 주장인바 인천이 미추홀로 고착화되고 이어서 위례성 또한 몽촌토성으로 당연시 될 것인즉 이는 고대사의 이해부족이다. 이에 정부주무부서는 이번 법률문제를 처리하는 데 있어서 우선하여 인천에서는 관련학자들이 참석하고 관심 있는 역사가들이 참여하여 공개토론이 있었는지 확인도 해보시고 그러한 학술회의가 있었으면 관련 자료의 요청을 부탁드리며 인천에서 관련 토론이 없었으면 공개토론을 주선해서 통지하여 주십시오.

잠자는 듯 소리 없이 떠가는 구름도 그 연유가 있음이고 풀벌레가 이슬을 머금고 생명을 다지는 것 또한 세상 만물의 조화로움이니 이 모든 것의 최상위에 있는 인류는 또한 자존과 지난 역사를 바르게 인식하고 전승하는 것 또한 문명국가로서의 유지 존속 가치관이라 하겠습니다. 이렇게 전하는 匹夫의 몇 마디 글월을 조급히 외면하지 마시고 살펴서 지명 변경에 관한 법률개정 추인에 신중하게 검토하여 주십시오. 하며 필자의 의견을 보냈던바 3월 11일 이에 본건을 접수한 청와대는 12일 오후 7시 45분 국토교통부를 거쳐서 다음날 오전 9시 30분 인천광역시로 이송 市에서는 3일 후에 해당 南區로 이송 남구에서는 5일 만에 본건 접수처에 답변이다. 열흘이 지난 셈인데 이에 내용은 동문서답으로서 아래와 같다.

처리기관

인천광역시 남구 자치안전행정국 총무과

담당자 김○○

답변일 2018-03-21 17:16:37

[답변내용]

1. 안녕하세요. 먼저 구정에 관심을 가져주신 귀하께 감사드리며, 말씀하여주신 의견에 대해 답변 드리겠습니다.

2. 우리 구의 새로운 명칭인 '미추홀구'는 주민 공모를 통한 5개의 후보 명칭 중 주민선호도 조사를 거쳐 주민 여러분의 의견을 반영하여 선정된 이름입니다.

3. 우리 구의 명칭 변경 법률안은 앞서 말씀드린 바와 같이 지역주민의 의견을 반영하여 이름을 선정하고 지방의회와 국회의 심의·의결을 거친 사항임을 양해하여 주시기 바랍니다. 이하 생략

갑자기 고대지명 미추홀이 돌출하기는 경기지방 언론뉴스(자막)를 통해서 인지하였으며 수일을 숙고하고서 이견 문안을 작성하였고 국회심의법률안이 정부추인과정에서 國史의 미완성 주요쟁점을 국가에서 합법화하고 지방자치단체에서 고대지명의 위치를 고착화하는 것은 부당하다는 의견을 제시하였던 것이다.

답변은 보다시피 미추홀 명칭을 사용하는데 관련한 국내 역사학계의 고증이 없었던 것으로 나타나고 있음이니 본고 민원인에게 양해를 구하였는바 인천광역시에서는 원안대로 이후 7월 1일(선출직 지방자치공무자 취임)부터 미추홀구로 변경할 것이다.

인천 남구의 지명 변경은 명분과 처리에 합리적이지 않고 우선으로 하였다. 하나의 예를 근거하건대 일찍부터 인천에서는 도서관을 건립하면서 미추홀을 사용하였고 개칭된 도로명 주소에도 미추홀이 이미 나타나고 있음이 이를 증명한다.

답변등록 인지 후에 필자는 여러 가지 이유의 댓글을 남겼으나 4월 10일 현재 진행과정은 확인할 수 없음이나 인천 남구에서는 고대지명으로 바꾸어 新風新區가 되는지는 알 수 없음이고 袖手傍觀하는 국내 사학계의 처방도 지켜볼 일이다.

상기에서 나타난 것은 우연의 걸림돌이었고 예정보다 늦기는 하였지만 本考가 출간하기까지는 迂餘曲折이 있었습니다. 차라리 산이라면 넘었을 것이고 물이라면 건널 수 있었을 것이나 암초를 만났던 자초지종을 설명하기는 매우 난해한 사건이 있었으니 이를 표현하기에는 지면이 부족하다. 이러 저러한 시간이 지나면서 사료보완과 여러 의견청취를 하였고 유네스코 등록 세계문화유산

益山의 백제문화유적 여러 곳을 답사도 하면서 전략적인 상당한 숙고가 있었다. 그러는 동안 기다려 주신 응원도 감사한 일인데 가까이에서 지켜보아 주시고 많은 여타자료지원과 원문번역 사료지원 등 관심하여 주신 분들께 감사를 드립니다.

홍주향토문화연구회 前) 회장 金庚錫, 前) 부회장 黃性昌(사료지원), 前) 사무국장 張慶世, 前) 회원 李相乙, 前) 부회장 국사편찬위원회사료조사위원회 충남대전세종시지회장 卜益采(사료지원), 사) 독립투사 卍海韓龍雲 선생 기념사업회회장 李沼鏞, 홍주향교 掌議 盧相善, 홍주향교漢學講師 李桓男(원문 국역), 청양향교掌議 청양군지 집필위원 文明根(자료보완 저술)님 외 여러분이 도와주셨습니다. 그리고 매우 중요한 후원군의 태동입니다.

명칭하기를 長谷山城 유적보존회가 그것인데 의논하기를 차후에 '百濟周留城保存會'로 발전시키기로 한 것이다.

회원을 소개하면 金大植, 徐弘錫, 李善興, 金確鉉, 林敏喆, 金滿中, 金大一, 鄭基泳, 李壽烈, 趙煥雄, 吳必承, 金鎭榮, 劉昌敦, 鄭德煥, 趙洙行, 金海京, 李秉煥, 李能圭, 金基雄 님 외 여러분의 응원이 있습니다.

이러저러한 의견 중에 천태리 김대식 어른의 의미 담긴 고견을 상기해보면 지역에서 이러한 연구 결과물이 있으면 홍성군이라든지 자치단체에서 문화사업기금으로 인쇄비를 지원받을 수도 있잖은가? 하시면서 아쉽다는 말씀을 하셨다.

이에 자세한 설명은 전하지 못했지만, 이전에 그러니까 본고와 관련하여서 2017년 회계에 홍성군과 충청남도문화재단에서 金 5.000.000원을 분명히 지원을 받았다.

하지만 해당 지원금은 사용할 수 없었다. 그리하여 6개월이 지나서 이렇게 개인출간으로 된 것이니 앞에서 언급한 우여곡절이 바로 그것이다.

한국전통가옥보존회 山城里 조환웅 會長과 예당큰집 김해경 대표의 지대한 관심 표명과 응원에 감사를 드리면서 지난 3년여의 기간 동안 고대 한국사를 탐구한 결과물로서는 미흡하지만 江湖 諸賢의 고견과 응원을 기대하면서 『백제사기의 비밀과 유적』을 내어놓는다.

2018년 5월 31일
百濟史記연구회 위원 저자 白矼 李 岡 雨